廣西经济管理幹部學院资助学术文库

粤汉铁路艰难的筹建与“国有化”

庞广仪 著

合肥工业大学出版社

《中国铁路史研究丛书》

编　委　会

总 序

今年是中国第一条自建铁路诞生130周年，现出版《中国铁路史研究丛书》以资纪念。

铁路是世界资本主义发展到一定阶段的产物，列宁指出："铁路是资本主义工业的最主要的部门即煤炭和钢铁工业的总结，是世界贸易发展与资产阶级民主文明的总结和最显著的指标。"[①] 铁路的出现对近代以来的世界产生了深远的影响，中国近代早期维新思想家王韬就看到："今日欧洲诸国日臻强盛，智慧之士造火轮舟车以通同洲异洲诸国，东、西两半球足迹几无不遍，穷岛异民几无不至，合一之机将兆于此。"[②] 有学者断言："最能象征19世纪全球性转变的东西，就是铁路了。"[③] 马克斯·韦伯认为，"就总的经济生活而不是单单就商业来说，铁路是有史以来最具有革命性的一种工具"[④]。

1825年，世界上第一条铁路在英国出现。十年后，在西方各国开始出现第一轮铁路建设热潮的时候，有关铁路的知识就传入我国，随后出现了要求在中国建造铁路的设想、呼声和舆论，中外各种力量的博弈，造就了我国第一条自建铁路的诞生，1881年，开平煤矿的运煤铁路——唐胥铁路建成。自此以后，在探索如何建设铁路、管理铁路和经营铁路的过程中，铁路的利权在丧失，收回利权、国权的斗争在开展，中国的铁路线在艰难曲折地延展，近代中国逐步形成了半封建半殖民地社会条件下的铁路网。1912年，孙中山在辞去临时大总统担任全国铁路督办时曾指出："交通为实业之母，铁路又为

① 《列宁全集》(第22卷)，人民出版社1955年版，第182页。

② 王韬：《弢园文新编》，生活·读书·新知三联书店1998年版，第2页。

③ [美] 彭慕兰、史蒂夫·托皮克：《贸易打造的世界——社会、文化与世界经济》(黄中宪译)，陕西师范大学出版社2008年版，第88页。

④ [德] 马克斯·韦伯：《经济通史》(姚曾廙译)，上海三联书店2006年版，第186页。

交通之母。”[①] 从宏观方面强调了铁路在国民经济中的重要作用。事实上，铁路对于近代中国的影响不只限于国民经济领域，有识之士认识到：“铁路，是沟通文化的血管，是开发富源的先锋，是培植政治力量的利器，是树立国防策略的首要工具。”[②] 近代著名的铁路工程专家和路史研究专家凌鸿勋的看法更令人深思，他说：“举凡我国社会的转变，思想的醒觉，经济的发展，以及政治的演进，国运的隆替，在在与铁路问题有关。”[③] 一部中国近代铁路史，有着丰富的内涵和深刻的意蕴。

新中国成立后，本着铁路是经济发展的先行官的认识，中央人民政府非常重视铁路建设，完成了成渝、宝成、贵昆、成昆等重大的铁路建设工程。由于当时国情的限制，铁路建设的规模仍然有限，铁路运输作为经济发展的瓶颈问题未能从根本上得到解决。改革开放以来，随着经济的快速发展和社会的日渐开放，我国加快了铁路建设步伐，进行了一系列铁路建设和运营管理体制的改革尝试，铁路线在迅速地延伸，铁路网在不断地完善。进入新世纪以后，铁路作为绿色环保的交通运输方式，在世界各国交通运输发展战略中占有重要地位。我国顺应世界交通发展趋势和国内经济社会发展的需要，制定了中长期铁路发展规划，在维护和改造既有线路的基础上铁路运行速度在稳步地提升，在吸收、借鉴国外高速铁路技术的同时大胆进行自主创新，在高速铁路建设领域独占鳌头，使我国迎来了高速铁路时代。一部中华人民共和国铁路史，是中国铁路从落后走向领先的历史，也是中国人民探索中国特色社会主义道路、建设中国特色社会主义事业的历史的重要组成部分。

130 年来的中国铁路史值得研究，也需要研究。我们出版《中国铁路史研究丛书》的目的有三：第一，为促进中国铁路史研究的深入做铺垫。丛书各著作的研究方法不拘一格，采用政治史、经济史、社会史、思想史、文化史、技术史等史学分支学科的视野，运用多学科的理论和方法多角度地对中国铁路历史的诸面相进行新的探讨，以期形成中国铁路史研究的新范式和新话语。第二，为大型综合体《中国铁路史》的编纂做准备。丛书拟分为五大系列：

---

① 胡汉民编：《总理全集》（第 2 集），上海民智书局 1930 年版，第 151 页。
② 张惟恪：《东北抗日的铁路政策》，第 1 页。
③ 凌鸿勋：《中国铁路志·前言》，第 1 页。

线路史系列、区域铁路史系列、铁路人物研究系列、铁路专题史系列、国外铁路史系列，五大系列的著作积聚到一定规模，意味着中国铁路史研究队伍的形成，这将为大型综合体《中国铁路史》的编纂创造良好的学术条件。第三，为当代中国铁路的发展做参考。丛书将力图展现中国铁路的历史全貌，总结中国铁路的历史成就、经验和教训，阐明铁路系统与社会各系统的相互关系，揭示中国铁路发展的基本规律和总体趋势，从而为当代中国的铁路建设和铁路决策提供有益的历史借鉴，为中国特色铁路文化的建设提供丰富的历史资源。

丛书采取分批出版的形式，著作成熟一批即出版一批。我们竭诚欢迎丛书的读者对将出版的著作提出中肯的批评意见，并希冀有志于路史研究的工作者热情赐稿，共同推进中国铁路史的学术研究事业和中国铁路文化的建设事业。

《中国铁路史研究丛书》编委会

2011 年 8 月

目　录

绪 论

一、研究意义

近代以降，铁路干线在国家政治经济生活中发挥着举足轻重的战略意义。孙中山先生曾云："交通为实业之母，铁路又为交通之母。国家之贫富，可以铁道之多少定之；地方之苦乐，可以铁道之远近计之。"[①]

铁路干线作为大型国家工程，其筹建和兴建过程本身也是值得深入探讨的、牵涉国家政治经济乃至兴衰存亡的大事。我们不妨联想古代大型工程的兴筑，如秦朝修筑的万里长城和隋朝开凿的大运河，其初衷和日后所发挥的功能是巩固国防安全和强化南北经济文化交流。但是，长城和大运河没有给秦朝和隋朝带来预想的功效，反而成为两朝覆亡的重要原因。近代历届政府无不为构建国内铁路交通网络而殚精竭虑，其中晚清路事风潮更是终结王朝统治的重要因素。考其共同缘由，我们不难发现，兴筑这些大型工程不但与政府、社会的动员能力、国家经济的承受能力的强弱息息相关，而且还涉及各种错综复杂的矛盾，诸如国家整体与地方的矛盾、长远利益和当前利益的矛盾、政府和社会力量的矛盾、政府内部各既得利益集团的矛盾等等。当国力不堪重负或以上所列的各种错综复杂的关系因为大型公共工程的兴修而打破其微妙的平衡之时，往往造成事与愿违的结局，无论对国家还是对人民都会带来灾难性的后果。因此，在对近代兴建铁路干线工程的历史进行深入考察中，我们能够得到宝贵的经验教训。

① 胡汉民编：《总理全集》(第2集)，上海民智书局1930年版，第151页。

铁路干线的营运历史同样具有重要的研究价值和现实价值。放眼今天，铁路仍然是经济领域现代化生产的基础，没有铁路来完成大运量长距离的运输，厂矿的建设器材、生产设备、原料和产品的运送就很难实现，国民经济生产就不能进行良性运转。追思以往，我们就不难理解在近代历史上铁路干线的营运对于整合国家政治、国防、经济和文化力量所发挥的重大作用了。无论是封建王朝、军阀政府还是民族资产阶级或革命政府都曾倾注大量人力、物力来整顿铁路干线的营运工作。学者张惟恪曾对铁路作出如此高度评价：“铁路，是沟通文化的血管，是开发富源的先锋，是培植政治力量的利器，是树立国防策略的首要工具。”① 著名的铁路专家和铁路史研究专家凌鸿勋指出，在中国近代，“举凡我国社会的转变，思想的醒觉，经济的发展，以及政治的演进，国运的隆替，在在与铁路问题有关”②。在抗日战争中，铁路运输网络更被誉为国运之所系。铁路营运的研究价值如此之高，很值得我们对其客观规律进行深入的探讨。

粤汉铁路是近代历史上兴筑时间最长（前后历时 40 年）的铁路干线，在近代中国政治、经济和国防等方面都发挥着巨大作用，其兴筑过程的艰难曲折和所发挥作用之巨大，堪为中国近代铁路史之浓缩。为了缕清近代铁路干线兴筑过程中所涉及的政治、经济、社会、外交和科技等错综复杂的关系，也为了更全面地考察铁路在整合国家力量、促进经济文化的交流与发展等方面所起到的巨大贡献，本书选取粤汉铁路作为研究切入点，希望能给铁路史研究增添新的视角，更希望给今人提供可资参考的经验教训。

二、相关文献资料与研究现状

粤汉铁路历史的研究很早就得到了“两岸三地”以及海外华人学者的关注。无论是从政治史、社会史和经济史等角度，抑或是从宏观整体把握到微观细节研究，学者们都取得了一系列喜人的成果，现在我们来进行简单的学术史回顾。

没有足够的史料支撑，史学研究就会成为无源之水、无本之木。清末是我国铁路建设起步阶段，而粤汉铁路是晚清最重要的铁路工程之一，故而涉及晚清铁路建设、借款和路权交涉等方面的档案汇编都会涉及粤汉铁路的内容。清末《上海时报馆》编辑的《粤汉铁路交涉秘密档案》、邮传部图书通译

---

① 张惟恪：《东北抗日的铁路政策》，见沈云龙主编《近代中国史料丛刊续编》，第 923 辑，（台北）文海出版社 1982 年版，第 1 页。

② 凌鸿勋：《中国铁路志・前言》，见沈云龙主编《近代中国史料丛刊续编》，第 93 辑，（台北）文海出版社 1982 版，第 1 页。

局编辑的《轨政纪要初编》和《轨政纪要次编》、台湾"中央研究院"近代史研究所根据清代总理衙门档案原件点校而成的《海防档·铁路》、日本大藏出版社1936年出版的《清实录·宣统政纪》等等都收录了清末铁路建设和路权、债务交涉等方面众多原始资料；除了《粤汉铁路交涉秘密档案》是对粤汉铁路利权交涉进行专章记述之外，其他档案集也对粤汉铁路的筹建史实多有记载，尤其是筹建粤汉铁路时艰难的对外交涉，我们都可以从这些档案中管窥之。

李鸿章、张之洞和盛宣怀是晚清粤汉铁路筹建和对外交涉的主要经手者，他们的文集都是研究粤汉铁路史的重要一手资料，其中以近年来海南出版社影印出版的《李鸿章全集》、河北人民出版社整理出版的《张之洞全集》和台湾文海出版社影印出版的《愚斋存稿》资料更丰富、校对更严谨。

由于晚清铁路外债是中国近代外债的重要组成部分，故而在近代铁路外债资料集里我们同样可以看到多国势力在粤汉等铁路干线上的角逐。收录于沈云龙编《近代中国史料丛刊三编》中的《中国铁路借款合同汇编》被学者们广为引注。除此之外，王彦威、王亮主编《清季外交史料》、黄月波主编《中外条约汇编》、王铁崖主编《中外旧约章汇编》、中国银行金融研究所编《美国花旗银行在华史料》都对晚清铁路借款与利权交涉的重要档案进行了广泛的收集和精心的甄别。

民国交通部也对晚清铁路建设和筹建资料进行了梳理，《交通史路政编》、《交通史总务编》皆从较大视野为我们描述了晚清铁路建设全景，并对清政府在路政建设中的功过给予较为中肯的评价。时人笔记对粤汉铁路涉内涉外事宜也多有记载，较为典型的有汪诒年整理的《汪穰卿遗著》、尚秉和编纂的《辛壬春秋》、罗香林主编的《梁诚的出使美国》、成都昌福公司整理出版的《满清野史·铁路国有案》。

新中国成立后，政协湖北省暨武汉市委员会主编的《武昌起义档案资料选编》，其所选资料中有关民间对政府铁路政策的评论，也为我们研究晚清粤汉铁路史提供了独特的视角。当然，研究晚清铁路史更离不开宓汝成主编的《中国近代铁路史资料（1863—1911）》，该著作旁征博引众家言论，是研究晚清中国铁路史乃至中国近代政治和经济史不可或缺的资料集。宓老著作中收罗的晚清粤汉铁路史资料极为丰富，"主权"与"治权"之争的主线脉络分明地贯彻其中。

民国时期粤汉铁路建设在风雨飘摇之中艰难推进，军事、内政、外交和民生等诸多因素交织在铁路建设中。对于民国时期粤汉铁路史资料的收集，首推民国交通部交通史编纂委员会主编的《交通史路政编》、《交通史总务编》

和南京国民政府铁道部主编的《铁道借款合同丛编》，以上这些资料从中央政府的视角描述了民国铁路建设史中牵涉到的多种力量争斗。民国广东省政府年鉴编纂委员会编的《广东年鉴》、民国湖南省文献委员会主编的《湖南文献汇编》则从地方视野记述了粤汉铁路的兴筑和运营。

粤汉铁路兴筑和经营重要经手人如梁士诒、郑观应、叶恭绰和张嘉璈等人的年谱和文集也是研究的重要切入点，如岑学吕主编的《三水梁燕孙先生年谱》、郑观应的《盛世危言后编》、叶恭绰自编的《遐庵汇稿》、姚崧龄主编的《张公权先生年谱初稿》和今人夏东元整理出版的《郑观应集》都整理收录了研究价值很高的一手资料。

1949 年之后，台湾地区推出了一系列颇具价值的近代交通史资料集和亲历者的回忆录，其中“中央文物供应社”出版的《革命文献》、秦孝仪主编的《抗战前国家建设史料》和凌鸿勋主编的《中国铁路志》等皆为其中珍品，都以较大篇幅描绘了粤汉铁路兴筑和运营过程。中华人民共和国成立之后，大陆史学界整理出版的相关史料大大地拓展了我们研究民国铁路史的视野。中国社会科学院近代史研究所编辑的《近代史资料》、财政科学研究所和中国第二历史档案馆主编的《民国外债档案史料》、中国第二历史档案馆主编的《中华民国史档案资料汇编》拓宽了我们研究民国铁路史的政治和外交角度。各级政协文史资料委员会主编的文史资料丛辑，1990 年代湖北与湖南等省市组织编写的《湖北省志·交通邮电》、《株洲市志·交通》和《湖南省志·交通志·铁路》，不但收集整理了民国粤汉铁路兴筑的宝贵史料，而且为我们拓宽了从地方史视野研究铁路史的角度。当然，民国粤汉铁路史资料整理成果丰硕者仍然首推宓汝成主编的《中华民国铁路史资料（1912—1949）》，该书取材以第一手史料为主，严格甄别、选用第二手资料，采用专题形式排比编写，所收史料以涉及民国时期路政和路权问题为主，是研究民国铁路史必不可少的史料集。

近代报刊上所刊登的相关时人评论也是研究粤汉铁路史重要的原始资料。在掌握权威史料集的基础上辅以时人的评论，我们方能有血有肉地还原历史原貌。政府或者铁道部刊物是站在政府角度和立场上直接报道粤汉等铁路兴筑和经营的，这些刊物有南京国民政府铁道部编辑的《铁道公报》和《铁道年鉴》、粤汉铁路湘鄂段管理局编辑的《湘鄂铁路旬刊》、庚款筑路期成会编译股编的《铁路协会年报》、国民政府交通部总务司编的《抗战与交通》、交通文摘社编的《交通文摘》、粤汉铁路广韶段管理局编的《粤汉月刊》、交通部总务厅主编的《交通公报》和铁道部秘书厅研究室主编的《铁道半月刊》等等，以上这些刊物皆突出强调了确保主权、官权和中央权利在铁路兴建中的至关紧要的作用。《政府公报》、《民国日报》也涉及了粤汉等铁路的报道，其主要是向民间阐述政府的铁路政策和计划。社会上出版的刊物则从中央政府、地方政府、民间乃至国外等多种角度和立场上报道粤汉等铁路干线的筹建、兴筑与经营，较有影响的有《申报》、《东方杂志》、《大公报》、《商务官报》、《政艺通报》、《少年报》、《广州总商会报》、《刍言报》、《北京日报》、《国风报》、《中国报》、《民立报》、《北华捷报》、《晨报》和《银行周报》等等。同样的事件，立场不同，评价也各异，研究者博览众论方能得出比较全面、中肯的结论。

在研究著作方面，从宏观或者微观角度对粤汉铁路筹建、兴筑和运营等方面进行研究的著作甚是丰富。凌鸿勋是民国时期杰出的铁路工程师，工程最为艰巨的粤汉铁路株韶段即由他主持兴建，其著作《十六年筑路生涯》、《中华铁路史》和《詹天佑与中国铁路》，从一个工程师角度阐述了民国铁路干线兴筑过程中所遇到的波折，尤其以沉重的笔触申诉了近代以降国内各种力量不能很好地整合而导致筑路救国计划一再功败垂成。张嘉璈同样是民国铁路史上举足轻重的人物，其相关著作有《中国铁道建设》、《中国铁路概论》、《抗战前后中国铁路的奋斗》和《战时交通》等，张本人曾久涉政界、金融界和工程界，故而对铁路借债中的维权行动以及铁路工程的艰难进展着墨颇多，许多历史细节问题在其著作中得以披露。

1949 年之后，铁路史研究著作更是经典纷呈。李占才著的《中国铁路史(1876—1949)》一书以史、志、传、表的体例编撰而成，通过此书可以透视近代中国铁路发展的基本状况，了解铁路史上重要人物的活动与思想，该书以很大篇幅阐述了汉粤川保路运动的经过，并提出自己对保路运动独到的观点。王晓华和李占才的《艰难延伸的民国铁路》侧重研究了民国铁路建设举步维艰的原因以及所取得的成果。杨勇刚著的《中国近代铁路史》一书则按照近代历届政府铁路政策的演变及其对铁路事业发展的影响所呈现的阶段性特点，分五个历史时期来探讨中国铁路建设的历程，书后附有中国近代铁路史大事记和近代铁路内外债细目表，从中我们可以从大体上把握粤汉铁路筹建和兴建的过程，并可了解与之相关的国际背景①。朱从兵著的《李鸿章与中国铁路》全面探讨了以李鸿章为首的实力派官僚在创建铁路事业的过程中认识到筑路与抵御外来侵略、发展民族经济间的相互联系，并中肯地评价了洋务派官僚在路权交涉、筹集铁路资金、使用和培养铁路人才等方面所做的努力，为我们勾勒了粤汉铁路兴筑的时代背景。王致中著的《中国铁路外债研

---

① 杨勇刚：《中国近代铁路史》，上海书店出版社 1997 年版。

究（1887—1911）》系研究晚清时期铁路外债的学术专著，该书在重视宏观把握的同时，突出粤汉铁路等债项的个案研究，对相关的政策、举债动因、成债内外环境、债项谈判及还债过程、合同内涵与债项实施等方面进行了细致分析，并注重对相关问题进行理论上的升华，深入地揭示了特定历史时期中国铁路外债的复杂特性与本质①。马陵合著《清末民初铁路外债观研究》则主要选取晚清和民国初年为考察阶段，粤汉铁路自然是其考察的重点，探讨了近代中国社会各界对铁路外债的反应，并对主要铁路外债进行个案考察，试图揭示近代中国关于铁路外债问题演变历程和基本特质②。此外，谢彬的《中国铁道史》、王开节的《我国铁路发展简史》、徐器的《中国的铁路》和龚云的《铁路史话》均属铁路通史性著作，脉络清晰，为我们拓宽了铁路史研究的宏观视野。

中国近代铁路建设涉及错综复杂的国际关系，曾鲲化在民国时期撰成的《中国铁路史》、宓汝成的《帝国主义与中国铁路》、金士宣和徐文述合著的《中国铁路发展史》以及台湾学者李国祁的《中国早期的铁路经营》都以丰富的史料或者亲身的经历，对这些复杂的国际关系进行了深入的剖析。国外学者的相关著述有肯德著的《中国铁路发展史》、佛雷德里克·V. 斐尔德的《美国参加中国银行团的经过》和柏森士的《一个美国工程师在中国》侧重分析了外资势力对粤汉等铁路干线的筹建、兴筑和经营所发挥的作用，所取立场有异于中国学者。

除了铁路史研究的专题著作之外，经济史和人物研究等相关著作同样不缺乏粤汉铁路史专题研究的内容。由于本书研究视角涵盖国家政治、经济、社会、科技和外交等多方面内容，故而涉猎经济史和人物研究论著对于拓宽我们视野多有裨益。严中平主编的《中国近代经济史（1840—1894）》和汪敬虞主编的《中国近代经济史（1895—1927）》是中国近代经济史研究力作。前者对西方资本主义列强掠夺粤汉铁路等干线路权提供了不少新的史料，后者对铁路外债、帝国主义列强争夺路权与外资铁路的营运情况、甲午战争后清政府铁路政策的演变、国有铁路的建设与营运管理等有较为深入的研究③。许涤新、吴承明主编的《中国资本主义发展史》第二卷、第三卷的相关章节亦叙述了粤汉等铁路干线在不同历史阶段建设与运输的情况，并分析了北洋政

① 王致中：《中国铁路外债研究（1887—1911）》，经济科学出版社2003年版。

② 马陵合：《清末民初铁路外债观研究》，复旦大学出版社2004年版。

③ 严中平：《中国近代经济史（1840—1894）》（下册），人民出版社2001年版，第1287、1298、1435、143页；汪敬虞：《中国近代经济史（1895—1927）》（上册），人民出版社2000年版，第131、137、494、500、630、669页，中册第1464、1472页。

府时期和南京国民政府时期的铁路经济收益[①]。朱英著的《晚清经济政策与改革措施》第六章分甲午战后、路矿总局、商部和邮传部等4个时期概述了清末铁路政策的演变过程，最后指出：综观晚清时期清廷铁路法规的制订和有关政策的施行，可以看出清廷一直是想采取新的办法促进中国铁路事业的发展，也曾试图抵制西方列强对中国路权的攫取，但却始终面临着难以解决的困境，成效不大[②]。美籍学者陈锦江的《清末现代企业与官商关系》第七章以粤汉铁路和沪杭甬铁路为例研究了在收回利权运动和铁路干线国有政策实施期间的官商关系[③]。汪戎著的《晚清工业产权制度的变迁》第八章分析了晚清政府对粤汉等铁路干线国有化与产权制度变迁逆转倾向的关系，为铁路史研究提供了一个新的考察角度[④]。夏东元著《盛宣怀传》第八章研究了盛氏督办中国铁路总公司的情况，阐明了盛氏为推进中国铁路建设事业所做的努力以及他与帝国主义势力的直接冲突和所作的妥协，其中粤汉铁路借款事宜正是盛宣怀参与的最大铁路外债活动，书中对其功过得失也进行了独到的评价[⑤]。经盛鸿著的《詹天佑评传》深入地研究了詹天佑建设京张铁路、督办汉粤川铁路等实践活动和詹氏的铁路思想，充分展示了詹氏在中国铁路史上的丰功伟绩[⑥]。

与粤汉铁路史相关的研究论文也可谓洋洋大观。围绕着筹建粤汉铁路时官、商、民各方的主张和保路运动始终是学术界历久不衰的研究热点。朱卫斌的《西奥多·罗斯福与中美粤汉租让交涉》论述了中美政府在粤汉路权上的合作与纷争[⑦]。朱从兵的《张之洞与粤汉铁路的收回》和《粤汉铁路赎回后张之洞的自建主张与实践》，着重论述了以张之洞为代表的晚清实力派官僚在粤汉路事问题上“外争主权、内争官权”的方针与实践[⑧]。另外，文恒益和黄丽华的《张之洞与收回粤汉路权的斗争》、何智能的《张之洞与粤汉铁路建设

---

① 许涤新、吴承明：《中国资本主义发展史》（第2卷），人民出版社2003年版，第399、402、522、556、624、630、688、691、831、842、910页；《中国资本主义发展史》（第3卷），第85、95、534、536、637、640页。

② 朱英：《晚清经济政策与改革措施》，华中师范大学出版社1996年版，第156、157页。

③ ［美］陈锦江：《清末现代企业与官商关系》，中国社会科学出版社1997年版，第140页、158页。

④ 汪戎：《晚清工业产权制度的变迁》，云南人民出版社2004年版。

⑤ 夏东元：《盛宣怀传》，南开大学出版社1998年版，第196、第218页。

⑥ 经盛鸿：《詹天佑传》，南京大学出版社2001年版，第80、第496页。

⑦ 朱卫斌：《西奥多·罗斯福与中美粤汉租让交涉》，载《中山大学学报》1999年第1期。

⑧ 朱从兵：《张之洞与粤汉铁路的收回》，苑书义主编：《张之洞与中国近代化》，中华书局1999年版，第357页；朱从兵：《粤汉铁路赎回后张之洞的自建主张与实践》，《广西师范大学学报》1999年第3期。

资金的募集》等等，也都围绕着粤汉铁路的筹建与路权的斗争展开了论述[①]。更是值得一提的是近年来一些年轻学者认真发掘原始资料，突破常规思维，取得了可喜的研究成果。如谢蔚的硕士论文《试论粤汉铁路的商办》，在肯定了粤汉铁路商办及官商矛盾激化所引发的保路运动在辛亥鼎革中起到了积极作用的同时，也重点论述了铁路国有在近代中国是大势所趋；再如颜廷亮、赵淑妍合著的《黄世仲和1906年的“反郑风潮”》认真考察了时人的评论，缕析郑观应在主持商办粤路公司早期运营的过程中始终没有摆脱官商勾结的原因，揭示了近代企业制度在中国发展的艰难曲折[②]。田兴荣的《抗战时期粤汉铁路运输之考察》则侧重从军事史角度评价了粤汉铁路在抗日救亡中的丰功伟绩[③]。

粤汉铁路的筹建、兴筑和运营与关键性历史人物的努力是分不开的，因此从历史人物研究论文中我们可以以小见大，对铁路与国家利权的关系有进一步的认识。张之洞是中国铁路史上值得大书一笔的人物，晚清粤汉铁路筹建所发生的诸多事件皆与其关系密切，如“内政官权、外争主权”策略的拟定、拒美债护主权、引入多国资金“以夷制夷”、协调政府与社会力量的关系以及干线国有等等。吴剑杰的《张之洞与近代中国铁路》论述了张之洞对铁路建设与发展民族经济的关系、铁路借款、干线政策等一系列基本问题的认识及相关实践，肯定了张之洞对中国铁路事业所作出的开创性历史贡献[④]。民主革命先行者孙中山先生的铁路建设思想左右着民国铁路建设的实践进程，作为民国重要战备铁路的粤汉铁路，其兴筑自然与孙中山铁路思想息息相关。朱从兵的《铁路建设与民生主义——民元孙中山铁路建设思想初探》认为，孙中山关于铁路建设的思想是其民生主义思想的关键内容，孙中山把铁路建设作为解决民初经济问题和财政问题的“务本之谈”，并把铁路建设的成功与否看成是关系到民国生死存亡的前途问题。朱从兵的另一篇研究孙中山铁路思想的文章《孙中山对近代世界铁路的认知述论》指出：孙中山关于中国铁路建设的计划和主张，以世界铁路为例证，反映了孙中山的世界眼光和爱国情怀[⑤]。朱从兵在《学术研究》上发表的《“尤当先以沟通极不交通之干路为重要”——孙中山铁路规划思想初探》一文中，更进一步探讨了孙中山的铁路规划思想，认为“尤当先以沟通极不交通之干路为重要”的线路规划原则

① 文恒益、黄丽华：《张之洞与收回粤汉路权的斗争》，《江苏教育学院学报》2002年第3期；何智能：《张之洞与粤汉铁路建设资金的募集》，《湖南商学院学报》2003年第1期。

② 颜廷亮、赵淑妍：《黄世仲和1906年的“反郑风潮”》，《兰州教育学院学报》2002年第3期。

③ 田兴荣：《抗战时期粤汉铁路运输之考察》，《军事历史研究》2007年第4期。

④ 吴剑杰：《张之洞与近代中国铁路》，《武汉大学学报》1999年第3期。

⑤ 朱从兵：《孙中山对近代世界铁路的认知述论》，《学术论坛》2003年第5期。

是孙中山铁路规划思想的核心，其规划理论原则的理想性与规划实施原则的务实性，反映了中国近代铁路建设的紧迫性[①]。

近代中国铁路建设多受资金困扰，其重要的筹资方式之一便是求助于外债，西方列强当然亦欲通过借债控制中国路权，并以此作为划分势力范围的重要工具。铁路外债的谈判，国家利权之争贯穿其始终。王致中的《论晚清铁路外债国家政策的确立》选取了粤汉等干线为个案例子，揭示了晚清铁路外债政策确立的历史背景，指出晚清铁路外债政策的内容主要包括：由铁路总公司负责借债，不以关税作抵，而以铁路作押，拒绝洋股等等[②]。孔永松、蔡佳伍的《晚清铁路外债述评》深入研究了晚清铁路外债的发展阶段、类别及抵押，认为晚清铁路外债大致可分为四个阶段：初期商业借贷性质的借款时期、大规模借债筑路时期、挽回利权而反对借债时期和完全依赖外债筑路时期，铁路外债根据借款用途分为筑路借款、赎路借款和路政借款三类，铁路外债抵押经历了从以路作抵到由各省厘金捐税或他路进款余利作保的转变，而这些内容在粤汉铁路的筹建过程中均可管见之[③]。芮坤改的《论晚清的铁路建设与资金筹措》考察了晚清铁路建设的资金筹措及政策的演变轨迹，认为晚清在借债筑路问题上有一个态度转变的过程，这些变化与铁路资金筹措的具体情况息息相关[④]。张九洲的《论甲午战后清廷的铁路借款》评析了甲午战争后清廷的借债筑路活动，认为借债筑路虽有应该汲取的教训，但它促使了中国社会经济、社会风气与思想观念的近代化转变，主导方面应予肯定[⑤]。马陵合的《潜流：清季对铁路外债的重新估价》运用经济学理论肯定了晚清兴建粤汉等干线时借债筑路的积极作用，但由于难以得到社会更多的认同，只能是一股潜流，他还认为借债筑路一方面从反面印证了收回利权运动本身的局限性以及排拒外债中所体现出来的偏颇的民族主义情绪，另一方面则反映了当时一部分人对铁路外债的理性思考，对国际间资金融通的认同，这种认同集中体现在近代中国政府在维护主权和利用外资之间的难以取舍上[⑥]。马陵合的另一篇论著《经济民族主义的悖论——关于近代中国对铁路外债认识历程的思考》以铁

① 朱从兵：《“尤当先以沟通极不交通之干路为重要”——孙中山铁路规划思想初探》，《学术论坛》2005 年第 1 期。

② 王致中：《论晚清铁路外债国家政策的确立》，《上海铁道大学学报》2000 年第7 期。

③ 孔永松、蔡佳伍：《晚清铁路外债述评》，《中国社会经济史研究》1998 年第 1 期。

④ 芮坤改：《论晚清的铁路建设与资金筹措》，《历史研究》1995 年第 4 期。

⑤ 张九洲：《论甲午战后清廷的铁路借款》，《史学月刊》1998 年第 5 期。

⑥ 马陵合：《潜流：清季对铁路外债的重新估价》，《江汉论坛》2003 年第 11 期。

路外债观为切入点分析了这期间的民族主义，认为近代铁路外债观形成的原因可以从近代经济思想滞后和对民族独立的曲线追求这个两方面去探讨，围绕着铁路外债出现了两种经济民族主义悖论，即超经济性和经济利权并存、排拒与依赖其间的经济民族主义的偏差[①]。文恒益在《张之洞与湖广铁路借款》一文中评述了湖广铁路借债的过程与得失之后，指出20世纪初的湘鄂两省资产阶级并不具备自筑铁路的经济实力，借债筑路是符合引进外资原则的[②]。

近代政府与民间的筑路方略主观上是围绕着“捍卫利权、振兴国本”而展开，而实际运作结果却往往事与愿违，其功过得失甚足为今鉴。骆向韶的《清廷的铁路政策》一文将清政府的铁路政策分为三个阶段进行论述，认为清廷的路权政策有利于帝国主义利用路权、债权对中国进行侵略，因此激化了民族矛盾并导致辛亥革命的爆发，粤汉铁路借款事宜正是其中之典型[③]。马陵合的《论清末铁路干线国有政策的两个促动因素》分析了清末实行对粤汉铁路等干线的国有政策有两个深层原因，即盛宣怀建立官僚垄断集团的野心和立宪派的社会舆论宣传[④]。刘芳的《浅谈清末关于铁路的国有民有之争》论述了清末铁路国有与民有的争论，认为国有政策有其正确性，商办铁路的方法不是最佳选择[⑤]。宓汝成的《中国近代铁路发展史的民间创业活动》认为，在中国铁路发展史上，民间资本有投资铁路的意愿，其压抑力量主要来自列强资本和封建势力，资金匮乏、技术落后不应成为商办铁路不发达的原因，商办铁路资本在清廷国有化政策影响下零碎化实为历史的倒退[⑥]。纪丕霞的《简评清末商办铁路》认为清末商办铁路作为民族救亡运动的内容之一，整体而言是失败的，这是由多种原因导致，但商办铁路形式有其自身的历史价值，应予肯定[⑦]。胡正民、李占才的《强人筑路，以线设局——近代中国铁路发展特色》分析了近代中国铁路的筑路形式及铁路性质，认为多种形式的自办铁路体现了强人筑路的特色，每条干线修筑背后几乎都有一个或几个强有力的实权人物进行操纵和控制，强人筑路受强人控制，利弊同在，铁路管理仅靠以线设局的竞争机制无法使之健康发展，而粤汉铁路的筹建正凸现了其幕后

① 马陵合：《经济民族主义的悖论——关于近代中国对铁路外债认识历程的思考》，《天津社会科学》2003年第3期。

② 文恒益：《张之洞与湖广铁路借款》，《江西师范大学学报》1998年第4期。

③ 骆向韶：《清廷的铁路政策》，《湘潭师范学院学报》2002年第6期。

④ 马陵合：《论清末铁路干线国有政策的两个促动因素》，《社会科学研究》1996年第1期。

⑤ 刘芳：《浅谈清末关于铁路的国有民有之争》，《徐州教育学院学报》2004年第1期。

⑥ 宓汝成：《中国近代铁路发展史的民间创业活动》，《中国经济史研究》1994年第1期。

⑦ 纪丕霞：《简评清末商办铁路》，《莱阳学院学报》2001年第1期。

利益集团的操纵[1]。邱松庆的《南京国民政府初建时期的铁路建设述评》论述了南京国民政府初期十年间所进行的铁路建设，认为其目的是以发展经济为主，兼顾加强国防，重点集中在长江流域，粤汉铁路的完工正是其中的关键步骤；这时期所修铁路促进了人口流动和城市发展，扩大国内物资交流和对外贸易的发展，为中国工业发展创造有利条件[2]。徐卫国的《1927—1937年中外资本的活动与中国铁路的规划与实施》运用大量统计资料分析了1927至1937年间中国铁路建设的规划，建设资金的筹集，新建铁路的里程，以及建设成本问题。他认为这期间中国铁路建设的资金，有资本主义国家为争夺获利机会对中国进行的铁路投资，本国官僚资本利用国内银行的债款进行的投资，还有部分筑路资金来源于庚子赔款，而这些情形在南京国民政府兴建粤汉铁路中体现无遗[3]。

正是有了一代又一代史学研究者们孜孜不倦的耕耘，才有了今天史学的繁荣。饮水思源，我们在征引资料和借鉴研究视角的同时，理应对前人和同仁的辛劳及硕果致敬。

三、研究方法与本书结构

从上文的阐述中我们可以看到，学者们已经从政治、经济、外交和工程技术等视角展开了对中国近代铁路史的研究，但将各方面因素融会贯通、全面考察的研究成果还相对薄弱。

为了更好地论述铁路干线与国计民生的关系，我们不妨选择先从“国家”构建的抽象概念出发。我们熟悉的马列主义著作里面曾这样描述：“国家是一个阶级压迫另一个阶级的机器，是使一切被支配的阶级受一个阶级控制的机器。”西方古典现实主义学者、新自由主义学者和建构主义学者对“国家”概念也有各自的表述。淡化意识形态的分歧，我们可以对“国家”如此表述：代表不同利益的多种力量组成的综合平衡体，这些力量群体（本书主要考察的是中央政府、地方政府、社会力量和国外影响力）之间是一种动态、对立统一的关系。

为了更好地从宏观视野论证作为统治（领导）力量的中央政府、地方政府和被统治（被领导）的社会力量的统一利益，我们不妨引入当前学界推崇

---

① 胡正民、李占才：《强人筑路，以线设局——近代中国铁路发展特色》，《苏州铁道师范学院学报》1995年第2期。

② 邱松庆：《南京国民政府初建时期的铁路建设述评》，《中国社会经济史研究》2003年第4期。

③ 徐卫国：《1927—1937年中外资本的活动与中国铁路的规划与实施》，《中国经济史研究》2002年第4期。

的“国家利益”。我国学者阎学通把“国家利益”界定为“一切满足民族国家全体人民物质与精神需要的东西”[①]。新自由主义学者基欧汉把“国家利益”定义为国家需要的权力、国家的安全、国家的财富[②]。建构主义学者把“国家利益”定义为不受外部威胁和国内集团要求的结果，而是由国际共享的规范和价值所塑造[③]。其实我们的先人对此认识同样深刻。孙中山先生认为“国家利益”对外集中体现为国家主权，对内体现为政府对国家和社会的统一治理权：“国家以三种之要素（领土、人民和主权）而成立”，“有土地矣，有人民矣，无统治之权力，仍不能成国。”[④] 蔡锷也曾呼吁中央与地方利益的统一，“建造一强固有力之国家，以骤跻诸强之列”[⑤]，“查吾国情势，非策建强有力之政府不能统一内政，内政不统一，即国防外交必因之废弛失败”[⑥]。

在近代中国，中央政府、地方政府和社会力量之间却更多的以利益尖锐对立的情形出现，政府利益不一定代表国民利益，中央政府的利益也难以代表地方政府的利益。梁启超有感于近代中国内政不统一而提出：“见美、日诸国，所办各事，皆有数种大政，提归政府办理，……今中国则反是。……于是中国不徒变为十八国，并且变为四万万国矣。国权之失，莫过于是。”[⑦] 近代资产阶级民主革命的思想宣传家邹容在《革命军》一书中抨击清政府：“割我同胞之土地，抢我同胞之财产，以买其一家一姓五百万家奴一日之安逸。”时年 18 岁的邹容难免笔走偏锋，但却揭露出当时的社会现实：政府和人民已经割裂成为势同水火的利益体。

国外影响力与中央政府、地方政府和社会力量的利益关系也是动态中的对立统一。近代中国，无论是中央政府还是地方政府的重大举措，背后都有列强势力的影子。以往我们一般关注政府勾结列强镇压民众运动，而其实在民间反抗政府的多次运动之中，外部力量也是作为一个活跃因素而存在的。

在明了中央政府、地方政府、社会力量和外国势力之间的动态、对立统一的关系之后，我们对发生在粤汉铁路筹建和“国有化”过程中复杂的各股力量合作与纷争就可以进行更好的缕析。据此，本书采取了如下思路和架构：

第一章“粤汉路筹筑之前的社会背景”，先是论述了“筑路救国”成为国

---

① 阎学通：《中国国家利益分析》，天津人民出版社 1997 年版，第 10 页。

② Keohane Robert O. *After Hegemony*. Princeton：Princeton University Press，1984.

③ Finnemore Matha. *National Interests In International Society*. Cornell University Press，1996.

④ 《孙中山全集》（第 6 卷），中华书局 1985 年版，第 25 页。

⑤ 曾业英编：《蔡松坡集》，上海人民出版社 1984 年版，第 436 页。

⑥ 曾业英编：《蔡松坡集》，上海人民出版社 1984 年版，第 646 页。

⑦ 曾业英编：《蔡松坡集》，上海人民出版社 1984 年版，第 3 页。

策的曲折过程，继而论述了与筹建粤汉铁路息息相关的晚清中央政府、地方政府及作为社会力量代表的绅商阶层的势力消长。“筑路救国”成为国策的过程之所以艰难曲折，各类力量之间的博弈是重要原因。

第二章“官商合作、拒美保路”，主要论述在捍卫国家利权高于一切的前提下，官、商、民诸方摈弃争议，从外资势力手中赎回粤汉铁路的经过。张之洞和盛宣怀等主持者站在官方立场上拟定了“速成干线”、“官方主持”、“借款筑路”的方针；广大绅商民众尽管更倾向于干线商办，但在清政府借款“速修干线”和“以夷制夷”的策略落空、国家利权再度告急之时，纷纷挺身而出掀起了声势浩大的拒美运动，鼎力协助清政府在对外交涉中采取强硬态度。

第三章“商民争办干线及其得失”，论述的是粤汉铁路赎回自办之后，社会力量与政府围绕干线经办体制进行了激烈的争论，最终使得经办体制在一定程度上向商办倾斜；但是，由于管理经验、技术和经验上的不足，干线商办举步维艰，彰显了近代中国民办企业力量的不足。干线商办的缺陷成为政府“收路”的重要借口。

第四章“内外交困下的‘收路’与‘借款’筹划”，主要论述张之洞等清政府高官为维护清朝国祚而对干线经办体制进行重新论证之后，决定重新采用“干线国有”和“借款筑路”之策。由于列强势力的高姿态出现以及社会力量的极力反对，“收路”和“借款”工作举步维艰。

第五章“社会矛盾的激化与‘干线国有’功败垂成”，讲述的是清廷中央孤注一掷，举借外债强行将干线收归国有，为挽救国祚而作最后一搏；但是“借款”和“收路”之策激化各种潜伏已久的矛盾，中央政府、地方政府、社会力量和列强势力之间本已相当微妙的平衡被打破，适得其反地成为压垮清政府的最后稻草。

第六章“工程的延伸与‘国有化’工作的完成”，主要论述民国成立之后，政府为了确保对粤汉铁路治权的控制而做出了种种努力；在种种严酷的现实面前，国内各界对于国家实力、“利权”和“经办体制”等问题进行了冷静深入反思，“干线国有”工作逐渐得到了各界支持而顺利推行；但是由于国势衰微已久，收归国有之后的粤汉铁路工程久拖不决，成为一道历史伤痕。

四、创新与不足

纵观多年来的粤汉铁路史研究，成绩可谓斐然。汲取百家之精华而成一家之言，这当然是笔者难以企及的；在对资料进行深入挖掘的基础上，对前人研究成果疏漏之处进行修正、甄别，姑且可以作为本书的写作“亮点”吧，具体而言有以下几点：

其一，本书探索性地从各种政治力量的分化、博弈出发，进而探讨粤汉铁路兴筑过程中所涉及的政治、经济、社会、外交和科技等错综复杂的关系，以期更全面地考察铁路干线与整合国家力量、促进经济文化的交流与发展等方面的互动，更清晰地对粤汉铁路筹建、兴筑和运营的整个历史进行综合研究。粤汉铁路的兴筑和早期运营历时长久，期间中央政府、地方政府、社会力量乃至外资势力都曾在其中发挥重大作用，它们之间的博弈也曲折离奇。因此，缺乏较大的视角实难清晰地考察跨越数十年复杂多变的历史，没有较易于为人们所接受的评价尺度也很难对众说纷纭的史实进行总体评述。

其二，对粤汉铁路史上的研究薄弱或者空白之处进行填补。造成研究空白和薄弱的原因主要如下：一是资料发掘有限，二是所跨学科甚多，三是思想解放尚有待深入。综观数十年来的粤汉铁路史研究，一言以蔽之，“两头热中间冷”。这“两头”指的是晚清路权斗争和抗战期间干线运输的贡献；“中间”则指围绕着民国粤汉铁路的兴筑、运营和对内对外交涉所发生问题，诸如商办粤路运营及收归国有、太平洋会议前后粤汉等干线国际共管提议等等。这些问题罕为学界所关注，有的甚至是学术研究中的空白。故而本文以较大的篇幅尝试对上述薄弱环节进行探讨，所得收益将与广大同仁共享。

其三，本书的写作过程其实也是对相关史料和论断的修正和甄别，为以后深化铁路史研究做铺垫工作。为说明这一点，这里不妨举个例子。宓汝成先生是研究中国近代铁路史的泰斗，其扎实的史学功底和严谨、务实、求真的治学精神值得吾等后辈认真学习，但是其经典著作《中华民国铁路史资料》侧重于对路政、路权以及中外交涉等方面资料的收集，而对于铁路干线兴筑和运营相关资料的收集仍然稍显缺乏，如《湘鄂铁路旬刊》、《抗战与交通》和《粤汉月刊》等直接涉及粤汉铁路兴筑和经营内容的刊物就很少被收录于《中华民国铁路史资料》中。另外，笔者在写作过程中对被史学界所广为征引的《中国近代铁路史资料》进行甄别之后，也发现了个别史料与时间不吻合的情况。宓老治学如此严谨，其著作中尚且不免有细小瑕斑，对于其他相关的铁路史资料辑，我们更应该对其内容进行扩充和甄别，为今后的研究做更好的铺垫。

其四，对于粤汉铁路商办的研究，书中详记其始末，尤其对商办铁路公司所遭遇的种种艰难险阻及原因进行了详细记述和探讨。学界对于粤汉铁路商办持两种不同见解：一种是高度评价其在晚清期间捍卫主权行动中所发挥的重大贡献，另一种是以粤路公司进展维艰而否定铁路商办。通过本书的论述，人们可以得到以下认识：第一，从维护利权的角度观之，铁路干线国有和国营在近代确实是大势所趋；第二，铁路商办和国有并非不可调和的矛盾双方，铁路商办不仅在晚清期间捍卫主权的行动中居功甚伟，而且在民初军阀混战的政局之下艰难地运转，以独特的方式维护国家利权、发展区域经济。

学术研究都或多或少地带有时代烙印，正如我们今天用新理论和新发掘的材料来修正前人的观点一样，我们今天的观点也会不断被日后的自己或者后人所修正。但只有尊重和认真研究前人的研究成果、提供具有说服性的史料、清晰缕析历史事件的脉络并准确把握其趋向，我们的付出才会更长久地被持各种观点的学人们所认同。由于时间所限，当然最主要的是作者才疏学浅，书中难免出现疏漏和偏颇之处，在此恳请广大同仁不吝批评指正。

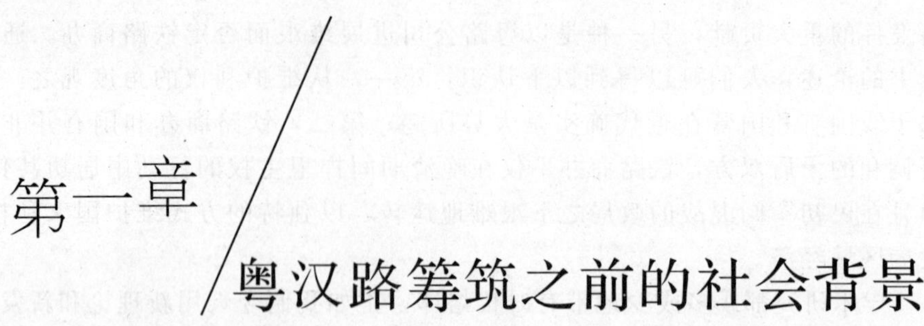

第一章 粤汉路筹筑之前的社会背景

晚清时期国内外各种势力围绕着粤汉铁路兴筑权和运营权而展开的争夺，这方面内容尽管已经久为学术界所关注，并且随着思想解放、新观点的引入和新史料的发掘，学者们的评价也是仁者见仁、智者见智，但有一点我们必须要注意的，那就是任何事物都不是孤立地存在和发展的，我们必须将其追根溯源并放诸历史大环境之中方能更全面地看待问题。

第一节 “筑路救国”成为国策的曲折过程

一、决策者对于铁路兴筑的举棋不定

铁路在近代中国的兴筑一再被清政府中央犹豫不决的态度所延缓，有人据此认为是决策者闭耳塞听、昧于大局所致，但这种认识显然是片面的，决策者其实很早就通过耳濡目染领略了钢龙铁马之妙用。不过在国人也逐渐知悉铁路妙用之后依然推迟兴筑，此中动机就很值得深入玩味了：决策者真正担心的是铁路兴筑会危及政权的统治根基！

我们先来看看决策者对铁路便利快捷、互通有无之功效的领略。

在洋务运动早期的决策中起着举足轻重作用的恭亲王奕訢曾经对铁路在华的兴筑颇感兴趣。1866 年 3 月，奕訢在赫德的邀请下派遣满员斌椿与同文馆的学生出国考察。斌椿等人对铁路交通的便捷安全赞叹不已：“宛然筑室在中途，行止随心妙转枢。列子御风形有似，长房缩地事非诬。六轮自具千牛

力，百乘何劳八骏驱。若使穆王知此法，定教车辙遍寰区。”[1] 奕䜣也表白了铁路之利实难以舍弃之感：“至铁路一节，并非谓其无益”，只是条件未成熟，“现在未能遂办者。”[2]

慈禧、同治、光绪以及诸王公权贵自然可以足不出国门即可享受铁路这一近代的杰出科技成果。1865 年 8 月，英国商人在北京宣武门外修了一条不到 1 公里的小铁路，目的无非让王公大臣和京师民众领略火车的“迅疾如飞”；1872 年英商又在天津租界内建了一条铁路，其时前往观摩的清廷官员乐观其便：“此火车之来中国，可谓创观，其制作亦可谓精美之至”，并为试行的火车命名“利用”号[3]；“汽机继续走了三天，车内满载各阶层露齿而笑的中国人，一次又一次地疾驰着，给他们无限的娱乐与喜悦”[4]。1873 年同治皇帝大婚，英国商人打算赠送铁路模型和机车作为结婚礼品，“藉此使铁路在中国流行”；1880 至 1890 年代，为了给驻跸西苑的慈禧营建一个时髦豪华的办公和享乐环境，清政府在大兴三海工程的同时，修建了南起中海的瀛秀园门、北至北海镜清斋的“西苑铁路”，斥巨资向法国新盛公司量身订造精致的“洋轮坐车六辆，丹特火机车一辆，并铁轨七里余”，慈禧和光绪对“西苑铁路”钟爱有加，每天中午都携后妃、王公大臣乘火车到镜清斋吃饭、休息。有“清宫词”为证：“宫奴左右引黄幡，轨道直铺瀛秀园，日午御餐传北海，飙轮直过福华门。”[5] 时人和今日之学者大多感慨甲午战争之前日本铁路迅猛发展而中国铁路事业却举步维艰，却往往忘却了宫禁之中的当国者已然有滋有味地享受钢龙铁马之妙用了。

从 1860 年代到 1890 年代，关于铁路干线工程是上还是下，清政府内部进行了马拉松式的争论。关于这些争论，近年来史学界同仁尤其是朱从兵教授的著作《李鸿章与中国铁路》已经做了详尽的考证和论述。借助同仁们的成果，我们应该看到清政府内部关于兴筑铁路与否的一系列辩论，其焦点并不在于经济层面上，也即铁路能否互通物产有无、利于国计民生，而是在于政治层面上，也即铁路兴建能否有利于维护大清国祚。辩论初期当然有反对者提出了诸如“失我险阻，害我田庐，妨碍我风水”[6] 等被今人引为笑谈的理由，但这些荒诞不经的论据在长达 30 年的辩论过程中并不占据重要地位，甚

---

① 钟叔河：《走向世界——近代知识分子考察西方的历史》，中华书局 1985 年版，第 70 页。

② 《筹办夷务始末》（同治朝）卷六三，第 86、87 页。

③ 《申报》，1872 年 9 月 30 日。

④ 中国史学会主编：《中国近代史资料丛刊——洋务运动》（八），神州国光社 1952 年版，第 404 页。

⑤ 刘北汜：《实说慈禧》，紫禁城出版社 2004 年版，第 184 页。

⑥ 宓汝成编：《中国近代铁路史资料（1863—1911）》（第二册），中华书局 1963 年版，第 22 页。

至只是反对者借以造势的手段。我们今天把中国近代铁路起步过晚归咎于当权者极力反对、坐失良机，这当然不无道理；但是，当权者并不是我们以前想象的那样顽固不化或者孤陋寡闻，相反，他们很多反文明的决策是经过“深思熟虑”之后做出的。愚人者未必自愚，反而清醒得很。

试以铁路利于民生这一点观之，我们就可以看到争论双方其实皆有共识。洋务派领袖李鸿章为中国铁路兴建而做出的努力一直为时人及当今学者所称道，他在倡修铁路的奏折中曾云：“曷若亦设机器自为制造，轮船铁路自为转运，但使货物精美与彼相埒，彼物来自重洋，势不能与内地自产者比较，我利自兴，则彼利自薄，不独有益厘饷也”[①]，“自非逐渐设法仿造，自为运销，不足以分其利权，盖土货多销一分，即洋货少销一分，庶漏卮可期挤塞；……各省遇有水旱偏灾，移粟辇金捷于影响，可以多保民命，且货物流转自免居奇之弊，此便于民生者”[②]；“……倘铁路渐兴，使之经纬相错，有无得以懋迁，则北民必化惰为勤，可致地无遗利，人无遗力，渐臻殷阜之象，其铁路扼要之处征收厘税，必渐与南方相埒，此便于国计者。”[③] 极力反对兴筑铁路的朝臣自然受到了当今学者的抨击，但他们对铁路益处的认识又何尝在李鸿章等人之下？以反对兴筑铁路而著称的通政司参议刘锡鸿就曾云：“夫火车之利于遄行，速者一昼夜三千里，缓亦一千数百里，而且一机器居前，能缀十数车于后，每车上下兼坐，可容百数十人，行不颠簸，亦不晕眩；虽崇山峻岭，巨壑深潭，穴以通车，则悉成平地，而无攀跻过涉之苦。此实古今之奇观，绝世之巧术，臣虽迂拙，亦乐其便，冀以施诸中华。”[④]

决策者深悉铁路精妙实用，但却将兴筑铁路之决策一再压下，因为他们更看到了“铁路兴、大清亡”：从经济上看，贯穿广袤国土的干线必然引发中国交通结构乃至经济发展模式的变化，“中国的铁路意味着中国小农经济和家庭工业的整个基础的破坏”[⑤]，进而在政治上，建立在小农经济基础之上的封建统治必然坍塌，地方实力派的政治经济实力将因铁路贯通而进一步拓展，“干弱枝强”之局更加积重难返；另外，民智将进一步焕发、社会团体的经济

① 李鸿章撰、吴汝纶编录：《李文忠公全书·奏稿》卷二四，1905—1908年初刊，商务印书馆1921年影印版，第20页。

② 《李鸿章全集》（第5册），海南出版社1997年版，第2695页。

③ 《李鸿章全集》（第3册），海南出版社1997年版，第1214页。

④ 《光绪七年正月十六日通政司参议刘锡鸿片》，引自《中国近代史资料丛刊——洋务运动》（六），神州国光社1952年版，第166页。

⑤ 《马克思恩格斯全集》（第38卷），第467页。

实力与社会号召力也得到培植，必然动摇清政府统治的社会基础。

朝臣刘锡鸿对铁路之利弊了如指掌，他“精辟”地道出了决策者的重重心事。其一，欧洲各国兴修铁路专为振兴外贸，中国兴修铁路主要是沟通各地经贸，这无法增加国家整体收入，“若中国则虽造铁路，不过周于两京、十七省而止，以彼一省之货，易此一省之财，……统一家言之，则毫无殊示有增。是安可以为利?”其二，通过铁路运输来推动外贸并不实际，“所销大宗，惟丝茶耳。……盖专用中国茶者惟俄人，专用中国茶与丝者惟英人、法人、奥人，其余则辄图贱价，杂收诸印度、东洋等处。英、法、俄、奥四国之人岁不加多，故丝茶之市岁不加旺。……火车运赴口岸，不过徒便洋人，未足利中国也”。其三，借助铁路发展中国旅游经济并不实际，“不知此惟洋人好游为然耳。洋俗妇女不喜家居，每出则夫必随行，并挟子女，故游人多而火车之价、客店之费，皆易取盈。我中国民习勤俭，安居乐业者多，苟非仕宦、兵役、游幕、经商，常终身不出里门。……何为利此!”其四，借助铁路增加国家税收不可行更不符祖制，“……夫圣朝之生财自有大道，岂效商贾所为，且亦思洋商利此果何故哉?……夫洋人合众伙以自治铁路之事，所得息犹止四厘，况我中国视为官事，而苟且将之，承充委办之员难期殷实，苟非奸商驵侩，即是白手棍徒，浮冒侵吞，弊端百出，岂能获利在四厘之外者!”其五，通过敷设铁路来巩固政权是舍大道取小巧，“不知察吏这昏明，在精神不在足迹，人之所治，莫近于身心，官之所治，莫近于衙署，此固不烦车马而可到者。……有火车而大吏遂不怀宴安，不耽戏豫，只身遍历所部，如洋酋之简质而耐劳，臣恐未必能然也，第借以快遨游则有耳”。其六，在清朝政局枝强干弱已昭然可见的情形之下，借助铁路练兵戡乱只能招致更大内乱，“……又况兵易增不易减，自昔为然，每闻裁兵则营员煽使鼓噪以挟制疆吏，疆吏藉口鼓噪声恐吓廷臣，陋习相传，视为秘诀。……营员乐得此空藉以饱其身家，疆吏亦乐得此空藉以弥缝其市惠。……近年各省报销，较诸道光以前，其数不啻逾倍。……今若信其可以裁兵而开铁路，他时铁路既造，必争起而言兵之不可裁。省饷之说夫谁欺!”其七，借助铁路运输以降低开矿成本不但不可行，反让外人坐收渔人之利，“使因开矿而造火车，则是耗无穷之资财，博有限之矿课，其利安在?……闻英国煤铁之产，业将不继，深冀中国采此，以火车运送口岸便其取求，其于煤尤为切要，煤易出口，则彼国兵商各船来集久暂，可以无忧，是亦彼之利而已，我利则非所知矣”。其八，铁路代漕河南粮北运，裁撤的大量兵勇水手无法安置而必然酿就变乱，故而抱残守缺不失为“上策”，“漕粮所过，州县官咸出站次派押照料，转相受给，严定该州县赏罚，责使升斗勿阙。火车办不得人，则偷盗短欠，弊亦相等。京仓惟足接济而已，不以一昼夜驶至为益也”[①]。

确保国祚对于决策者而言才是至关紧要的，他们自然更愿意采纳维持现状之策：“国之存亡在德不在强，姬周、赵宋弱而久存，我列圣深仁厚泽，远迈列朝，国祚正未有艾，故构乱诸贼，徒自取覆灭等语，冀以遏其奸萌。……以是知铁路一说，固彼人所挟以祸中国，万万不可听众者也。”[②]

在“保大清”作为压倒一切的前提之下，李鸿章等人的倡议一再被驳回自是必然之中。即便是李鸿章本人倡修铁路的初衷也是维护大清国祚，如果铁路贯通了之后反而危及大清江山社稷，这种后果亦非其所乐见。此诚如柯文所指出的：“这是中国现代化的灾难吗？或者主要是制度上的毛病？我认为很难说不是制度上的问题。我想李鸿章本人并非不想接受根本改革。……李鸿章的政治才能使他能达到中国官僚政治的权力顶峰。但当他掌握这种制度时，也就成了这种制度的奴隶。”[③]

行文至此，我们不得不感慨，统治者多方延缓铁路在中国的兴建，其根本原因不但要从技术、文化和经济等具体问题上寻求，更必须从政治角度上寻求。众所周知，在封建专制政体之下的国家其实用“家国”表述更为贴切，统治者施政的根本出发点是维护国祚也即其家族的江山社稷。这已经注定了统治者家族的“小家”与主体国民的“大家”之间的关系错综复杂：“国”与“家”有相辅相成的一面，当统治者与主体国民利益一致之时，统治者自然而然地宣扬“民贵君轻、社稷次之”、“君民一体”、“官民一体”和“满汉一家”；但“家”与“国”又有矛盾对立的一面，每当矛盾尖锐之时，施政者必然先以一家一姓及五百万八旗世仆的江山为念，甚至“宁赠友邦、勿与家奴”也在所难免。

与统治者千方百计延缓铁路在中国兴建相类似的情形在中国乃至世界专制历史上一再出现，如“文字狱”和“闭关锁国”就是因为“小家”利益与“大家”利益矛盾尖锐，统治者舍“大家”保“小家”的结果。清初统治者当然明白中西文化交融和对外通商的好处，而且他们本人就因置身于“文字狱”之外、不受“闭关锁国”之所限而享受文明进化之成果：康熙、雍正和乾隆三帝博览古今、学兼中西，他们在位时宫廷之中甚至还拥有一流水平的外国

---

① 《光绪七年正月十六日通政司参议刘锡鸿片》，引自《中国近代史资料丛刊——洋务运动》（六），第166页。

② 《光绪七年正月十六日通政司参议刘锡鸿片》，引自《中国近代史资料丛刊——洋务运动》（六），第167页。

③ ［美］柯文：《在传统与现代性之间——王韬与晚清改革》（雷颐、罗检秋译），江苏人民出版社1994年版，第240、241页。

专家团，直接为皇帝提供西方科技和文化艺术方面的服务；在大兴“文字狱”、借编辑《四库全书》而大肆删毁民间藏书的同时，满洲权贵却如饥似渴地从收罗来的文化典籍中吸取精神营养，文化素养由此得到了质的提升；闭关锁国使主体国民对国际大势茫然无知，但是统治者与海外的联系却未曾中断，圆明园荟萃了中西方建筑科技和艺术之精华，各种西洋器物充斥其中，其“现代化”程度是同时代的西方皇家林园所望尘莫及的。统治者之“精明”、“远见”不但在于其博览古今、学兼中西，更在于其洞悉国人头脑开化之后必定带来统治危机：如果废除“文字狱”和“闭关锁国”、去除主体国民身上的文化和经济枷锁的话，“百家争鸣、百花齐放”则必然危及大清社稷。而“愚民”、“贫民”对捍卫统治者权威、维护其既得利益而言实不失为“上策”。古今专制者以愚民为御国之术，其道一贯也。

延至近代，统治者这种优先保“小家”的思维使中国一再失却了迎头赶上的良机。试以政治改革为例，当国者当然明白“不改革亡中国”，自绝于“近代化”大潮的中国必将被世界所抛弃；但是他们更加洞悉也更加担心的是“改革亡大清”，国家全方位“近代化”之后，“家天下”统治的合法性必将失去。我们在理解当国者在“保大清”抑或“保中国”的“艰难取舍”后，对他们一方面在宫禁中饶有兴趣地享受物质和文化上的“近代化”，而另一方面却延缓社会“近代化”进程（中断戊戌变法和组建“皇族内阁”）这一貌似荒唐的行径就不难理解了。

在“家天下”的政治环境之下，当国者一再延缓铁路在中国兴筑的行径，看似偶然实则必然，虽曰荒唐却非“愚蠢”。国家之大不幸方才酿就了铁路事业的小不幸，当为如是观。

二、时势推动铁路干线的兴筑

“青山遮不住，毕竟东流去”，社会发展大潮浩浩荡荡、无可阻拦，国门已然被打开的中国最终无法排拒铁路这一近代社会经济发展的必需品。

我们先来看看社会舆论对于筑路兴国的倡导。

就在清政府内部就中国是否兴筑铁路而争论得不可开交之时，具备良好学识素养和世界眼光的有识之士极力倡导兴修铁路以振兴国运，在清政府将兴修铁路定为国策之前，社会舆论态度已经大体完成了由排拒铁路到“筑路兴国”的转变。

著名社会活动家王韬有关铁路兴建与富国强兵的论证极具代表性。在《兴利》篇中，他从国计民生的角度论述建筑铁路的必要性：“一曰兴筑轮车铁路之利。今南北道阻，货物贱之征贵，贵之征贱，每苦其贩运之烦劳，道途之辽远。自有轮车而远近相通，可以互为联络，不独利商并且利国，凡文移之往来，机事之传递，不捷而速，化驰若神，遏乱民，御外侮，无不恃此焉。"[①] 随着洋务运动的深入，铁路成为不可或缺的运输工具，王韬抓住时机，论证铁路与"自强"、"求富"的关系："况今者我国已自设局厂，制造枪炮，建置舟舶，一切悉以西法从事。招商局既建，轮船遍及各处，而洋务人员辄加优擢。台湾、福州已小试电气通标之法，北方拟开煤铁诸矿。所未行者，轮车铁路耳，则或尚有所待也。此皆一变之机也"[②]；"如战舰之足资守御，火炮之足资摧陷，机器之足资成物，而利用开矿之足资富国而阜民，以及火车轮船，通标电线，一切可以无远弗届、无微不通者，莫不纷纷则效，以速其成。若中国之人聪明有所不逮，材力有所不及，斯亦无能窥其奥而擅其长耳。若犹是匠心可以独运也，机警可以相侔也，则金银财货彼此同其宝也，物产材料彼此同其用也。"[③] 王韬等人除了在社会上奔走呼吁铁路之功效外，还运动疆吏以推动铁路早日在华兴筑。普法战争前后，王韬在所上的《上丁中丞书》中宣讲铁路电线等西技优势："切以西法行之，以责其效。矿利既兴，煤铁之源自裕，然后电线铁路可以自我徐为布置，何必事事恃西人为先导，被其所掣肘？所谓兴大利者也。"[④]

与此同时，《万国公报》、《格致汇编》、《中西见闻录》、《申报》和《汇报》等报纸刊载了大量有关铁路的文章，介绍铁道的功能、报道中国铁路事业的进展，对于宣传铁路的利益形成了较大的舆论氛围。如 1872 年 11 月 28 日，《申报》发表了《论内地收购设火轮车路》的文章，指出："诚使各路通行，则州县省驿站之费，而文报无阻，其利一也；差使免供应之烦，而威福难作，其利二也；转运减车牛之扰，而粮饷无缺，其利三也；官事无稽滞之虞，而顷刻力办，其利四也。有关系于国家之政者，诚非浅鲜。惟是国家大事不可率尔举行也，闾阎大利亦不可骤为变易也。斯民可与图成，难与谋始。是在创议者之不避谤毁，不辞艰难，以成此大利益之事也。惟必须确实采访察看，真知有利而无害，有益而无损，方可举行。否则，无以服众论，即无以持独见也。兹闻已拟定购造铁路以为样式，如实有裨益于国家之政，愈助夫贸易之道，则从此可仿而行之。"[⑤] 1877—1878 年间，北方发生了空前的大灾荒，史称"丁戊奇荒"，此间《申报》又多次刊文要求筑铁路赈荒。

① 《中国近代史资料丛刊——洋务运动》(一)，第 489 页。
② 王韬：《弢园文新编》，生活·读书·新知三联书店 1998 年版，第 15 页。
③ 王韬：《弢园文新编》，生活·读书·新知三联书店 1998 年版，第 90 页。
④ 王韬：《弢园文新编》，生活·读书·新知三联书店 1998 年版，第 267、268 页。
⑤ 《申报》，1872 年 11 月 28 日。

有识之士的呼吁除了为铁路兴筑奠定了良好的社会舆论基础之外，对清朝中央作出兴筑铁路之决策也起到了间接推动作用，因为社会名士多与地方实力派官僚交往甚厚，有的更是长期担任疆吏的幕僚，他们的意见很多都被疆吏所采纳并条陈清廷中央。

当然，“筑路兴国”的倡议上升到国策地位，还必须等到当国者“论证”出铁路干线兴筑是挽救大清国祚的救命草。

19 世纪晚期清政府面临着严重的统治危机。在外患方面，中国边疆危机日益加深。在东北方向，朝鲜问题一直是悬而未决的棘手问题，日、俄都企图剥夺中国对朝鲜的宗主权，并以朝鲜作为进取东北的桥头堡；在东南沿海，美、日先后侵略台湾；在西南，法国加紧对越南的侵略，悍然发起中法战争，英、俄觊觎西藏；在西北，俄国挑起民族叛乱，强占伊犁，中国已经处于强邻环逼的四面包围之中了。不但如此，各国都计划着在我边疆的邻近地区建筑铁路，以进一步加强对我边疆地区的经济侵略和渗透。而在国内，列强的经济入侵、清政府的吏治腐败以及人地矛盾再度尖锐等原因已经造成民怨四起。“广大农民被剥夺了土地，或者不得不耕种经过任意分割而不足以维持生活的小块土地，还要负担增加的地租，同时又不能用手工业品来弥补其亏空，所有这些情况造成的农民逐渐贫困几乎是普遍现象”①。在这种环境之下，曾因太平天国战争造成人口下跌而一度缓和的阶级、民族矛盾矛盾再度尖锐化，“约从 1890 年起，政府被民变频起闹得惶惶不可终日”②。

在“瓜分豆剖”、“揭竿而起”的危局面前，兴建铁路与维护清朝国祚终于找到了重合点。

首先，如果没有铁路这一引擎，清政府为“自强”、“求富”，也即抵御列强和镇压农民起义而兴建的军需民用企业发展空间必然大受限制。因为要维持洋务企业尤其是军工企业的长久发展，必须有及时和足够的原料、能源作保证，而确保原料、能源的运输必须依赖于铁路建设。李鸿章曾云：“煤铁诸矿去水远者，以火车运送，斯成本轻而销路畅，销路畅而矿务益兴，从此煤铁大开，修造铁路之费可省，而军需利源更取不尽而用不竭”③；“至于通货物，销矿产，利行旅，便工役，速邮递，利之所兴，难以枚举，言者乃云是臣下之利，非君上之利，是外洋之利，非中国之利，岂非颠倒是非乎？”④

---

① 李文治：《中国近代农业史资料》（第 1 辑），生活・读书・新知三联书店 1957 年版，第 929 页。

② ［美］费正清：《剑桥中国晚清史》，中国社会科学出版社 1992 年版，第 678 页。

③ 李鸿章：《妥筹铁路事宜折》，见《李鸿章全集》（第 3 册），海南出版社 1997 年版，第 1214、1215 页。

④ 《李鸿章全集》（第 5 册），海南出版社 1997 年版，第 2883 页。

李鸿章视察唐胥铁路

其次，统治者若想有效地攘外安内，必须使军队处于积极的战略态势，能够迅速调遣以掌握适时的战机，而若想做到这点，就必先有四通八达的交通运输线以构建强大的国防防务体系。中国漫长的边防线令统治者力不从心，顾此失彼，左宗棠和李鸿章的“塞防”和“海防”之争即为此而起，列强在中国周边兴建铁路更令清政府防守形势恶化：“今环中国之四境，凡有陆路毗连之处，将无不汽车电掣，铁轨云连，一旦有事，则彼从容而我仓卒，彼迅捷而我稽迟，彼呼应灵通而我进退隔阂。吁！其可不早为之哉！”① 严峻的危机使得兴筑铁路以构建国防防务体系干线之举刻不容缓。1881 年封疆大吏刘坤一曾云：“中国幅员辽阔，自东徂西，几万余里，均与俄界毗连；加以英在缅甸，法在越南，时虞窥伺；沿海数省，则为各国兵船往来，倘有风鹤之惊，殊虞鞭长莫及。如得办成铁路，庶可随时应援。”② 李鸿章在奏章中也焦急地呼吁兴筑铁路以便利军运、平息内忧外患：“用兵之道，必以神速为贵。是以泰西各国，于讲求枪炮之外，水路则有快轮船，陆路则有火轮车；……苟有铁路以利师行，则虽滇黔甘陇之远不过十日可达，十八省防守之旅皆可为游击之师，将来裁兵节饷，并成劲旅，一呼可集，声势联络，一兵能抵十兵之用，此便

---

① 宓汝成编：《中国近代铁路史资料（1863—1911）》（第一册），中华书局 1963 年版，第 117 页。（以下简称《中国近代铁路史资料（1863—1911）》）

② 《刘坤一遗集·奏疏》，中华书局 1959 年版，第 598、599、600 页。

于军政者”。[1]

内忧外患已是燃眉之急，为维护清朝国祚而焦头烂额的当国者最终不得不求助于铁路干线的兴建。如果没有铁路干线以促进军队调度、物资运输、军工民营企业等各项事务的进展，并将其联合成有机整体，无论是“自强”、“求富”还是“攘外”、“安内”都将成为一纸空谈。中法战争之后接替恭亲王奕䜣主持清廷中央日常政务的醇亲王奕譞于1888年11月30日上折慈禧和光绪，表达了速成铁路以巩固北洋海防捍卫京师安全的急切愿望：“窃臣奕譞自亲历北洋巡视海防后，深悉铁路为自强之要图。”[2] 1889年8月26日，奕譞等人再次上折：“铁路为今日利国利民之大端，……果能内外一心，官商合力，十年之内，成效可期，以开中国万世之利，以杜四裔环伺之谋，大局幸甚。”[3] 8月27日，清廷中央发布懿旨：“所奏颇为赅备，业据一再筹议，规划周详，即可定计兴办。著派李鸿章、张之洞会同海军衙门，将一切应行事宜，妥筹开办。”[4] 自此，铁路建设成为清政府的基本国策。

此后，顾虑重重的清政府中央还要再迁延数年。经费难以筹措当然是重要原因，但绝非根本原因。众所共知，甲午之后尤其是辛丑之后清政府财政濒临破产，但仍然多方筹措资金，掀起近代史上第一个兴筑铁路的高潮；甲午之前洋务运动进展态势、财政状况和国际环境都相对良好，清廷中央甚至还斥巨资大兴颐和园和三海工程，自我陶醉于“盛世中兴”的幻觉之中，然而战前中国铁路总长只有447公里，且都是疆吏冲破阻挠而筑就。追根溯源，中央决策者还是没有消除“铁路兴、大清亡”的担忧。

比起社会名流的呼吁与疆吏的苦谏，甲午前后东北领土危机更能触动决策者的神经，促使清廷中央把“筑路救国”付诸行动。清朝皇室一直将东北视为根本，封禁东北和蒙疆堂而皇之的理由是保护“龙兴之地”，实则是预留关外广袤富饶之地作为子孙失势后作东山再起之资，仿元朝在中原败亡后蒙古贵族出塞裂土分疆旧事。1870年代华北地区爆发“丁戊奇荒”，饿殍枕藉于路者达三千万之巨，但沃野千里、地广人稀的东北依然对关内人民紧闭，可见清皇室对封禁满蒙策略的重视。然而，比内地人民垦荒东北更冒犯皇天后土的是日、俄咄咄逼人的侵略态势。甲午战争之前，日本为了实现“征韩侵华”的野心，在朝鲜政治、经济、军事各领域进行全方位渗透的同时，还进

① 《李文忠公全书·奏稿》卷三九，第20～26页。

② 《中国近代史资料丛刊——洋务运动》(六)，第198页。

③ 《中国近代史资料丛刊——洋务运动》(六)，第257～261页。

④ 《中国近代史资料丛刊——洋务运动》(六)，第262页；又参见《中国近代铁路史资料》(第一册)，第182、183页。

一步窥视东北地区。1890 年，沙俄为了与日本在中国东北和朝鲜争雄，由亚历山大三世发出从速建设西伯利亚铁路的命令，"俄自欧洲起造铁路，渐近浩罕，恰克图等处，又欲由海参崴开路以连珲春"①。东北后院起火使清朝决策中枢着急万分，他们认为在整顿武备的同时，在地广人稀的东北地区紧急修建铁路系统以用于军事运输和国土控制，具有压倒一切的政治意义："中国与俄接壤万数千里，向使早得铁路数条，则就现有兵力，尽敷调遣；如无铁路，则虽增兵饷，实属防不胜防。"② 1890 年，光绪在五日内连发两次上谕，慈禧则直接召见李鸿章面询，一致达成在俄路修通之前筑成关东铁路的共识，"以后着为忧"③。

甲午战争失利的切肤之痛促使清政府"孤注一掷"地大兴铁路。甲午战争中，清军装备与数量皆不逊于国小力薄的日本，然而却连番败绩、丧师失地，举世骇然，而十年前的中法战争中清政府却能在战场上与法军平分秋色。个中缘由众说纷纭，但有一点众所共见：中法战争中法军远途奔袭，犯了兵家大忌，清军则国门御敌，有雄厚的后方民力可资征调，攻守之势易矣；而甲午战争中陆战主战场在朝鲜和辽东，辽东战场虽是大清国土，然而封禁两百年之后已是人烟罕至之所，清政府于此用兵，其艰苦程度并不亚于打一场没有后方的陆战，缺乏现代运输工具以及可供征调的民夫，军需补给远远不如占据海上优势的日军。甲午战败后，如果不是西方列强敦促日本吐出已入口腹的辽东，清廷费尽心思为防范内地人民垦荒关外的"努力"，差点就拱手为崛起中的日本准备了一份丰厚的嫁妆。"龙兴之地"东北的危机不但动摇江山社稷，而且更断绝清政府"退路"。痛定思痛之余，清政府上下一致追悔铁路建设迟缓，以致军队调动缓慢："使铁路早成，何至如此!"④ 此后，国库亏空的清政府把铁路建设作为"力行实政"的重要组成部分。

为挽救国祚的清政府先是视铁路为洪水猛兽而一再延缓其兴筑，又甲午之后孤注一掷广募资金大举筑路。粤汉铁路正是在此大环境中应运而生，这注定其在近代历史上必然扮演复杂的角色。

① 《李文忠公全书·奏稿》卷三九，第 20～26 页。
② 《李文忠公全书·奏稿》卷三九，第 20～26 页。
③ 王致中：《中国铁路外债研究（1887—1911）》，经济科学出版社 2003 年版，第 45～48 页。
④ 《张文襄公奏稿》卷二四，第 5、6 页。

第二节　中央、地方政府及商界的势力消长

为了拯救封建专制统治，清政府从视铁路为洪水猛兽，再到视铁路为救命稻草而大举兴办，这一过程走了整整30年。然而，时移势易，统治者在漫长的30年犹豫不决中已经错失了筑路以挽救国祚的良机。如果说同治年间的“自强”、“求富”举措尚可制造“中兴”假象，“如一间破屋，由裱糊匠东补西贴，居然成是净室”，然而甲午之后兴办的铁路干线却犹如毒蛇巨蟒噬咬着清朝封建统治的肌体而使之归于毁灭。

粤汉铁路是晚清筑路高潮中的典型：被清政府视为国运之所系，不惜以倾国之智力和财力以统筹、规划、争权；但是，也正因为粤汉铁路地位特殊重要，卷入了太多的国家政治、经济资源，各种潜伏已久的社会矛盾必然在此找到引爆点，并像火山爆发一般喷薄而出、难以收拾。“筑路救国”犹如猛药施诸垂危病人，非但于病无补反而加速了病人的死亡。这点我们还必须从政治上寻找原因，其时的封建专制统治已是疸痈丛生、回天乏术，即便封建专制统治的忠实守护者李鸿章也以“纸片糊裱”喻之：“然究竟决不定里面是何等材料。即有小小风雨，打成几个窟窿，随时补葺，亦可支吾应付。乃必欲爽手扯破，又未预备何种修葺材料，何种改造方式，自然真相破露，不可收拾”。

为了更好地论证粤汉铁路兴筑时的中国政局，我们很有必要追溯一下晚清中央政府、地方政府和绅商势力的消长，因为这三股力量在粤汉铁路筹建之中扮演着举足轻重的作用；兴筑粤汉铁路功败垂成并引发清政府的垮台，更与这三股力量的矛盾纷争密不可分。

一、“干弱枝强”政局的演变

首先，我们来看看清朝前期中央政府对政界和商界活动的有力控制。

晚清粤汉铁路的筹建工作是在中央政府权威旁落、地方实力派和绅商阶层迅速崛起的历史大背景之下进行的，而这一势力消长倾向主要出现于太平天国运动之后。在此之前，地方政府和商界的权限被中央政府牢牢控制，因为清朝专制集权统治无疑是登峰造极的。一方面，清廷沿袭和强化了历代中原王朝尤其是明朝的集权举措，分割地方财政、军事、司法和用人权，使之归驭于中央；在意识形态上同样是清承明制，推崇宋明理学和八股取士，康熙皇帝甚至亲谒孔庙、给孔子行三跪九叩之礼，将朱熹所注《四书》定为正

统意识形态典籍。另一方面，作为通过民族征服战争而建立起来的政权，清廷还以“族天下”拱卫“家天下”，采取满汉双轨运行的行政体制，倚重旗人集团以拱卫“家天下”：在八旗之外，清朝自然与历代封建王朝一样，皇帝与主体国民是君臣、君民关系，“普天之下，莫非王土，率土之滨，莫非王臣”；但在奴隶制色彩相当明显的八旗集团内部，皇帝是主人，旗人是唯皇命是从的家奴，世代受皇室恩养；由于旗内旗外轻重有别，清朝统治者一手“以汉制汉”，依赖汉人官员治理主体国民，另一手则“以满制汉”，八旗集团凌驾于主体国民之上，官缺名分满汉而实重满轻汉，皇家八旗军队分驻各地，节制绿营以驭天下。八旗子弟承平日久养尊处优之后自然贤少庸多，但毕竟是皇室家奴，用得放心，故而仕途上贻如天职，“红顶花翎、贯摇头上”[①]。

对于这种满汉双轨运行的政治体制，学者多评价为民族歧视或者说民族压迫。其实，八旗子弟更是一个政治集团，或者说是政治民族，其血缘和文化诸方面都是融合了中华各民族的元素：汉军八旗人数早在入关之前已是满、蒙八旗的数倍；即便是清朝诸帝，自康熙以下都是汉、满、蒙的混血儿，康熙和嘉庆皇帝身上的汉族血统并不逊于满、蒙血统；文化上八旗集团也以中原文化为主，至乾隆年间，尽管皇帝三令五申恢复“国语（满语）骑射”，但通晓满语满文的八旗子弟依然百不存一，即连大才子袁枚也感慨旗人之附庸风雅甚于汉人。因此，清朝皇帝依靠八旗集团，其实与魏晋南北朝统治者依赖士族集团以制御天下有着神似之处。

这种极权政体和与之相匹配的意识形态尽管久为史学界所诟病，国学大师钱穆曾评价清朝政权为“部族”专制[②]；新中国史学宗师范文澜则痛斥部族政权“侵入中原，……充分发挥其野蛮性和民族偏见，……在封建制度的中国社会里行使奴隶制度（虽然是局部的）并以奴隶主的精神统治中国人民，对社会起着极大的阻碍作用”[③]；戊戌变法的倡导者之一梁启超晚年亦痛斥部族专制对中国社会发展进步的妨碍，并一语道破天机地指出晚清政治改革屡试屡败的根本原因是无法触动作为政权核心的八旗集团的利益。但事物皆有其两面性，不可否认的一点是高度集权专制在特定时间内适合了中国传统的小农经济基础。清朝政局在康、雍、乾年间的政治文化专制尽管造成了思想文化和科技上“万马齐喑究可哀”的局面，而社会却在高压之下保持了长期稳定，以致被后世捧为“康乾盛世”。其时各级官僚唯中央之命是从，诚如时

---

① 邹容：《革命军》，大同书局 1903 年版，第 4 页。

② 钱穆：《国史新论》，三联书店 2001 年版，第 68 页。

③ 范文澜：《论中国封建社会长期延续的原因》，《范文澜历史论文选集》，中国社会科学出版社 1979 年版，第 97 页。

人所云："大小省开府持节之吏，畏惧凛凛，殿陛如咫尺……实权之一，纲纪之肃，推古较今，无有比伦。"[①] 居于极权政体核心、享尽各种特权的八旗权贵，虽然它的长期存在是诱发连绵不断兵变民变的根源之一，但我们不可否定该集团在压制、监督和制衡非旗籍官僚以保持社会秩序中所发挥的作用。士子民众也纷纷通过加入旗籍，由"臣"、"民"而升级为"奴才"，在享受"世兵世禄"的同时也忠心耿耿地为皇家守御天下，该现象很值得关注。众所周知，曾经声名显赫的曹雪芹家族先祖就是加入旗籍的汉人，洪承畴、年羹尧、岳钟琪等名将亦因军功而"有幸"加入旗籍，下文将提到的满洲权贵端方在就戮之前也"申言"其家族隶入旗籍不过四世，据从事政协文史工作的同志对广州驻防八旗后人身世的调查也证实了这一点：终清一代，通过各种途径加入旗籍的人员络绎不绝。

清朝前期高度集权的专制体制既然能够操纵天下士民于股掌之中，自然也能够有效地操纵商业命脉以收取天下之财货。

中国古代商人地位尽管理论上是居于四民之末，但事实上并不尽然。商人自古以来就从未间断与政界合作进行权力寻租活动，从而牟取暴利和提升自身地位。因为傍上了"家天下"的专制政体，无疑使商人的经营业务在政权控制乃至影响的范围内拓展；而"螳螂捕蝉、黄雀在后"，表面上不屑于商贾之事的当权者则通过赋予商人们的经营特权，轻易地从其货通天下的商贸活动中分享一杯羹，此即所谓的"商借官势，官资商利"。在中央集权统治相当稳固的清朝前中期，重大权力寻租活动主要出现在内务府等中央相关职能部门与豪商之间："由旗人和御前近侍组成的内务府在许多方面是平行于北京正式各部的秘密政府。它从土地、专卖、关税、盐税、丝织作坊、贷款、罚款和贡款方面获得大量收入，帮助朝廷从商业的发展中得到好处。"[②] 富羡海内的山西票商、江南丝商、两淮盐商和广东行商等都通过交通中央职能部门而获取经营特权乃至垄断权：如晋省著名的"八大皇商"就联结内务府，倚借为皇家采购用品的特权而在全国范围内经商牟利；两淮盐商垄断利润丰厚的淮盐经营，内务府乃至皇亲贵戚都与之有密切的利益牵连，比较典型的是乾隆年间扬州名商汪如龙在乾隆携宠臣和珅下江南之时，用美女和金钱直接贿赂乾隆与和珅，由此牟取了两淮盐业的专营权。

清政府与广东行商的合作是权力寻租史上浓墨重彩的篇章。

---

① 梅曾亮：《梅伯言全集·柏枧山房文集》卷三，转引自罗尔纲《绿营兵志》，中华书局 1984 年版，第 244 页。

② ［美］费正清：《美国与中国》，世界知识出版社 2006 年版，第 92 页。

乾隆二十年（1757）清廷实行广州一口通商，如今的广州文化公园至海珠南路一带狭小之区几乎集散了当时中国所有的进出口货物。由于清政府奉行“以官制商，以商制夷”[①]，规定中国进出口商务由广州十三行办理，行商遂成为炙手可热的人物，承揽了销售外商进口商品、代表外商缴纳关税、代表清政府管束外国商人、传达政令以及办理一切与外商交涉的事宜。但行商要从政府手中获取外贸特权，必须以巨资贿赂、捐输、报效等方式献媚于皇亲国戚和职能部门。清廷要求行商每年进贡几十万以至上百万两银子，至于连年加派的助军钱、救灾钱更是不计其数：如道光六年（1826），清廷一次就向十三行抽取了60万两银子的“助军费”；鸦片战争期间，行商捐纳巨资作为防务和赎城费用，单单潘正炜一家即捐资26万两白银作为广州防务费，战后又捐白银64万两作为赎城费；1843年清政府偿还《南京条约》规定的外商债务300万两，怡和行伍浩官（秉章）即独自承担110万两。

鸦片曾是达官贵人追捧的奢侈物，自然也是行商结交朝中大臣的贿赂品；科举功名在封建社会金光闪耀，然云路鹏程终非易事，行商纷纷通过“捐输”这一变相权力寻租活动，高价从中央买取御赐功名以光耀门第。

被西方商人和学者称为“天下第一富翁”的行商——伍秉章

权力寻租活动的成本之高虽然令人咂舌，但联手垄断每年2 000多万两白银的进出口贸易，对于行商和清廷而言实为双赢。如怡和行的伍秉章被当时的西方商人称之为“天下第一富翁”，美国《华尔街时报》声称伍拥有2 600万银两（以1834年的货币折算），伍不但在国内拥有地产、房产、茶山、店

① 汪熙：《求索集》，上海人民出版社1999年版，第178页。

铺和巨款，而且先后取得了英国东印度公司广州商馆和美国旗昌洋行的“完全信任”，并在美国投资铁路、证券交易和保险业务等。由行商经手进献的奢侈品充斥着紫禁城、皇家林园和八旗权贵之府邸。今天故宫中，西洋钟表琳琅满目地点缀殿堂之内；乾隆宠臣和珅被抄家之时，在籍没的物品中有西洋进口的大自鸣钟 19 座、小自鸣钟 19 座、洋表 100 余个；《红楼梦》中的“四大家族”拥有洋衣料、洋钟、洋炕屏、洋药、洋茶叶、洋米、洋漆家具、洋葡萄酒、洋烟、洋酒壶、洋衣镜、洋玩具、洋眼镜，以至西洋鸭、暹罗猪、鱼等等吃、穿、用、玩的舶来品，样样齐全，“四大家族”的原型应是当朝权贵（曹雪芹本人亦出身八旗），而当朝权贵的舶来品很大一部分就来自行商进献。

其次，我们看看晚清中央集权的式微以及权力寻租活动向地方的转移。

纵观有清一代，真正给予爱新觉罗氏江山予以致命打击的首属太平天国运动。在太平天国运动的冲击下，清朝高度中央集权的局面逐渐被打破，天下分崩离析之雏形已现，由此也为地方实力派和商界势力的崛起大开了方便之门。在镇压太平天国的战争中，连番受挫的清廷威信大损，许多由中央直接控制的地方机构因战争而瘫痪；更为致命的是皇室倚为基石的八旗集团之地位已被撼动：满员督抚一度绝迹三年，八旗军兵则丧师失地，从此一蹶不振。而在镇压太平天国运动中崛起的地方实力派则借机夺取了管辖地方财政、军事、司法、用人、对外交涉等权力，甚至清末中央重大决策能否得以推行，很大程度上也取决于疆吏赞同与否。清初对以吴三桂为首拥兵自重的“三藩”的处置态度是“反亦撤、不反亦撤”，绝不姑息以留后患；清末对于地方督抚的态度只能是倚之为柱石并多方笼络，当国者非不知此举必留祸根，然而如果舍弃诸旗外督抚，遍观旗下闲人五百万，能担此重任者尚剩几何？了解清朝满汉双轨运行的行政机制之后，我们并不难理解八旗集团受挫之后晚清政局枝强干弱的走向。

儒学地位不断受到挑战，则使清廷日渐丧失有效整合社会各阶层的意识形态工具。不同民族的士大夫抛弃畛域共事一朝，皆因深入骨髓的儒学信仰。毛泽东曾评价曾国藩是地主阶级中最可怕的人物，而其最可怕之处则在于对儒学纲常伦理至死不渝的信仰。众所周知，太平军的《奉天讨胡布四方谕》采用过激的言语揭露清朝民族压迫政策所铸就的罪行，曾国藩在《讨粤匪檄》中对此亦无从作正面驳斥，曾本人就是官场上满汉双轨运行体制的受害者，然其所深忧者，亦天下儒生之所忧者——“粤匪窃外夷之绪，崇天主之教。……乃开辟以来名教之奇变，我孔子孟子之所痛苦于九原”。曾国藩率众儒生披甲从戎，十年征战，殚精竭虑奉东南半壁于清廷，虽不过封侯之赏，然作为虔诚的儒学信徒，捍卫名教于狂澜之中，已慰其平生之愿。左宗棠和李鸿章同样是“尽一分心酬圣主，收方寸效作贤臣”[①]。然而，近代以来尤其是太平天国运动之后，清政府实在腾不出更多的力气来钳制思想，各种程度不同的民主思想纷纷东渐。“以今日新风过渡，民智渐开，断不甘蜷伏于专制政体之下，且外潮之激刺，观德意志联统，法国革命，美人独立，日本覆幕，而进文明，而臻强盛，足以生其感情。……则自立之思想，固不能免矣。而况内政之腐败，固有以激发之耶”[②]。此外，明清之交杰出思想家顾炎武、王夫之和黄宗羲等人的朴素民主思想在被文化专制湮没了两百年之后重新发掘，并迅速流行于仕庶之间，在社会上也起到了振聋发聩的作用。康有为、梁启超和谭嗣同等人虽仍维护儒学的正统地位、奉皇权为圣物，但已然大声呼吁不进行政治变革则中国无以自立，令朝野为之哗然。至孙中山、宋教仁、陈天华、章炳麟和邹容，已是站着审视皇权和儒家纲常伦理，直叱那拉氏贪欲无厌的行径，讥笑“载湉小儿”为“跳梁小丑”，声言专制体制根本上所维护的乃是一家一姓及五百万家奴之安逸，为国人福祉计，推翻帝制缔造共和方是人间正道：“善果被富人享尽，贫民反食恶果，总由少数人把持文明幸福；……我们革命的目的是为众生谋幸福，固不愿少数满洲人专利；……不愿君主一人专利，故要政治革命；不愿少数富人专利，故要社会革命。”[③] 他们的著作风行海内外，一时洛阳纸贵，即便是满洲权贵，倡言革命者也不乏其人。在思潮汹涌的年代，儒学的正统地位又安能坚如磐石哉？

曾国藩幕僚赵烈文曾精辟地分析太平天国运动之后国家政局的走向：“天下治安一统久矣，势必驯至分剖。然主威素重，风气未开，若非轴心一烂，则土崩瓦解之局不成。以烈度之，异日之祸必先根本颠仆，而后方州无主，人自为政，殆不出五十年矣。”[④] 赵烈文的分析尽管缺乏科学理论的指导，但凭其直觉还是准确地预言了其后的数十年中国政局枝强干弱的发展趋势。

崛起之后的地方实力派很快就与商界开展了频繁的权力寻租活动。

湘、淮军兴之后，曾国藩、左宗棠和李鸿章等封疆大吏成为朝廷倚靠之柱石，清廷为笼络他们不得不将事关江山社稷的地方治权、财权和用人权下放。面对人心涣散、财政亏空的局面，疆吏们必须大开权力寻租活动之门以

---

① 陈旭麓、顾廷龙、汪熙主编：《盛宣怀档案资料选辑之七·义和团运动》，上海人民出版社2001年版，第656页。

② 黄世仲：《最近各省之乱警》，《少年报》，1906年7月27日。

③ 孙中山：《三民主义与中国前途》，《孙中山选集》（上卷），人民出版社1981年版，第76页。

④ 《能静居室日记》，转引自《曾国藩宦海密谈录：与心腹幕僚赵烈文的九十九次倾心交谈》，中国华侨出版社2002年版，第157页。

便收揽“才力”、兵力和财力，从而夯实地方统治基础。而长期在专制体制下生存的中国商人不但拥有精明的商业才能，也具备敏锐的政治嗅觉。他们在大力资助疆吏们的政治、军事活动的同时，也善于将当权者赋予的特权转化为商业资源，从而使经营业务如虎添翼般飙升。如在太平天国战争中，胡光墉（雪岩）先是倚借浙江官员王有龄，取得了保管官府募兵经费、“办粮械”和“综理漕运”的特权，掌握了浙江战时财经的半壁江山；王有龄死后，胡光墉很快取得官场新靠山左宗棠的信任，以亦官亦商的身份往来于宁波、上海等通商口岸间，为清军经办粮台转运、接济军需物资，借助官府势力向富绅摊派款项（名曰“劝捐”），还勾结外国势力为左宗棠训练了用洋枪洋炮武装的“常捷军”。左宗棠部下在浙江所掠之财产全数存于胡雪岩的钱庄中，胡以此为资本继续生利，短短几年即家产逾千万。其后，左宗棠东征西讨、战功显赫、封侯拜相，依傍左宗棠的胡雪岩也取得了协助创办福州船政局、主持上海采运局局务、举借巨额外债、筹供军饷和订购军火的权力，并依仗官方权势，在各省设立阜康银号20余处，经营中药、丝、茶业务，操纵江浙商业。丝、茶是当时中国主要出口商品，军火买卖和举借外债亦关系国家命脉，然胡雪岩皆能依傍疆吏而操纵之，可见官商合抱对国家政局影响之大。

洋务运动中的地方官商合作之广泛与频繁更是值得大书特书。疆吏们热衷于兴办洋务以自强，但又为资金无从筹措、洋务人才奇缺而困扰。而在当时中国，既拥有巨额资金又深谙洋务的主要是长期与洋商打交道的粤省商人，他们或是先前行商或曾受雇于外国商行，“绝大多数中国买办特别是19世纪80年代以前，都是来自广州的”[①]。这些商人同样非常迫切的要求与地方实力派官僚合作，因为他们一方面受到洋商的排挤而导致经营活动非常艰难，“（洋商）垄断独登，操纵由己”，“于我中国商人大有窒碍”[②]；另一方面，当时风气未开，国内保守人士的非议以及地方保护主义使得他们难以在内地扩大业务。因此，地方实力派官员与商人的合作几乎是一拍即合。洋务运动中，地方实力派官员在商人的协作之下于口岸城市开办了一系列“官督商办”、“官商合办”的企业。与当初中央职能部门联合豪商垄断丝、盐和外贸等行业的经营相类似的是，督抚和商人在新兴产业之中奉行的是“垄断经营、利润共沾”原则；如轮船招商局开设后，十年之内华商不准“独树一帜”[③]，其他

① ［美］郝延平：《十九世纪的中国买办：东西间桥梁》，上海社会科学院出版社1988年版，第13页。

② （台湾）“中央研究院”近代史研究所：《海防档》，（台北）艺文印书馆1957年版，第872～875页。

③ 民国交通部铁道部交通史编纂委员会：《交通史路政编》（第一册），1935年版，第222页。（以下简称《交通史路政编》）

如上海织布局、开平矿务局都有类似特权，所不同的是“权力出租”活动由地方而非中央把持。为保证官督商办企业顺利运转，官方“还多次及时和异乎寻常地贷出官款，这些企业所获利益大大超过他因此取得的个人受益机会和提供保护而得到的好处”[①]。作为权力寻租活动的受益者，著名的“红顶商人”郑观应曾经高度评价官力对企业发展的庇护，认为此举能够得到政府的垫借款项，资助贷款，有的还给予分年还本，缓付利息的优待，有的企业还享有免税减税和其他特权，此诚如其在《盛世危言》中所言：“第商务之战，既应借官力为护持，而工艺之兴，尤必借官权为振作。”[②] 由于官商双方过于频繁和广泛的权力寻租活动，李鸿章等疆吏还多次遭到朝中御史以包庇不法行为为名而进行弹劾[③]。伴随着封疆大吏军政实力的上升，依傍于他们的商人如唐廷枢、郑观应、徐润和盛宣怀等人也迅速脱颖而出，而此前曾经叱咤风云的票商、盐商和行商却从此伴随着式微的中央政府而日薄西山。

在铁路兴筑的问题上我们就很清晰地看到疆吏与商人进行权力寻租的影子。李鸿章在筹建唐山至胥各庄铁路之时，面对朝中如浪的反对声，挺身而出据理力争，甚足为后世所称颂，“设非李鸿章等百折不回，尽力提倡，吾国铁路将无建筑之日”[④]。而李鸿章之所以在筹建铁路问题采取强硬态度，更直接的动力来自扩充本派系实力的需要和巨商唐廷枢的推动。其时李鸿章已经担任直隶总督兼北洋通商大臣，为装备麾下水陆诸军，必须搞活经济，开发辖区内富源。其时买办商人唐廷枢已从李鸿章手中争取到筹办直隶开平煤矿权利，他以煤炭运输困难为由，多次强烈提议修筑唐山至胥各庄铁路：“开煤必须筑铁路，筑铁路必须采铁。煤与铁相为表里，自应一齐举办。”[⑤] 唐廷枢还为李鸿章举荐吴淞铁路总工程师马利生（G. J. Morrison）[⑥]。李鸿章负责政治公关，唐廷枢主持工程事务，唐胥铁路终得于1881年顺利竣工。其后，唐胥铁路向西延展至芦台、天津，向东延展到山海关、绥中，李鸿章集团军事经济实力也如虎添翼，傲视其他疆吏。唐廷枢主持的开平煤矿“从此矿务益当蒸蒸日上，此固不待智者而后知也”[⑦]。1891年，唐廷枢和郑观应把公司

---

① ［美］陈锦江：《清末现代企业与官商关系》，中国社会科学出版社1997年版，第80页。

② 郑观应：《盛世危言》卷三，1894年版，第22页。

③ ［美］陈锦江：《清末现代企业与官商关系》，中国社会科学出版社1997年版，第81页。

④ 《铁道年鉴》（第1卷），上海汉文印书局1933年版，第2页。

⑤ 孙毓棠主编：《中国近代工业史资料（第1辑：1840—1895）》（下册），科学出版社1957年版，第617～622页。

⑥ 汪敬虞：《唐廷枢研究》，中国社会科学出版社1983年版，第190～191页。

⑦ 《申报》，大清光绪八年三月十七日。

和私人资金混用，并以公司名义购买土地以谋利，唐本人即出资 1 万两白银[①]。

权力寻租，官商各得其所，双方经济实力和社会影响力不断攀升。在官商合作经营洋务的影响和推动之下，其他各种形式的商人也纷纷向地方实力派寻求庇护或者借助官力以扩大经营；地方实力派也采用招股、鼓励和保护等方式引导各行各业商人往近代工商业的路子上发展，他们所主导的权力寻租活动也在规模和范围上得以扩大。无论是官办、官督商办还是官商合办的企业，里面都有来源不一的商捐商股，据当代学者估计，洋务运动时期官督商办企业所招商股即多达 1 000 万元之上。

权力寻租活动只是官商合作最直接和最集中的方式，参与权力寻租活动的商人在商界中也只是冰山一角，但此类活动对地方经济和政治的影响却是举足轻重的。因为权力寻租活动尽管主要集中于一些事关国防和国家经济命脉的垄断性企业当中，但是这些企业规模的进一步扩大不但需要更多商资附股，而且也需要其他行业的发展以辅助之，于是地方督抚不得不推出一系列扶商、恤商措施以扶持其辖区内各种形式工商业的发展。在晚清时期，热心洋务的地方实力派治下的广州、上海、武汉和天津等城市无不商贾云集、百货荟萃，现代工厂与手工作坊如林而起。如辛亥革命前的武汉有民族工厂 43 家，手工作坊 929 家，银行、票号 138 家，商号仅汉口镇就达 7 000 家；广东有工矿企业和手工工场 2 462 家，其中近代工厂 136 家，广州一地就有各种商店 27 524 家[②]。地方经济的发展，在壮大督抚的经济实力的同时也使得商界的社会影响力扩大、地方官商关系更加密切。郑观应很早就注意到，即便是没有直接参与权力寻租活动的商人，对疆吏的庇护同样十分依赖：商人们坦言北洋实业的发展得益于李鸿章的倡导，唯恐“李傅相不能永在北洋，又不能保后任者如李傅相能识大体”[③]。

二、中央政府分化地方官商的努力

商界势力与地方实力派官僚的过密合作使得晚清“强枝弱干”的政局愈演愈烈，这当然是清廷中央所不能容忍的，采取措施对地方官商势力分而治之自在必然之中。

首先，我们来看看地方“官商合抱”所酿就的统治危机。

---

① ［美］陈锦江：《清末现代企业与官商关系》，中国社会科学出版社 1997 年版，第 81 页。

② 朱英：《中国早期资产阶级概论》，河南大学出版社 1993 年版，第 58 页。

③ 郑观应：《盛世危言后编》卷一〇，第 100 页。

在经济上，地方官商经济实力的壮大，尤其是他们之间频繁的权力寻租活动，截留了大量的本属中央控制的财源，使中央财政进一步恶化："言常用则岁入岁出不相抵，言通商则输出输入不相抵，言外债则竭内外之力。"[①] 更为严重的是，疆吏们政治上的独立倾向日益增强，甚至敢于违逆中央旨意而行事：李鸿章、张之洞、刘坤一和袁世凯等疆吏幕府里英才济济，我们都知道日后袁世凯幕府摇身一变而成为了民初的中央政府，然李鸿章、张之洞幕府人才储备又岂能逊色于袁幕府哉？督抚们所辖之区无不百业兴旺、富可敌国，而且官商之间有着盘根错节的关联。1890年代之后，疆吏们的独立倾向超出了朝廷所能容忍的限度：甲午战争中清廷中央无法有效节制调遣水陆诸军，以致出现了"南舰优游，置北难于不顾"的见死不救情形[②]，是为兵败受辱的重要原因；戊戌政变后朝廷欲废帝立储，却因督抚极力反对而只得作罢；庚子之役中，地方实力派在沿江沿海绅商们的支持之下，更是直指宣战谕旨为伪诏，联手搞起了"东南互保"；地方绅商甚至联合列强劝说李鸿章和张之洞借庚子战乱之机"黄袍加身"，此举虽因张之洞等人"视两宫之存亡而后定"而不了了之，然枝强干弱、积重难返之势已昭然若揭。为此，清廷中央不得不采取各种措施以"强干弱枝"，挽救统治危机、维护大清国祚。而重建中央集权统治，重中之重就是分化地方官商：一者可以削弱督抚的经济实力、进而打击其政治上的离心倾向，二者中央政府可以通过直接控制商人势力而收天下之财货，缓解捉襟见肘的财政危机。

其次，地方官商之间同床异梦，绝非铁板一块。

疆吏和商人各有自己的算盘，他们之间的合作难免磕磕碰碰。在合作初期，商人们为借助官方势力扩大经营，当然欢迎官方对企业的鼓励和督导，甚至愿意接受政府以官款借贷和管理指导为形式的控制。而疆吏们为"自强"、"求富"，壮大本派系实力而施行的各种举措必须有巨额资金支持。这笔资金当然不能从拮据的中央财政中谋求，故而发掘商人财源、吸收其资本用于政治之目的自是必然之举。对于商人普遍只重经济不重政治的思维方式，疆吏们也抱怨不已："商不知大局，或知洋务而不明中国政体，或易为洋人所欺，或任事锐而鲜阅历，或敢为欺瞒但图包揽而不能践言，皆不足任事。"[③] 甚至某些官僚如盛宣怀等人为了中饱私囊，借督导企业运行之机大肆侵夺商人的权利。商人当然不满官僚们的横征暴敛，希望有一个比较自由宽松的发

① 盛宣怀：《愚斋存稿》卷一，1931年初刊，（台北）文海出版社1975年影印版，第6页。

② 夏东元主编：《郑观应集》（上册），第733页。

③ 盛宣怀：《愚斋存稿》卷二四，第24页。

展环境。但是，在近代中国，离开官商之间的权力寻租活动，失却保护伞的商人若想把产业做大也无疑是痴人说梦。在没有更好的政治大环境可供选择的情况下，商人们只能选择依傍更可靠的政治实体的庇护以扩大经营业务。

最后，我们重点看看中央政府分化地方官商的一些具体活动。

甲午战争尤其是庚子之变中，清廷中央几因“干弱枝强”而遭没顶之灾，其后其分化地方官商以集权中央的行动日趋明显。1903 年清廷中央设立商部（1906 年与工部合为农工商部），直接负责全国商业与商人事务，并有意识疏离地方官商关系，宣称：招商设立铁路、矿务、工艺、农务各项公司一律不用“官督商办名目，亦不派监督、总办等员，以防弊窦”①；商部“排挤了北洋大臣和南洋大臣、商务大臣以及铁路大臣”②，以使商事归驭于中央。1904 年，为了绕开省一级官僚机构，使中央政府与地方商人直接接触，提高朝廷在商界中的威信，清廷颁旨设立商会，规定于商务繁富之区设立商务总会，于商务稍次之地设立分会③；“商会者，众商之会也”④，其主要职责为联络商界并指导地方商务活动，同时也享有直接上诉商部的权力⑤，著名的商会领导人如上海的严信厚、周晋镳、徐润、孙多森及广州的郑观应等都受商部委任，而且被赏以各种顶戴和虚衔⑥；自 1904 年在上海创立商会始，商会在短短几年间就发展成为拥有 800 个分会的全国性网络。1904 年初清廷出台了《公司律》131 条，使商人投资新式公司有章可循并受到法律的保护；稍后又在此基础上制订了《公司注册试办章程》，进一步明确规定所有“公司局厂行号铺店，一经注册，即可享一体保护之利益”⑦，对正当经营亏损而“倒闭者”，予以“维持调护”⑧，以法律形式提高商人的政治地位，收揽商界之人心。商部及其后的农工商部还制订了详尽的官方奖励制度以鼓励工商业，努力在中央政府和各地商界领袖之间建立良好关系，对有突出贡献的技术工人、倡办和投资实业者授予世职、实官、嘉令状和颁赏匾额⑨。在很短的时间内，海内外

---

① 刘锦藻：《清朝续文献通考》卷一二六，商务印书馆 1955 年版，第 1406 页。

② ［美］陈锦江：《清末现代企业与官商关系》，中国社会科学出版社 1997 年版，第 84 页。

③ 《商部奏定商会简明章程二十六条》，《大清光绪新法令》（册一六），商务印书馆 1909 年版，第 35、36 页。

④ 马敏：《过渡形态：中国早期资产阶级构成之谜》，中国社会科学出版社 1994 年版，第 160 页。

⑤ 《商部奏定商会简明章程二十六条》，《大清光绪新法令》（册一六），商务印书馆 1909 年版，第 35 页、第 36 页。

⑥ 《东方杂志》，1907 年第 11 期，“商务”。

⑦ 《东方杂志》，1904 年第 5 期。

⑧ 《大清光绪新法令》，第十类“实业”，商务印书馆 1909 年版，第 12、13 页。

⑨ 汪敬虞：《中国近代工业史资料》（第 2 辑上册），第 640 页。

华商中的头面人物几乎都带有各种官衔[①]，“花翎顶戴满天飞”，朝廷用心之良苦由此可见。在1903年冬商部奏颁《铁路简明章程》中，商人资金甚至被允许涉足由中央政府主导、被视为事关国家命脉的铁路干线工程。《章程》规定：“各省官商，自集股本请办何省干路或支路，须绘图贴说，呈明集有的实股本若千万，详细具禀，听候本部行咨该官商原籍地方官，查明其人是否公正，家资是否殷实，有无违背定章各情。俟咨复到部，以定准驳。”[②]这表明，只要合乎条件，民间不仅可修支路，亦可修干路。民间要修路，就得设立商办铁路公司，为此《章程》相应规定，“无论华、洋官商，禀请开办铁路，均应按照本部奏定章程办理”，“至经部批准开办后，并应悉照本部奏定之公司条律，不得有所违背”[③]。

尽管清廷中央这一系列措施的目的是使商界势力由体制外进入体制内以为其所用，打破地方官商之间盘根错节的关系，强化中央集权，但结果却助长了商界势力的独立倾向。由于当时“实业救国”思潮的鼓舞，众多文士名流纷纷加入经商行列，使得绅商合流、商界精英荟萃；商界社会动员力相当强大，不但各地工商实业界“分之则各自为部，合之则联成一气”[④]，并且商会与教育、外交、慈善、政治和学术等等新型社团之间来往也相当密切。晚清新政期间，作为民意汇总机构的各地谘议局亦往往以公推商界人士为主持者。商界不再仅仅是一股经济力量，同时也是一股举足轻重的政治力量。并且，由于商界社会号召力巨大，加之其政见又更多地代表民间舆论，这就使得中央和地方政府都无法按照自己意愿有效地统驭之。在一些重大决策上，坚持己见的商界人士甚至动员社会各界的力量迫使政府让步，令政府骑虎难下。商界政治地位不断上升而且独立倾向日益凸显，无论中央还是地方政府都不再敢等闲而视之。

晚清粤汉铁路筹建工作是在中央权威不断削弱、地方实力派日益崛起的历史大背景之下进行的。在争保铁路利权、敷设铁路以振兴国计民生方面，政府和以绅商为首的社会力量都有着诸多不谋而合之处。然而，在利益冲突面前，政府和社会力量针锋相对、互不相让；在政府内部，中央与地方之间、各政治派系之间既有协调一致的策略与行动，但也同样存在着错综复杂的斗争。在这种“一羊多牧”的情形之下，日后路事纷争的出现是在必然之中。

---

① 许大龄：《清朝的捐纳制度》，（台北）文海出版社1977年版，第160页。

② 《中国近代铁路史资料（1863—1911）》（第三册），中华书局1963年版，第926页。

③ 《中国近代铁路史资料（1863—1911）》（第三册），中华书局1963年版，第926页。

④ 《商务官报》（册一），第23期，（台北）故宫博物院1982年版。

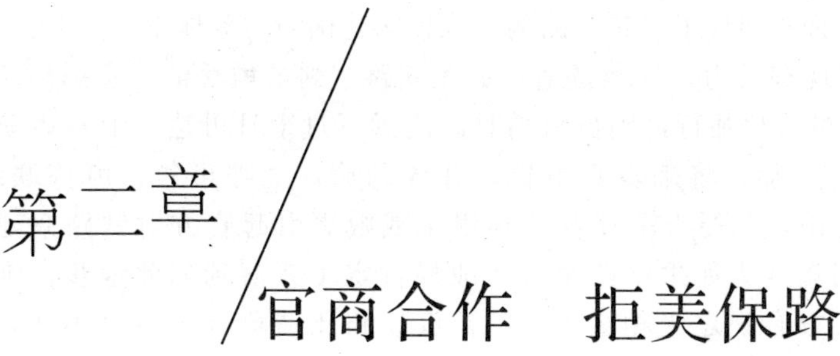

第二章 官商合作 拒美保路

粤汉铁路的筹建是在“筑路救国”已成为朝野共识的背景下进行的，朝野人士殷切地期望该干线能够速成以利于国计民生。张之洞和盛宣怀等主要倡议者在经过深入考察之后，初步提出了“速成干线”、“官方主持”、“借款筑路”的方针。同时，商界由于政治地位不断上升而且独立倾向日益凸显，这就注定该阶层同样在粤汉铁路筹建工作中扮演着举足轻重的角色。尽管在干线自办的问题上，社会各界更倾向于商办，但在“外争国权”方面商界与官方有着太多共同语言。故而在清政府借款速修干线和以夷制夷的策略落空后，广大绅商民众鼎力协助政府在对外交涉中采取强硬态度，掀起了一场拒美保路运动。

第一节 速成干线的渴求及筑路方针的初酿

一、朝野对南北干线贯通的渴求

筹建中的粤汉铁路连接中国内陆经济中心武汉以及华南重镇广州，使富庶的长江流域和珠江流域的联系更加密切；再通过与卢汉铁路联运，更可成为贯通南北的交通大动脉，使中国政治中心与经济重地紧密相连。因此，该干线的兴建，无论对于政治、经济还是军事都将发挥着重大影响。

在军事上，朝野有识之士都认为出于运兵运粮、节约军费的考虑，粤汉铁路作为纵贯南北的大动脉非早日修成不可。早在甲午战争之前，严重的边疆危机迫使清廷官方加快了兴筑铁路的步伐以构建国防防务体系：“向使早得铁路数条，则就现有兵力，尽敷调遣；如无铁路，则虽增兵饷，实属防不胜防”[①]；“苟有铁路以利师行，则虽滇黔甘陇之远不过十日可达，十八省防守之旅皆可为游击之师，将来裁兵节饷，并成劲旅，一呼可集，声势联络，一兵能抵十兵之用，此便于军政者。”[②] 甲午战败更引起官方对铁路兴建的迫切感，张之洞就认为如果铁路早成，战局肯定不会落到如此地步。绅商对此的认识与官方有识之士相去不远。芦汉铁路比债草合同签订不久，湖南、湖北、广东三省绅商即请接造粤汉铁路，认为：“中国幅员广远，南北相距万里，恃大海以通声气。今海军既无力能兴，设有外变消息，中段隔若异域，呼应不灵，必内地造有铁路，方可连为一气。”[③] 1897 年 12 月，在籍翰林院庶吉士熊希龄、江苏候补道蒋德钧来鄂与张之洞、盛宣怀面商，认为粤汉铁路如取道郴、永、衡、长，再由武昌以达汉口，则路较直捷，“湘中风气刚健，他日练兵，可供征调”[④]。

至于兴办粤汉铁路对于中国经济的促进作用，朝野人士也取得了共识。1897 年，绅商与张之洞、盛宣怀商谈粤汉路对于三省经济之发展时就认为：“湘中矿产富饶，运道一通，销场极畅[⑤]”；“广东财赋之区，中日之役，数百万军饷，一朝而集，南方有此要害，未可失也”[⑥]。湘粤鄂三省绅商集会时以倡议兴建粤汉铁路为时尚：“此南干铁路之所宜速修也。矿产尤丰厚，地利亦可蔚兴。此粤汉铁路之宜折而入湘者又一也”[⑦]；“伏查湘省西、南两路，水程则险滩林立，陆途则山径畸岖，以致物产殷阜，壅积滞销，……材弃于地。至于五金、煤矿，天产丰饶，大半以转运维艰，无从开采。遂使风气蔽塞，僻陋苟安，不复知世界竞争工商交战之局”[⑧]。同年 12 月，在王文韶、张之洞、盛宣怀会奏湘鄂粤三省绅商合请速办粤汉铁路的奏折中，反映了地方官绅对粤汉铁路贯通之后所产生的经济价值有了深刻的认识：“铁路早成一日，可保一日之利权，多拓百里，可收百里之功效。粤汉南干，自应仍照原议，

---

① 李鸿章撰、吴汝纶编录：《李文忠公全书·奏稿》卷三九，商务印书馆 1921 年影印版，第 20～26页。

② 《李鸿章全集》(第 3 册)，海南出版社 1997 年版，第 1214 页。

③ 《湘鄂粤三省绅商请开铁路禀》，1909 年，转引自宓汝成编《中国近代铁路史资料（1863—1911)》(第二册)，中华书局 1963 年版，第 494 页。

④ 盛宣怀：《愚斋存稿》卷二，第 3 页。

⑤ 于宝轩辑：《皇朝蓄艾文编》卷三六，邮运二，上海官书局 1903 年版，第 27 页。

⑥ 于宝轩辑：《皇朝蓄艾文编》卷三六，邮运二，上海官书局 1903 年版，第 28 页。

⑦ 盛宣怀：《愚斋存稿》卷二，第 4 页。

⑧ 《政艺通报》卷二，光绪甲辰年（1904 年)，第 10 页。

与北路一气呵成。议由湖南以达武昌，尤得致富强之要。”①

朝野有识之士极力呼吁速成粤汉铁路，除了出于经济和国防上的需要之外，还包含着浓厚的争保国家利权意识。列强争先恐后地在中国投资兴建铁路，其根本目的是掠夺在华政治、军事和经济上的利益。当时西方列强总体上完成了由自由资本主义向垄断资本主义的过渡，金融垄断资本四处寻找投资机会，政府也为大规模的资本输出推波助澜。甲午战败恰好给外国资本觊觎中国路权一个难得的机会：甲午战败，清政府腐败无能软弱可欺的本质在西方列强面前暴露无遗，列强趁机掀起了瓜分中国的狂潮；铁路是列强侵略势力渗入中国内地、掠夺原材料以及倾销产品的重要工具，并进一步以铁路为基点，扩张势力范围，达到其不可告人的政治目的；而《马关条约》中的允许列强在中国投资设厂的相关条款以及向甲午战后清政府大举借用外债抵赔款，都给了列强资本投向中国铁路大开方便之门。此诚如雷麦在其《外人在华投资》一书中所写的：“（美国）国务卿一定已经明白：在中国铁路合同所得的一般利益，实在要比希望订购铁轨及铁路设备所得的利益为多。……让与权的争夺战，不只限于铁路合同，还有租借地，不割让协定，及势力范围。”② 因此，甲午战争之后列强纷纷要求在华兴修铁路，控制、巩固和扩大其“势力范围”：“目前德国无理肇衅，占据胶墨要害，并获承办山东铁路利益，局势顿变。俄国已造路于黑龙江、吉林，以为通奉天、旅顺之计。法国已造路于广西，以为割滇之计，独英人窥伺最久，尚无所得，目前必有效尤要挟，占我路权之举。”③

面对这种情况，中国朝野都有赶在列强之前兴建铁路干线以保路权的迫切感，这种迫切感在官员的电报里深刻地表露出来。1897 年 12 月，盛宣怀致电张之洞，表白了力争修建一条利权归属中国的铁路干线（即粤汉铁路）的迫切愿望：“现在德已踞胶，俄已留旅，法已窥琼，英或有圆扼长江吴淞之谋，是中国各海口，几尽为外国所占。江海之咽喉既塞，南北海道之气脉复梗，已成坐困之势。仅有内地，尚可南北往来。查汉口为各行省南北东西水陆之枢纽。若粤汉一线，再合英人造一路，直贯其中，将来俄路南引，英路北趋，虽有卢汉一路，气促权轻，间隔于中，无能展布。且将来甚至为英俄之路所并，则是咽喉外塞，腹心内溃，虽欲讲求练兵、制械之法，理财、足国之方，亦将无从着手。岂惟不能自强，恐从此中华不能自立。时局危迫，

① 盛宣怀：《愚斋存稿》卷二，第 5 页。

② ［美］雷麦：《外人在华投资》（蒋学模等译），商务印书馆 1953 年版，第 191 页。

③ 盛宣怀：《愚斋存稿》卷二，第 9 页、第 10、11 页。

思之寒心。惟有赶将粤汉一路，占定自办，尚是补救万一之法。”[①] 1898 年 1 月，湖南巡抚陈宝箴致张之洞电：“闻德国租占胶澳并允承办山东铁路，英、法皆甚艳羡。香港洋报载：‘英国所当急行者建造铁路之利，理应干营中国中路，或广东建造轨道，方不致落他人之后’。”[②]

在 1897 年湘鄂粤三省绅商呈交清政府的《湘鄂粤三省绅商请开铁路禀》中，深情表达了民间支持政府早修铁路以保利权的决心：“窃闻卢汉铁路开办之初，曾蒙奏明北干路工竣后，再由汉接展至粤南干路。其间经由之地，或湖南、或江西，尚未指明地段。是原议专注北干，固明于本末先后轻重缓急之分。惟近来强邻日逼，时事日非，其情形与昔不同则办法自当稍异。”[③] 为了推动清政府早日下定决心兴修粤汉铁路，绅商们还要求自组公司、集资兴办：“三省人士，往返亟商，意见均合，亟为和众丰财，克期并举，拟呈请俯赐电奏，并咨明总署，先行立案。倘蒙俞允，再由绅等妥议勘路招股购地用人，其一切办法章程，另折禀请察核兴办，以观厥成。”[④]

由此看来，朝野有识之士对于粤汉铁路在国计民生中的重要作用以及速修铁路以保全国家利权都有共识，主张速修粤汉铁路的封疆大吏们甚至以湘鄂粤三省民意代言人而自居。这点在 1897 年 12 月的王文韶、张之洞、盛宣怀奏请速办粤汉铁路的奏折中得以体现：“该三省绅商，立意既同，舆情已洽，自必众志成城，无所摇惑。如蒙谕允，应请饬下两广总督、广东、湖南、湖北抚臣，与臣等随时会商妥议，招集华股，酌借洋债，并选举各省绅商，设立分局，购地鸠工，认真办理。总之，各省绅商分任，路利自须公溥均沾。而造路之本资，借款抵押之办法，通行之章程，必须卢汉、粤汉二大干路，合为一气。递招，递垫，递修，递押，递借，递招，展转相生。竭五六年之苦功，若无意外之虞，当可使南北干路相为衔接，以符原议。”[⑤]

在地方官绅的一致努力推动之下，清廷中央于 1898 年 1 月正式批准了自主兴修粤汉铁路的奏请：“着王文韶、张之洞、谭锺麟、谭继洵、陈宝箴、许振祎随时会商盛宣怀，妥议招股借款各节，并选举各省绅商，设立分局，购地鸠工，认真办理。”该“上谕”中还突出了该路自办的特色：“各国如有以承办此路为请者，即由总署王大臣告以三省绅商，自行承办，已有成议，或可杜其要求。”[⑥]

---

① 盛宣怀：《愚斋存稿》卷二，第 11 页。

② 苑书义等编：《张之洞全集》（第 9 册），河北人民出版社 1998 年版，第 7457 页。

③ 《中国近代铁路史资料（1863—1911）》（第一册），中华书局 1963 年版，第 495 页。

④ 于宝轩辑：《皇朝蓄艾文编》卷三六，邮运二，上海官书局 1903 年版，第 27、28 页。

⑤ 盛宣怀：《愚斋存稿》卷二，第 5 页。

⑥ 盛宣怀：《愚斋存稿》卷二，第 8 页。

二、官方对筑路方针的初步酝酿

老子曾云："国之利器，不可示人。"慈禧、李鸿章、张之洞和盛宣怀等人在政界纵横驰骋数十年，不可能不深谙此理。铁路作为一种涉及政权安危的新型"利器"，统治者自然千方百计欲将其所有权和运营权牢牢抓住，不肯让社会力量涉足其中。经过一段时间的酝酿之后，清政府决策层初步达成了"借款速修"、"官方主持"的共识。

"借款速修"是清政府针对当时国库严重亏虚、民间资本薄弱以及国内技术人才奇缺，不堪独力承担干线工程建筑的现实状况而拟定的政策。

晚清政府财政严重亏空，依靠国家财政资金大规模投入进行铁路建设无疑是痴人说梦。地方政府对中央政府的财政分割、各级官僚的贪污腐化、镇压农民起义、维持臃肿的官僚机构运转、赡养数量庞大的八旗世禄阶层等巨额的财政开支已经迫使国家虚库运行了。更为雪上加霜的是巨额的贸易逆差、对外战争费用和赔款，促使中央财政"殆如敝絮塞漏舟"[①]；单单鸦片贸易这一项，从1800年到1895年的95年间已造成22亿元以上的白银外流，相当于50条卢汉铁路的费用[②]；而对外战费及赔款问题，据王致中汇总有关资料显示，单单甲午战争中国支出军费合计5 650万两，支付对日本赔偿金额合计23 150万两，举借外债本息总计当在1亿英镑以上，折合库平银至少亦应在6亿两以上[③]。清政府自身还要大举外债以及卖官鬻爵来维持运转，更毋庸提投入巨资来兴修铁路工程。在筹建粤汉铁路之前，张之洞曾代表清政府全权负责办理卢汉铁路借款交涉。当时清廷中央由于财政拮据，不得不将卢汉铁路兴筑权和长达数十年的运营权拱手相让。1897年12月，张之洞为讨论粤汉铁路款项问题而致电湖南巡抚陈宝箴，提及卢汉借款交涉中清廷中央因经费困难而推卸责任之事时尚且心有余悸："去年设立总公司，总署原奏卢汉、粤汉南北干路合为一气，领帑千万，集股千万，余借洋债，陆续分还，互相挹注。现今卢汉以部款千万，官股三百万为底本，并借洋债四百万镑，由总公司订约，国家仅批准而不肯担保，各国以为难。比人利其制造，始首肯。"[④] 对于立足政府款项修筑粤汉铁路，张之洞等实力派官僚自然不抱信心。

---

① 《李文忠公全书》卷一六，第2页。

② 许毅等著：《清代外债史论》，中国财政经济出版社1996年版，第70页。

③ 王致中：《中国铁路外债研究（1887—1911）》，经济科学出版社2003年版，第16、17页。

④ 王树枬主编：《张文襄公全集》卷一五四，北平文华斋1920年初刊，（台北）文海出版社1963年影印版，第7、8页。（以下简称《张文襄公全集》）

实力派官僚认为依靠社会力量来兴修铁路干线同样行不通，因为落后的中国本身就缺乏应有的社会经济基础。当时国内社会矛盾已经开始激化，“新增各类苛捐杂税，……名目不下数十种之多”[①]，民众自发抗租抗税事件层出不穷，若再向社会摊派路股，后果则不堪设想。民族资产阶级占全国人口比例尚小、资金总量有限，不但难以承担巨额铁路建设费用，而且建设周期长、整体获利微薄的特点也与当时中国工商界人士普遍急功近利的心态相矛盾。另外，中外商人借兴办铁路互相勾结以谋暴利之事层出不穷，使自身信用大打折扣，“名为借用洋债，实则全是洋东，不过欲借经手承办之名，以冀立致巨富，专意营私，不顾国家利害”[②]。再者，当时国内金融筹资机构尚以传统的钱庄、票号为主，国立银行信用未立，无法募集大量而且分散的社会资金[③]。

此外，借用外资并利用国外先进科技和管理经验，这也是弥补中方科技和管理经验方面欠缺的有效之举。兴修铁路干线是现代国家科技、经济实力的体现，而曾以文明著称于世的中国在有清一代已经沦为科技弱国。科学技术的发展、社会风气的开化与真正的藏富于民一样，必须要经过长期的历史积淀方能拥有雄厚的社会基础，这些恰好是晚清中国所欠缺的。因为在此之前旷日持久、与“康乾盛世”相始终的文化专制使过多智慧头脑埋于故纸堆之中，造成了“万马齐喑究可哀”的局面；而残酷的闭关锁国政策使中国自我陶醉于“天朝无所不有”美梦的同时，也失去了借助地大物博优势以换取资本原始积累的黄金时期。缺乏现代科技的积累、不谙于现代化组织管理方式以及资金的匮乏注定了在当时的历史环境之下想要速成铁路干线工程，不得不依赖于国外资金与技术。

《时局图》中的“瓜分危机”一目了然，隐藏于背后的官民对峙亦不言而喻

“官方主持”包括两方面内容，首先是“外争主权”，保证中国政府而非外资势力有效控制铁路，尽量避免利权外溢。

① 梁启超：《饮冰室文集》卷二四，上海广智书局1910年版，第21页。

② 《张文襄公全集》卷一一八，第11页。

③ 王致中：《中国铁路外债研究（1887—1911）》，经济科学出版社2003年版，第20页。

速筑粤汉铁路本为杜绝列强觊觎中国利权之举，清政府当然希望能在铁路修建和日后运营中起主导作用，避免重蹈其他铁路干线修筑权和运营权皆落入外方，从而危及中国经济和国防安全的覆辙。当时在中国兴筑的铁路干线主要有两种类型，一是外国直接投资兴筑，二是清政府借款兴筑，它们的共同之处就是由于外资势力的涉入而导致国家利权受损。列强在中国直接兴筑的铁路，皆由相应的外国铁路公司经营管理，直接听命于筑路国政府，清政府无权管辖；外国铁路公司拥有开发铁路沿线的经济资源之权："俄、法、德要索路权，皆及矿务，以矿利百倍于路。直、晋、豫全矿，昔与俄、意、英定约，余利归外人七十五分，限期六十年。北方无尽利权，均已属人。"①筑路国还有权在干线各站派驻军警、设立法庭，俨然"国中之国"。而借用外债兴筑的所谓"国有干线"，"其行政之名虽假出于中国之手，而财政之实权全落入欧人之手，遂至左右其行政之实权矣"②。

在粤汉铁路筹建之始，张之洞和盛宣怀就明确地表示要确保中方在该干线的修建和运营中居于主导地位，力图避免列强以各种形式觊觎粤汉干线利权。1898 年 1 月，张之洞在致王文韶的电文中就表白了这一决心："英觊觎铁路，从粤东下手以达汉口，蓄谋必确。今春英商屡求承造粤路，坚持未允。……现在沿海沿边无以自保，要在保我腹心，徐图补救，若使英人占造粤汉轨道，既扼我沿海咽喉，复贯我内地腹心，以后虽有智勇无所复施，中国不能自立矣。"③ 盛宣怀亦认为："（粤汉铁路）至英及法、德，无论何国承办，皆有大害。"④

"官方主持"的另外一个内容是"内争官权"。铁路是事关国家命脉的工程，其完竣之期宜早不宜迟，故而事权宜专不宜滥；冉者清政府兴修铁路本来就是为了巩固自身统治，当然不愿意让社会力量借投资铁路之机而参与日后的管理和运营，进而削弱政府的经济利益和统治权威。

鄂、湘、粤三省绅商民众对于筹集商股兴筑铁路以杜绝列强觊觎利权的热情是相当高涨的。1897 年，芦汉铁路比债草合同签订后不久，鄂、湘、粤三省绅商即请接造粤汉铁路，并愿集资招股以期迅速开办："绅等深维世变，日切焦忧。究其利害之所在，实贵先发而制人。盖脉络贯通，邪气自去，有

---

① 盛宣怀：《愚斋存稿》卷二，第 21 页、第 22 页。

② 《清议报全编》卷一七，第 105、106 页；见宓汝成编《中国近代铁路史资料（1863—1911）》（第一册），第 220 页。

③ 范书义等编：《张之洞全集》（第 9 册），河北人民出版社 1998 年版，第 7457 页。（以下简称《张之洞全集》）

④ 盛宣怀：《愚斋存槁》卷二，第 9、10、11 页。

南干则北干益灵，有成谋则外谋自阻。大局安危，所关非浅。理合具呈。”[①]为申请筹集商股筑路，绅商多次与疆吏商谈。如1897年12月，湘绅汤聘珍呈请创立湘粤铁路公司，集股开办，并公举黄遵宪为总办，“以专责成，而通湘鄂之气”[②]。

但是，负责筹建粤汉铁路的朝廷大员多认为绅商民众对于兴筑铁路干线事宜表现得热情有余、理性不足。1897年12月，张之洞致陈宝箴的电报里就抱怨绅商“尚未悉铁路甘苦曲折”，并对绅商财力薄弱且地域观念浓厚之事甚为担忧：“湘中集股尚无约数，粤商亦尚无着落，窃恐粤商股亦必请另设一总办。粤商力厚，未必肯附入湘商。”张认为要想路事速成，必由官方统筹全局：“仍照总署奏准原案，不脱总公司，方无窒碍，事亦轻而易举。”[③] 盛宣怀则对绅商参股粤汉铁路基本没兴趣：“无如华商眼光极近，魄力极微，求利又极奢。问路工何日可成，答以四五年，问路本实须若干，答以四千余万；问路息岁获若干，答以四五年全工未竣，无利可给；闻者无不爽然而去。夫华商本无远识；绅富则暗置恒产，有钱惟恐人知；商贾则挟资运营，一日不能无利。此华股之难也。”[④] 因此，盛宣怀等人明确表示了官方应于铁路修建过程中担任主持者的角色，以确保资金募集、征地和筑路工作顺利开展。

但对于绅商民众积极参与干线兴筑的热情，清政府则设法加以利用，使之成为排拒外国势力的有力工具。1897年12月，张之洞、王文韶和盛宣怀上呈清廷的《会奏议立粤汉铁路公司并密筹借款片》中就体现了重臣们由官方统筹，借商力以拒外，借外债以补国资之不足的主张：“现在已据湘、粤、鄂三省绅商议定合立公司，呈请奏明先行立案，以备抵制外人，杜绝腹心之祸。应请诏旨宣布，准令总公司督同三省绅商，迅速筹款办理，并请饬下总理各国事务衙门立案。如他国有以承办粤汉铁路为请者，即明告以预准各该省绅民公司自行筹办，俾免枝节。”[⑤] 张之洞等人的提议很快得到了清廷的认可：“若由湘、鄂、粤三省绅商自行承办，仍归总公司总其纲领，实于大局有裨。惟是造路之资本，借款之办法，通行之章程，必须与卢汉公司一气贯注，始可收通力合作之效。”[⑥]

由以上论述我们可以得知，在粤汉铁路筹办之初，中国政府和社会各界有识之士皆已清楚地认识到兴建铁路干线对于国家政治、经济和国防等方面

---

① 于宝轩辑：《皇朝蓄艾文编》卷三六，邮运二，第28页。
② 盛宣怀：《愚斋存稿》卷二九，第10页。
③《张文襄公全集》卷一五四，第7、8页。
④ 王彦威辑：《清季外交史料》，光绪朝卷一二三，第7、8页。
⑤ 盛宣怀：《愚斋存稿》卷二，第11页。
⑥ 盛宣怀：《愚斋存稿》卷二，第8页。

所起的巨大作用，故而速修干线以保国家利权的计划得到了朝野的热烈支持。官方主要负责人经过酝酿之后初步提出了“借款速修”、“官方主持”的方针，并利用社会各界人士的筑路热情来排拒外资势力觊觎粤汉铁路修筑权，而当时绅商民众则更倾向于募集商股自筑干线。虽然双方一开始就存在着分歧，但是朝野更加关注的却是如何迅速地敷竣铁路干线。

第二节　“延美”与“拒美”的波折

一、“延美”以拒俄、法

从1898年至1905年，清政府为了贯彻其拟定的“借款速修”、“官方主持”筑路方针，先是向美方举借外债兴筑粤汉铁路，后又因美方举措有损中方利权而赎回筑路权。尽管主张募集商股自筑干线的绅商民众在筑路方针上与官方存在着分歧，但仍然热烈地响应清政府举借美债兴修粤汉铁路，这主要是朝野双方在“速成干线以保利权”的问题上有着太多的共同语言，因此，社会各界对于官方“借款速修”、“官方主持”的筑路方针普遍抱着理解的态度。

朝野双方的共识主要表现在以下方面：首先，筑路救国已经刻不容缓。甲午战败后，列强趁机掀起了瓜分中国的狂潮，通过兴修铁路控制、巩固和扩大其“势力范围”，以致出现了“江海之咽喉既塞，南北海道之气脉复梗，已成坐困之势”。在这种情况之下，赶造粤汉干线实为当务之急，绅商民众很谅解官方借民众爱国热情杜绝列强觊觎利权的行为。其次，兴修干线，除举借外债外实难有他途。干线工程是国力强盛与否的考验，而晚清中国恰恰“一无款二无料三无人”[①]，譬如资金一项，积贫积弱的清政府本身还要通过举借外债和卖官鬻爵来维持运转，又何来巨额筑路资金？再次，举借美债是“以夷制夷”外交策略的实际应用。当时俄法比集团已攫取东北、华北和西南诸多利权，为避免粤汉借款权落入该集团之手而导致其侵略势力直贯中国南北的危险局面出现，朝野有识之士皆知必须引入其他强国以制衡俄法比集团，在这种情况之下，“距华最远，尚无利我土地之意”的美国自然而然成为了借款首选者[②]。当然，绅商民众之所以支持清政府举借美债也另有原因：其一，

---

① 盛宣怀：《亲笔函稿》，第11页；见沈云龙主编《近代中国史料丛刊续编》（第十三辑），（台北）文海出版社1966年影印版。

② 盛宣怀：《愚斋存稿》卷七，第11页。

当时清朝中央政府和地方政府之间尽管已经是矛盾重重，但中央政府的至高统治权威依然存在，举借美债的决议是由强权人物拟定并以中央政府名义发出的，地方政府和广大绅商民众最起码表面上对该决议表示遵从；其二，19世纪末中国绅商阶层尽管具备了相当的经济和政治实力，但在对国家的重大决策上仍然未具备根据自身利益和见解而发言的实力。

中美粤汉铁路借款相关契约在朝野殷切的企盼中签订。借款合同无论利息还是回扣都创下晚清铁路借款的新高，而且还赋予了合兴公司过多的权力，但毕竟清朝官方所酝酿的策略在合同中得以体现。1898年4月20日，遵照盛宣怀等实力派官员的意见，出使美、日、秘大臣伍廷芳与华美合兴公司签订《粤汉铁路借款草合同》。其后，中美又于1900年7月13日订立《粤汉铁路借款续约》。按照该《合同》与《续约》精神，美方在路权上获利甚丰，取得了“美国资本外侵的扩展运动”的一大成果[①]。《合同》规定中国向合兴公司借款4000万美元，年息5厘，9折，期限50年，铁路由美方代修；建路所用款项，除地价及土工不计外，美华公司“每百得五，作为酬劳之费”；《合同》第六款有“除支给薪工及各项经费暨借款利息外，铁路所得余利，以1/5归华美公司”[②]；《合同》中还满足美方如此附加条件：中比签订的卢汉铁路借款合同如因故作废，准美华合兴公司建造；卢汉铁路各段，不论已完工或仅部分完工，美华合兴公司均可利用，公司所应付价目作为督办大臣担负建造铁路之实际费用[③]；《续约》规定路成后，贷款期内，由美方代为管理，每年分取行车余利二成并发行“余利凭票”，有效期50年[④]；粤汉铁路附近煤矿，允准美华合兴公司勘查开办，所有举借款项、开办煤矿、分摊盈利等详细事宜，应由中国铁路总公司督办大臣与美华合兴公司商酌妥订[⑤]。该《合同》与《续约》尽管“可算中国近代丧失权利最多的铁路借款合同之一”[⑥]，但中国朝野最为关心的“速成干线”以及“争保国权”之精神得到了体现。《合同》第二款规定，“惟不以洋关作抵，而以铁路全件作为头次抵押”，专款专用、专债专还，杜绝美方借路债之事而觊觎其他利权；《合同》第三款规定“华美公司人员建造工程、经理车务及办理诸事，一切均须顺华人意见、风俗、民情。……又于建

① 柏森士：《一个美国工程师在中国》，转引自宓汝成编《中国近代铁路史资料（1863－1911）》（第二册），第515页。

② 《交通史路政编》（第14册），1935年版，第2、3页。

③ 王铁崖编：《中外旧约章汇编》（第1册），三联书店1957年版，第503页。

④ 王铁崖编：《中外旧约章汇编》（第1册），三联书店1957年版，第963页。

⑤ 王铁崖编：《中外旧约章汇编》（第1册），三联书店1957年版，第749页。

⑥ 尹铁：《略论张之洞的铁路外债观》，《浙江教育学院学报》2005年第5期，第93页。

路及管车等事，必须与督办大臣妥商，酌用华人充当要缺……工程师拟定图样、说帖，经督办大臣核准，中国人、外国人均不得干预，藉词阻挠”，第五款亦明确提到：“路成之后，不论长短，所有照管驶车等事，均由华美公司选派妥人经理，惟其人须先经督办大臣察看允准方可”，即经营权虽暂归美方，但主权仍在中方；《合同》第十三款也提到“遇有军务，无论外侮、内乱，中国国家调遣兵丁、转运饷械及军营用物，……车价减半”，保证了在美方经营铁路期间，中方仍有优先使用权；《合同》第八款规定“以铁路头次作押之借款小票，由发票之日起计，以 50 年为期。25 年之内，总公司将此项小票，无论多寡，均可赎还，惟票内所注每百元须加贴 2 元半。25 年之后赎还，则只照票注之数收买，不必加贴”，从而保证中方在财政状况好转的时候顺理成章地将铁路赎回；《合同》第九款更提到：“一经全数赎还（款项）之后，中国总公司即可收回铁路，自行管理，华美公司所用人等，任由总公司自定去留”，明确规定合同期满之后所有权利收归中方[①]。当然，令朝野最为欣慰的还是《合同》第十四款：“自画押允准照办之后，彼此均不得损碍遵守合同之利益，亦不得允准别人行侵坏合同之事。”[②] 换言之，清政府既然已经与美国订约，对粤汉铁路兴筑权一直虎视眈眈的英、法、俄、德等国理论上只得望而止步，“以夷制夷”、“外争主权”的策略在此得以体现；《合同》第七款规定“此合同议定允准照办之后，华美公司即派人偕工程师，会同总公司人员，前往勘路；……若无意外延阻之事，自开工之日起，三年之内，华美公司允将全路建成”[③]，这也正是朝野“速成干线”焦急心态的体现。

闻知借款合同画押，中国朝野额手称慰，并希望尽早将合同付诸行动。1898 年 4 月，盛宣怀闻知合同画押之后即致电伍廷芳云：“已画押。慰！佩！转署。……速令美商起程。”[④] 次月，盛宣怀又致电张之洞和陈宝箴：“既订合同，美国亦决不肯让他国。美人六月望后起程来华，必欲亲自勘估。”[⑤] 张之洞也表示十分满意，当即致电王文韶：“伍使已画押，甚慰。美约必须速定，会电甚妥，请速转署。”[⑥] 1898 年 5 月，清廷中央发布上谕，责成盛宣怀“迅速开办，毋得任意迟缓”[⑦]。广大绅商民众更是迫切地希望中美双方立即启动筑路计划，

---

① 《交通史路政编》(第 14 册)，1935 年版，第 4 页。
② 《交通史路政编》(第 14 册)，第 4 页。
③ 《交通史路政编》(第 14 册)，第 4 页。
④ 盛宣怀：《愚斋存稿》卷三一，第 26 页。
⑤ 盛宣怀：《愚斋存稿》卷八二，第 18 页。
⑥ 《张之洞全集》(第 9 册)，第 7551 页。
⑦ 《交通史路政编》(第 14 册)，第 5 页。

避免他国觊觎，节外生枝。如1898年6月，湘绅熊希龄等致电张之洞，抱怨政府动作迟缓："不集款，不速办，设不幸而湘有法案，法肆要索，政府恐未必能以粤汉虚名抵制。异日弃湘之咎，责有攸归。"[①] 一向只把民众的保路热情视为对外斗争工具的盛宣怀也为绅商们的殷切期盼所感染："湘绅以不集款、不速办诘责。愧甚！粤汉正月二十二奉寄谕，美款三月二十四画草约。重洋之隔，时局之难，借款之巨，若非仗内外同心，恐难如此之速。"[②]

二、美方的违约和清廷的最初对策

进入20世纪之后，粤汉铁路工程依然未能按照预定计划开展。面对着朝野强烈的"去美"呼声，主持路事的清廷大员力主维持原约，审慎地应对美方的"不义之举"。

清政府急于签约而不惜承诺太多苛刻条件其实已经埋下了中美纠纷的隐患：合兴公司被赋予过高的权力，以致美方敢于无视中方与美公司定约的初衷而提出与合同精神相违背的要求。如合同明确规定"准美国公司之接办人或代办人一律享受，但美国人不能将此合同转与他国及他国之人"[③]，但合兴公司又同时告知盛宣怀美方有权售让股票，只要公司仍然属于美公司就可以。盛急于让美方签约，没与其他同僚商量就同意了合兴公司的要求。

盛宣怀如此举止与其特殊的人生经历是密不可分的。盛宣怀出身商人世家，非常善于把握机会谋求暴利，如此身世以及资质使其在晚清特殊社会环境下迅速崛起，成为在官界与商界、朝廷与列强之间游刃有余的人物。其早年依傍李鸿章集团而在洋务运动中获取大量权力寻租活动的机会，成为与胡光墉（雪岩）齐名的红顶商人；进入政坛之后，他"成功"地把政治资源商业化：一方面利用政治特权大肆侵吞官督商办和官商合办企业之中商人股份，使暴利入其私囊；另一方面又利用自己于中外交往中的"桥梁"地位大搞平衡战术而从中渔利，甚至还配合列强一起向清政府施压以提升本派系的政治经济权利，时人称其此类行径为"以洋挟官"。

清政府将粤汉铁路视为国家重政，并将借款事宜委托给久涉洋务的盛宣怀，这对于提升其派系的政治经济地位而言无疑是天赐良机。故而盛宣怀一开始就急切地独揽借款事宜，不欲同僚对此加以干预。另外，当时各政治派系都通过沟通列强以提高自身地位，盛宣怀当然也希望通过处理粤汉路款事

---

① 盛宣怀：《愚斋存稿》卷三二，第17页。

② 盛宣怀：《愚斋存稿》卷三二，第19页。

③ 王铁崖编：《中外旧约章汇编》（第1册），三联书店1957年版，第963页。

宜加强与美国的联络。清政府大多数官僚出于地缘政治的考虑一再强调美国人不能将合同转与他国及他国之人，而盛宣怀之所以急于与美方签约并且没有在细节问题上进行更严谨细致的斟酌，显然已有援美以自重之意。

如果工程能够进展顺利的话，盛宣怀签约时因焦急草率所酿成的过失尚且可以掩饰。但其时中美双方皆处于多事之秋，干线侥幸求成的几率无疑是相当低的。受美西战争和“庚子变乱”影响，粤汉铁路主体工程拖到1902年仍未动工，清政府不惜代价“速成干线”的愿望已然落空。更令人遗憾的是美国参议院议员、合兴公司的首董毕来斯不幸于1901年逝世，“假若他活着的话，后来所发生的困难虽不是全部但至少绝大部分可以避免，这是没有理由可以怀疑的；他是一个拥有大量财产的和出众的性格的人物，他一直具有把美国铁路输入中国的雄心”[①]。毕来斯去世之后，合兴公司由于资金短缺而将三分之二股票转售给比利时，而国小资薄的比利时正是倚借俄国和法国的幕后支持。美方此举使得清政府引入美国势力以制衡俄法比集团、“争保主权”的计划落空，这无疑是中国朝野最难以接受的。朝野人士并未知悉合兴公司与盛宣怀达成的口头协议，故认为合兴此举背信弃义、无视中国主权，“去美”的呼声由此四起。

美国方面当然不愿放弃这一向中国输出资本谋取暴利的绝好机会，以盛宣怀为代表的一派官僚亦不赞成废除美约，这两方面的压力造成了清政府在废约和续约之间犹豫不决。

美国朝野皆对中美粤汉铁路借款合同的签订给予很高的评价：“该项路权的租让，……在价值上和重要性上绝不亚于中国在过去对其它国家所给予的任何租让。计划中的铁路是从内地大城市汉口……直到南方大港广州；若有需要，更可由此延伸至沿海任何地点。……我们只须略加想象，便能看到将来火车载着这些黑货，向北驶行供给华中工厂，将矿产变成金属品，将原棉、原毛、原线制成织物。南去火车，同样满载货物到广州和香港，让各国船只从别处运货到中国，然后再带回中国产的茶和蚕丝。”[②] 在知悉中方对工程进展过缓以及转售股票之事极为不满之后，美方对其行为多方回护。1901年12月，合兴公司向清政府驻美使节伍廷芳解释：美公司六千股，比人购去四千，现仍由美人出名。董事美五人、比二人，事权尚在美。合同并未转与他国人，未违十七款[③]。1902年张之洞以“粤汉铁路办事权限最关紧要，此路必须全

① ［英］肯德：《中国铁路发展史》（李抱宏译），三联书店1958年版，第112页。

② 柏森士：《一个美国工程师在中国》，转引自宓汝成编《中国近代铁路史资料（1863－1911）》（第二册），第44～52页。

③ 盛宣怀：《愚斋存稿》卷五七，第4页。

归中国、美国两国之人管理”来质问和指责合兴公司时，美公司则以“断断不用他国人”来回护[①]。

以盛宣怀为核心的一派官僚认可美方的解释，认为废除美约对中方而言是得不偿失。在对待粤汉铁路合同问题上，盛宣怀“与英美派比较接近，故深信防俄之说，利用英美以排法比，又利用美以排英”[②]。因此在美方违约已经昭然可见的情况下他依然认为应该委曲求全，维持美约，以求路事速成。盛在1902年2月发给身兼湖广总督和粤汉铁路督办大臣的张之洞的电文中就表白了这层意思：“美公司已先集股美金三百万元，派总办来华，约二月内到；……美公司止将股份售与比商三分之二，仍系美人出名，并未将合同售比，较之卢汉比公司揽法股稍好（按：即指中比卢汉铁路借款中法国充当比利时幕后支持者）；又因美（英）商怡和揽办沪宁铁路，改送新约，使我主权全失，可见外人觊觎权利，愈出愈奇；粤汉美约底本，尚不离谱，若另换，更吃亏，似不如仍旧催办为妥。钧意当以为然。”[③] 同年3月美国公司派来代理总办赴鄂游历，盛宣怀致电张之洞，在请其诘责美公司的同时也力主维持美约：“乞谕令电美，权勿让人，一切须照合同办事，勿再越权。”[④] 在得悉合兴公司因资金困难而运转维艰的时候，盛宣怀还请求同僚给美公司予支持，唯恐美方主动退出：“粤汉铁路归美国代造，若非奏准在先，必落他人之手。五十年再归本，免得年年分还，于今日国势尤相宜。现因售票难，先垫款造一小段，以树风声。伍使函谓不如此，必中变。乞查阅续约，速赐电覆，以免决裂。”[⑤]

在盛宣怀的劝说之下，同为清政府兴办粤汉铁路的主要负责人张之洞对废除美约之事也持犹豫态度。在日后的“拒美运动”中，张之洞以鄂湘粤三省绅商民众的代言人自命，对美方无视中国主权的行为进行了义正词严的斗争，表现了可贵的民族气节，这已经久为世人和学界所称颂。但考诸张之洞的往来电文，我们可以窥见其并非从一开始就对美方采取强硬立场，而是更关心美方能否优先从其辖区内动工兴筑。1902年6月，张之洞致电盛宣怀：“前美总办来见，据称，此路兴工由鄂、湘、粤三处赶办；当嘱其将武昌至长沙一段先行赶竣，彼已允许；今奏稿云议由广州入手，则何年方能到鄂与卢汉接通，大与本意不合。且由武汉先接通，长六百余里，此路无高山大河，

① 盛宣怀：《愚斋存稿》卷五六，第7页，第8页。

② 关赓麟：《痛定思痛之粤汉路》，粤汉铁路株韶段工程局主编《粤汉铁路株韶段通车纪念刊》，1936年版，第110页。

③ 盛宣怀：《愚斋存稿》卷五七，第9、10页。

④ 盛宣怀：《愚斋存稿》卷五七，第16页。

⑤ 盛宣怀：《愚斋存稿》卷五八，第8页。

费省工速；若湘、鄂两端并造，不过六、七个月即可行车，实于卢汉有益，窃以为必与尊意相合；即使不能三处同时并举，亦必须鄂、粤两头开办方可。此路办事权限最关紧要，故于见美总办时，已遵照来电切实订嘱，此路必须全归中国、美国两国之人管理，上海及鄂省总局洋人，中国惟认美国人。”[①]数日后，张再次致电盛，强调“第一期（债票）售出后，必从速将自武汉至长沙六百余里铁路赶办为要。”[②] 从张之洞的电文中，我们可以看到他尽管已经知悉美方所作所为后果的严重性，但其并不将朝野人士最为关注的“确保办事权限”放在电文首位，而是一再“嘱其将武昌至长沙一段先行赶竣”。和盛宣怀一样，张之洞显然更关注的是本政治派系的经济利益。

张之洞和盛宣怀等人的建议得到了清廷中央的首肯。因为主持粤汉路事的张、盛等人位高权重，他们的主张本来就足以左右清廷在粤汉铁路问题上的决策；加之经过庚子之劫和“两宫西狩”之后，当国者惊魂尚且未定，中央政府威信空前下跌，对外交涉事宜不得不更加依赖于张、盛等政治派系。1902 年 7 月，张之洞、陶模、盛宣怀联名上奏清廷中央，要求按照先前订立的《粤汉铁路借款草合同》和《粤汉铁路借款续约》精神，借用美债兴修粤汉铁路。该奏折很快得到批复，外务部于数日后致电盛宣怀：“经本部以条款均属可行，应请准如所拟办理；今日覆奏，奉朱砒，依议。”[③]

三、民间力量推动官方“拒美”

尽管负责粤汉路事务的清廷大员主张维持原约，但是朝野人士尤其是鄂湘粤绅商民众无法接受合兴公司无视中国主权的做法，并发起了一场“拒美”运动。

湖南绅商和官僚率先抗议合兴公司私售股票和盛宣怀偏袒美方的行为。1903 年 5 月，湘省绅商与巡抚赵尔巽会商之后致电外务部：“如该公司不认私售与比国，必须以后立有确切证据，或订明将来查出受罚，方能释三省之疑。应请转请总公司照此据约力争。彼曲我直，若先自处于必负之地以与人争，办事者似不应出此。全湘命脉系此一举，除一面极力筹款外，公请电恳贵部切电盛大臣向公司切实驳诘，勿为律师等言所惑。如果比人来办，总以争至废约为止。”[④] 与此同时，地方报馆也纷纷撰文声援绅商的义举。

受绅商民众爱国热情的推动，张之洞也逐渐不认可合兴公司的做法。与长年混迹商界和外交界的盛宣怀不同，儒生出身的张之洞久镇地方，洞悉政

① 盛宣怀：《愚斋存稿》卷五六，第 7、8 页。

② 盛宣怀：《愚斋存稿》卷五八，第 9 页。

③ 盛宣怀：《愚斋存稿》卷五八，第 11 页。

④ 王彦威辑：《清季外交史料》，光绪朝卷一七一，第 14、15 页。

情民情，长袖善舞，维护名节之才能非同小可。一方面，他深深明白若要维护本政治派系的既得利益，没有清廷中央这棵大树荫庇是不可能的；另一方面，他更加知晓天下局势已经处于非常时期，如果不能很好地安抚民意，脚下的冰山火海一旦喷薄而出，清朝江山必然危厦难支，其派系的既得利益同样也烟消云散。故而其在处理粤汉路事问题之上，总是想方设法地在本政治派系、中央政府和社会力量三者之间寻求平衡。

1903 年 6 月，张之洞致电盛宣怀，提议筹款购回合兴公司的股票以平息绅商的情绪：“近接湘绅公电。粤汉铁路一事，尊电有会奏请派会办之说，因公举王爵堂中丞充选。查美公司合同，废约虽难办到，然购回合兴公司股票，则志在必办。既需购股，则筹款为先。湘绅中自应举一领袖之人，以便经营规划，有所责成。”[①] 1904 年 4 月，张再次致电盛宣怀，规劝其顺乎民意，早日废除美约：“美公司将粤汉铁路北段分售比国，实与合同第十七条大相违背，此事非独湘省绅民不愿，鄂省绅民亦极不愿。大局所关，其害不可思议。铁路归公专政，务望按照合同第十七条坚持力辩，立即将此约作废，以杜后患。”[②] 从拓展本派系经济利益角度出发，张之洞当然愿意维持原约以速成干线，但遍观社会上排美护权情绪澎湃激昂，他不得不戒急用忍，先设法安抚绅商民众的情绪。

由于盛宣怀对民间鼎沸的排美情绪依然无动于衷，张之洞决定双管齐下，从地缘政治角度分析路股落入比利时人手中的危害性，希冀能说服热衷于在列强之间搞平衡的盛宣怀。1904 年 4 月，张致电盛：“顷某国总领事来言：‘俄人既修西毕利亚铁路，又修库仑、张家口两路。法又嘱比承揽粤汉干路；今尤请修辰常一路，自中央而四达，中国全在俄、法掌握之中，可危孰甚？务望力阻比人，勿另建造湘辰之路’等语，查某使所言，实是忠言，于中国利害大有关系。究竟比人是否现有此议，似不宜许，祈速示。”[③] 同月，张之洞再次敦促盛宣怀不可落入列强圈套：“他国政府不干预一文，仅属空文，恐不可恃。……纵公司仍由美商出面，亦不过听命于比、法，供其指使，于中国大局岂能有丝毫补救……总之，合同十七条是此案铁据，万万不可通融，务望杏翁（盛宣怀字）切电梁使，并饬福开森极力争辩，必办到废约为止。倘此时稍涉含糊，不照合同第十七条办，到将来设有他国干预其事，谁执其咎？甚可寒心。”[④]

---

① 盛宣怀：《愚斋存稿》卷九七，第 88、89 页。

② 《张之洞全集》（第 11 册），第 9148、9149、9150 页。

③ 《张之洞全集》（第 11 册），第 9136 页。

④ 《张之洞全集》（第 11 册），第 9148～9150 页。

盛宣怀着眼于在本派系、美方和清廷中央三者之间寻求平衡，面对绅商民众的排美情绪以及张之洞等同僚的规劝，他仍然力主委曲求全而维持原约。1904 年 4 月至 6 月，盛宣怀回电张之洞、赵尔巽解释中方废约没有充分理由，更没雄厚的资金准备："无论何项铁路，自办本属上策，湘绅筹巨款，未必足恃，只可借此推缓。……粤汉美约尚未逾限，现值日俄在我境内交战，更难以此诘责。"① "股份不可急买，恐价必腾，只能相机密收，或须待数月方成。"② 同时，盛宣怀请伍廷芳和梁诚等人调查并咨询美国律师，受委托的美国人福开森也回国四处寻求政要的帮助。经过调查取证之后，盛向同僚解释并没有充分的理由断定合兴已不属美国公司："按例只能认册核明，列名籍不能以疑其暗替相责。"③

与此同时，署湖南粮道的张鹤龄本是被张之洞派往上海与盛宣怀协商废约事宜，但很快被盛宣怀说服，于 1904 年 6 月致电张之洞为盛宣怀的困境"开脱"，认为巨款购股对中方而言已是难事，加之废约程序繁杂、时势多变，对中方更是得不偿失："到沪查访铁路事，尽得底蕴。购股一说，事虽可行，惟该公司财力支绌，至将底股售比一千八百股之多。我若购股，便是公司主人。将来路股难招，必责成中国销票。其难一。比股查悉该国王所购，数逾多半，收回不易。若收美股，转为该公司减轻责成。其难二。底股原价百金元小票滞销，股价反涨，已非常情。又闻向比王收股，非大增其价不办，恐吃亏过巨。其难三。该公司旧主物故，无切实经理人，约虽不废，功恐难成。倘由易主等事，股价及章程，恐多改变。其难四。刻与盛大臣筹商，非有利无害，鄂、湘巨款，未便轻掷。惟购股之难如此，废约之难又如彼，应如何办理得宜，求训示。"④ 受盛宣怀和张鹤龄意见的左右，张之洞也在废约和续约之间犹豫不决。他回电张鹤龄："所论各节，于利弊极为透彻"；同时又向绅商代表表示购股废约之事不能成行，主张通过外交手段，就合兴延期筑路、违约将股票转售他国等事指责美方，"层层束逼，或冀彼知难而退。"⑤

但是绅商民众力争废约自办之决心毫不动摇。湘省绅商表示：湘省除收回自办外，更不承认第二种办法，尤不能听其"援引外人，抵制我国"⑥；

① 盛宣怀：《愚斋存稿》卷六三，第 24 页。
② 《张之洞全集》（第 11 册），第 9163 页。
③ 盛宣怀：《愚斋存稿》卷六四，第 24 页。
④ 《张之洞全集》（第 11 册），第 9183 页。
⑤ 《张之洞全集》（第 11 册），第 9183 页。
⑥ 《张文襄公全集》卷一九一，第 13 页。

1904年6月，湘绅公推素符民望的席汇湘致电张之洞，表达湘人之意愿：“意在将美公司转售他国之股，收回中国。于美公司无损，而中国权利亦稍有挽回，当易就范。”[①] 鄂省绅商致电盛宣怀：“务恳公鼎力主持，将约作废，归鄂自办，勿与美廷含糊了结，致日后稍有贻累。鄂人之幸，大局之幸。”[②] 粤省也疾呼：“款虽美款，约由我立，背约应由我废。……粤民万众一心，有进无退”；留学生也纷纷声援国内废约运动，“在东西洋各国中国留学生又纷电敝处，虑盛大臣回护前约，公请敝（张之洞）处独力担承”[③]。

受三省绅民废约自办的热情所推动，清政府多数官员亦坚决认为合兴既然违约在先，已经引起国人公愤，“与其勉强迁就，易启龃龉，何如注销合同，互敦睦谊。”[④] 力主维持美约的盛宣怀自然而然地成为众矢之的。张之洞在规劝无效的情况之下，为维护自己在湖广地区的声誉，坚决与盛划清界限，痛斥其偏袒美国的行径，表达了愿与绅商一道共争粤汉路权的决心，他致电湖南巡抚赵尔巽说：“美既背约售股与比，即不啻售股于法；公司之权向为股分多者所主，美商所谓权仍在美者，殊不足信；……今美既不照合同如期兴办，自应照逾限例与美公司声明作废，以杜后患。……公风力刚劲，湘绅志气坚强，必能挽回此举，务请尊处合官绅之力，切电盛大臣将美公司承办合同声明作废”[⑤]。赵尔巽与张之洞交换意见之后当即致电盛宣怀，敦促其顺乎民心废除美约：“湘省绅商联名禀称：闻粤汉北段，有比人假名入股，实系承办之说。……此事关系太大，湘人首受其害，断不承认。务请查照合同第十七条，照会美使，将约作废，归湘承办等情。查第十七条合同不准转于他国，若美售与比，显系背约，理宜作废。请公力为主持，以慰湘绅之望。”[⑥]

由于盛宣怀依然坚持己见，朝中废约和续约之争一时相持不下。为了折中双方意见，1904年8月，绅商张鹤龄提出一个中美双方利益都可以照顾到的“以美接美”方案，即通过前美国海军上将倍次说服合兴公司废约，名义上由中国自己修筑粤汉铁路，实际上则聘倍次为总工程师，并借用倍次等美国富商之资修筑该干线。该方案一度占据上风，外务部闻知后当即致电盛宣怀，希望其接受“以美接美”的方案：“现有美商倍次者，原订合同之经手

① 《张之洞全集》（第11册），第9163页。
② 盛宣怀：《愚斋存稿》卷六四，第21页。
③ 《张文襄公全集》卷一九三，第193页。
④ 《张文襄公全集》卷一九一，第33、34页。
⑤ 《张文襄公全集》卷一八九，第23、24页。
⑥ 盛宣怀：《愚斋存稿》卷六四，第5、6页。

人，集富商筹款数千万元，得有美外部允许来华承办事件之印文，所招股东皆著名殷富，胜旧公司百倍。且与康使、海外部均至交，能先自疏通。若借该商之力，与之妥议，中国不须筹款费力，即可另订新章收回权利等语；……倍次系原议合同之人，素与美外部联络，闻尊处亦愿与商量，如能借该商之力，设法挽回，自可将前项合同另订，转交该商承办。”[①] 张之洞亦表示愿意先利用倍次接收合兴公司，再重酬倍次，由中方接替倍次主持工程事宜：“此事得倍次向美政府、美公使关说，又得伍侍郎（伍秩庸）向我政府开陈历害，废约之说或尚可行。……至废约果能办到，合兴公司垫款，自应息借洋款付还。能除去一重大害，费虽多不惜。但此路以收归中国自办为妥，万不可再交外国人办。倍次既出力挤去合兴公司，自不能令其向隅，可即由中国聘其为造路总工程师，借款亦归尹经手。至用人权、行车之权，须由中国自主，倍次只管工程之事……三省分筹路款若干，万不可全路之款尽借洋债，以保路权。”[②]

但是，鄂湘粤三省绅商经过明察暗访之后，坚决反对“以美接美”方案。其原因如下：其一，倍次并非如其吹嘘那样殷实，故以美接美，恐背后亦是比款支撑；其二，倍次抓住清政府急于收回路权的心理，漫天要价，“广州展路至厦门作为深水尾站，三水展路至梧州，萍乡展路至江西广信府、浙江杭州府，并筑短路达九江，湘阴筑路至辰州，衡州展路至桂林；所有添筑新路费用，加给小票，替代合兴后，沿路矿产准其立约采办，旧合同窒碍难行各条，允稍更改，另添应有新款”[③]；其三，美方先前行为已经深深地伤害了中国人民的民族自尊心，“以美接美”于情感上难以接受。1904 年 11 月，绅商代表席汇湘等人致电，申明了反对“以美接美”的理由：“倍次接办，本系伍秩庸与张鹤龄所为。非但群情不服，康使及驻沪美领古诺亦不愿。美国人士见利权已为比占，断难收回比股。且倍次并不殷实，以美接美，实系比党。”席汇湘等人还请张之洞召回亲信张鹤龄，以免其继续为盛宣怀和美方开脱，影响张之洞的声誉：“请阻止张道勿再来沪，免为众矢之的。”[④] 为了坚定清政府废约的信心，绅商民众尤其是湘省人士还表示愿以民间财力作为清政府废约自办的后盾：“湘省公议三省合办，归我公主持。先办湘潭至汉口一路，年须款千万内外。分五年修成，年须款二百万内外。三省照摊，每省年各七十万。湘省振粜捐，昨恳商中丞，请拨为铁路经费，已蒙俯允。似此至少亦年可得五十万。其余二十万，

---

① 盛宣怀：《愚斋存稿》卷六六，第 6 页。

② 《张之洞全集》（第 11 册），第 9194 页。

③ 盛宣怀：《愚斋存稿》卷六六，第 17、18 页。

④ 《张之洞全集》（第 11 册），第 9227 页。

由湘人集股，尚易筹划。已拟有切实章程，必可承认。再，拟合鄂、湘在岳州禀开铁路银行，以图扩充。似此办法，湘款当不致无著。”①

在绅商民众的推动之下，张之洞放弃了“以美接美”的幻想，力主直接废除美约以符三省父老之望：“湘省同乡诸公，必须能自筹巨款，则不敷之数，鄙人当竭其浅陋之见，力筹一巨款，以成两省盛举……是此事已布告海外，环球皆知。鄙人已经挺身力任其难，必须办成，方免为外人所笑。”② 因庚子年间护驾有功而成为宠臣的两广总督岑春煊亦在公开场合表示“断不可中、美合办”③。

由于力主中美续约的盛宣怀已成为中国朝野众矢之的，美国政府决定走到台前以抵制中方废约自办。1904 年 12 月，在总统西奥多·罗斯福的指示下，美国工业巨头摩根收购了比利时人手中的粤汉铁路股票，“以维护美方在中国生意场上的信誉”④；接着，美政府据此认为中方失去了废约的法律依据，向清廷声明：“查管辖该公司之权，一向实系未曾全离美国人之手。”⑤ 盛宣怀也试图说服同僚认可其续约主张：“摩根收比股千二，美不认废约，宜迫修合同，图善后。”⑥

美方以为收购了比利时股份就可以一举两得：一则恢复其信誉，二则使中方失去废约的法律依据。

但是，在民族情绪高涨的当时，美方的举措注定是弄巧成拙，使得中方尤其是鄂湘粤绅商民众义愤之情绪更如火山般喷发。1904 年 12 月，得知美公司收回比股之后，绅商代表与张之洞磋商，表白了不惜一切代价废除美约的决心：“此事已争到现在地位，若此约不废，功败垂成，大局不可救矣。”⑦ 张之洞也认为既然美方先前的失信行动已经玩弄了中方感情，列强如一丘之貉，联美以抗俄法之策略已经失却其意义；加之张本人极好名，凭其政治直觉已经洞察到借此事以宣泄民愤实为转移国内矛盾、收揽三省民心以巩固自身名位以及清朝国祚的绝佳时机。故而在与各界人士商谈之后，张即以三省绅商民众代表人身份致电盛宣怀：“三省绅民坚持废约自办之说，不认第二种办法，诚以合兴前既违背合同，种种失信于三省绅民，此后虽愿设法改良，三

① 《张之洞全集》(第 11 册)，第 9227 页。
② 《张之洞全集》(第 11 册)，第 9250 页。
③ 《交通史路政编》(第 14 册)，第 23 页。
④ 罗香林：《梁诚的出使美国》，(台北) 文海出版社 1968 年版，第 39 页。
⑤ 盛宣怀：《愚斋存稿》卷六七，第 6 页。
⑥ 盛宣怀：《愚斋存稿》卷六七，第 6 页。
⑦ 《张文襄公全集》卷一九一，第 24 页。

省绅民亦不敢相信；与其勉强迁就，易启龃龉，何如注销合同，互敦睦谊；……务望台端切电梁星使，婉商美政府，允将合兴原订合同及赎约一律注销，以昭公道。"[①] 1905 年 1 月，张之洞致电外务部，希望其向美国政府提出严正交涉："此约倘不力争，湘人民早晚为黑奴之续，移山填海，之死靡他。"[②]

奉命协助张之洞处理中美纠纷的驻美大使梁诚久涉外交事务，认为中方若强行废约，不符国际惯例，于法于理上皆难行得通。为此，他于 1905 年 1 月致电张之洞，提出中方应改"废约"为"赎约"，以免引起更大的外事纠纷："自十二月初一日（1 月 6 日）美股东收回比股，局面大变，事机已失，外部坚持不认废约，前已电陈，查公司转移，视乎股本，公司归我，以华接美，事较和平，略省偿费，惟条理繁多。如果可行，请尊处派廉干妥员来办。"[③] 张之洞对于梁诚的建议立即拍板赞同，并要求梁诚不计较经济代价以收购："加价收购股本，公司归我，以华接美，此法甚善，拟即照办。鄙意但冀此路收回自办，以保地权，多费不惜。"[④]

"高价购股、以华接美"的举措必然会使中方合理合法地收回粤汉铁路的全部利权。美方为此大幅度提高股价和使程序复杂化，以期迫使中方知难而退：先是指示合兴公司开出了高达 675 万美元的赎路价，其中 300 万美元用于支付合兴公司已修成的广州至三水间支线及干线工程投资；375 万美元用以弥补合兴公司因合同作废而失去各项权利的损失；继而又以有巨额"已提未售之借票"存于大资本家摩根之手，要求中方以现款购买借票，"综计应付现款四百八十余万金元，约合华银七百二十余万两"。

美方漫天要价的行为着实苛刻，合兴公司在华仅筑成广三支线 42.9 公里，粤汉全线仅完成勘测及少量土方，铺了 10 公里轨，实价远在偿金之下[⑤]。梁诚对于美方的无理行径愤恨不已："查造路费多未核准，物料、测量等项，已在造路费内，不应复开。公司特权，索值过奢。事成酬劳，尤为无理。"[⑥]

美方以为高额的赎路款项能令中国人望而生畏，能在激愤的情绪上浇一盆冷水，却不料引爆了中方更加激烈的排美浪潮。当时朝野上下可谓"人心

① 《张文襄公全集》卷一九一，第 33、34 页。

② 《张之洞全集》（第 11 册），第 9277 页。

③ 《张之洞全集》（第 11 册），第 9280 页。

④ 《张之洞全集》（第 11 册），第 9281 页。

⑤ 李占才：《中国铁路史》，汕头大学出版社 1994 年版，第 516 页。

⑥ 《张之洞全集》（第 11 册），第 9286 页。

齐、泰山移”，不惜一切代价废除原约，不留美方任何回旋余地。清廷发布上谕敦促张之洞尽快解决粤汉铁路事宜①。张之洞指示梁诚迅速缔约赎路，不必顾虑美方的高价勒索，“合兴浮价，如察看不能多驳，宜见机速结。迟则恐彼夜长梦多，别生枝节。此举重在收回路权，不争银数多少”②。对于摩根迟迟不愿将手中的巨额股票售予中方，张之洞更是以单方面宣布废约以回应：“如合兴再事迁延，惟有直告废约，由三省立时开办路工，其前次停工后虚糜借款利息，应向合兴索偿，以昭平允。”③

在高价索赔的同时，美方还使出怀柔的手段。1905 年 3 月，合兴公司总办惠愓尔加紧与梁诚和盛宣怀联系，希望能够来华通过谈判解决粤汉路事宜。张之洞闻讯致电梁诚，认为“惠愓尔必欲来华，不过意在勾串彼党搅局耳”④；同时又致电盛宣怀，告诫其莫与惠愓尔往来，“鄙人深知惠愓尔素系比党，决不可信”⑤，从而堵截了美方通过谈判解决纠纷的途径。

作为清政府主办大臣之一的盛宣怀依然置民众和同僚的反对意见如罔闻，多方为美方行为开脱。笔者观诸时人评论，多称盛宣怀此举为媚外卖国；而观诸当今学者的评价，称盛为卖国求荣者仍然不乏其人。盛宣怀当然不会不知世人毁誉之可畏，然而其一意孤行自然有其缜密的盘算。一方面，商人出身的他着眼点在于经济利益的得失以及外交上的势力制衡，而非国内政治上民心的向背，维持原约对中方而言经济代价最小，中国筑路资金、材料和人才俱缺，独力承办干线工程无疑是痴人说梦，废除美约，最终还是得寻求外债，而根据“以夷制夷”方略，列强中适合成为中国铁路债权国的舍美其谁？另一方面，其声名虽显，但一直没有摆脱依傍权贵的宿命，政坛地位具有很大的浮根性，根基远逊于张之洞、袁世凯等权倾一方的疆吏；如果能够尽力使中美续约，作为桥梁人物的他在朝中的地位和影响力必然迅速攀升，可望接替其已故官场引路人李鸿章而成为炙手可热的首席外交重臣。

与盛宣怀不同，张之洞等疆吏注重的是对高涨的民族情绪因势利导以维护清朝国祚，因此他们强烈要求清政府中央把盛排于局外。1905 年 5 月，张之洞致电军机大臣瞿鸿禨，直斥盛宣怀为袒美小人：“此事敝处既已力任其难，必当妥筹结束，收回主权；但必须袒美者不与问，方免横生枝节，三省

① 《张之洞全集》（第 11 册），第 9292 页。

② 《张文襄公全集》卷一九二，第 15 页。

③ 《张文襄公全集》卷一九三，第 10、11 页。

④ 《张文襄公全集》卷一九二，第 15～16 页．

⑤ 《张之洞全集》（第 11 册），第 9292 页。

幸甚。”[①] 在疆吏们的一再要求之下，清廷中央下旨“责成张之洞、梁诚一手经理，盛宣怀不准干预此事”[②]。此举既清除了中方拒美的内部阻力，又向美方宣示了不成功誓不罢休的决心。

长袖善舞的张之洞善于在中央、地方、
列强与社会力量之间寻求平衡点

最终，面对中国朝野高涨的排美保路热潮，刚刚目睹了义和团运动噩梦的美国政府意识到，不应该也没有必要进一步刺激中方敏感的民族情绪，既把一场经济纠纷升级为两国之间的政治上交恶，又导致中国内政动荡难以收拾。再者，美国远在大洋彼岸，且实力在帝国主义列强之中尚且未能称雄，故其投资粤汉铁路重在经济利益而非政治利益；在其他列强虎视眈眈之下，美国没有把握保证此路为其商业利益服务，在清政府允诺偿以巨款的情况之下，美方也有抽身而出的意愿[③]。经过多次争论和协调，美方终于同意中方用“以华接美”的方式赎回粤汉铁路修筑权。1905 年 8 月 29 日，驻美公使梁诚与合兴公司在华盛顿订立《收回粤汉铁路美国合兴公司

---

① 《张文襄公全集》卷一九二，第 25 页。

② 《张文襄公全集》卷一九三，第 21 页。

③ 《英商濮兰德条陈中国路政摘要》，黄昌年：《粤汉铁路保路始末记》，湖南文史馆 1999 年版，第 198 页。

售让合同》，规定原先关于粤汉路的两个借款合同作废，中方向合兴公司支付 675 万美元，用于支付已成线路的投资以及弥补合兴公司因合同作废所造成的各项损失[①]。

《收回粤汉铁路美国合兴公司售让合同》的签订，是美方、清廷中央、张之洞派系和绅商势力相互妥协的结果，诸方于其中可谓各得其所。

美方及时地在路事纠纷中抽身而出，尽管暂时放弃了开发中国内地富源的一次绝好机会，但毕竟减轻了其在中国的声誉上的损失，避免了中国因民族情绪爆发而陷入动荡，从而殃及其在华其他利益：“现在三省绅、民志坚气愤，其势汹汹。若此路不能收回自办，必致酿成事变，地方官无从弹压，以后诸事更难办矣。”[②] 正如将庚子赔款转于中美合作办学一样，美方极善于权衡利弊以谋求在华长远利益。

尽管当事人以及后来很多学者都认为“拒美保路”是得名失利之举，但对于清政府中央而言，此举却也是深思熟虑所下出的险棋。抢筑粤汉铁路等干线和收揽涣散人心的目的都是延续其国祚，但收揽人心在当时更是燃眉之急。庚子年间清政府中央先是不顾后果地向列强宣战，旋而狼狈不堪地兵败“西狩”，继则匍匐于列强脚下“量中华之物力，结与国之欢心”，政府威信江河日下，民间“排满革命”情绪与日俱增，统治的合法地位不断遭到质疑。“两宫回銮”之后，清政府中央一直想寻求机会以收揽民心、缓解统治危机，故而在粤汉路事问题上，清政府中央当然明白废除美约将面临着巨款无着的困难，但“顺应民意、外争国权”以收揽民心稳定根基的千载难逢的机会更是万万不可丢失的。

以绅商为首的社会力量自始至终都是推动清政府拒绝美债的动力，一度在废约和续约之间举棋不定的清政府是在绅商民众的敦促下态度逐渐走向坚定的；经过此役洗礼，鄂湘粤三省绅商的社会影响力空前提升，在日后粤汉铁路筹建的过程中发挥着越来越重要的作用。

当然，拒美运动中最大的赢家当属张之洞派系。张之洞将承建粤汉铁路工程当做拓展其派系政治经济力量的手段以及使自己千古流芳的途径。尽管他曾经和盛宣怀一样主张“借款筑路”、“官方主持”，但面对民众高涨的排美浪潮，他“识时务”地说服清政府中央顺应民意拒美护路，此举使其更加赢得了最高决策层的器重以及同僚的称誉，自此直至病逝，清政府都将事关国运的筹建粤汉铁路事务委与张之洞主持；另一方面，张以三省绅商民众护路

---

① 《张文襄公全集》卷一九三，第 18、19 页。

② 《张文襄公全集》卷一九二，第 15、16 页。

代言人的身份自居，也使其赢足了三省民心，提升了其政治派系在湖广地区的地位和威信。尽管日后清政府和社会力量在粤汉路事纠纷上剑拔弩张，但张在世之日粤汉路事乃至湖广事态一直没有恶化到不可收拾的地步；即便是日后武昌首义功成，孙中山亦称张为“不言革命之革命家”，其长袖善舞功夫之深由此可见。

作为此次纠纷的输家，盛宣怀暂时无缘粤汉铁路的筹办事宜，失却了参与借款筹建干线以提升本派系声誉和地位的绝佳时机，但久涉洋务的他对国弱民穷的中国兴筑铁路干线始终持怀疑态度，依然坚持着其一贯倡导的“欲速成干线，必先筹借外债”观点，并耐心等待机遇以贯彻其策略。

第三章 商民争办干线及其得失

作为社会力量的代言人，绅商阶层力量与威信急剧上升，并在赎回粤汉铁路的兴筑权斗争中居功至伟。由于政府在自筑干线问题上手足无措，绅商民众经过了努力，争取到粤汉铁路经办权一定程度上向商办倾斜。但是，干线商办同样也面临着资金、技术、管理等方面极端欠缺的难题，以致工程进展举步维艰。同时，不甘心将“国之利器”下放民间的清政府处处干预干线商办，使得官民关系更加复杂化。

第一节 经办体制由官办向商办倾斜

经过朝野的共同努力，中方终于从合兴公司手中赎回了粤汉铁路的兴筑权。但在经济贫困、政府威信不断下跌的晚清，自办铁路干线注定是坎坷之路。

成功赎回了粤汉路权的豪情壮举尽管使清政府在鄂湘粤三省绅商民众面前风光一时，但很快就因财政捉襟见肘、路款难以筹措而陷入新的困境。由于粤汉赎路款720余万两要用现款来支付，仅仅这一款项对清政府而言已经是力不从心了。无奈之下，清政府只能拆东墙补西墙，举借他国之款支付赎路款。英国视中国的长江流域为其势力范围，尽管由于清政府设法平衡列强在华势力而无法注英资于粤汉铁路，但一直在旁边密切关注工程进展以及中美粤汉铁路交涉动向。当中方为筹款而犯难的时候，英国当然不会放弃这一输出资本、觊觎中国利权的绝好机会，急切地向主持筹建粤汉铁路的张之洞表示愿意借款与中方作为赔付合兴公司之用。张之洞亦暗自感叹“去美来英、废如不废”：一来明知英方借款必然附加苛刻条件，二来对殚精竭虑而做出的引美以抗拒俄法、制衡英日的计划落空而心有不甘。但在无论是官方还是商民都一时无法筹得巨额现款的情况之下，张之洞只能接受先借英款支付赎路款、然后再行陆续筹还英债的无奈之举。1905 年 9 月 9 日，清政府正式向英国订立《香港政府粤汉铁路借款合同》，订借赎回粤汉铁路款英金 110 镑以交付赎金。清政府答应了英方提出的如下条件：其一，英方接替美方在粤汉路事上的特权，中国若再要借外债修粤汉路或者鄂、湘两省其他铁路，英国有贷款及出售铁路材料的优先权；其二，中方以鄂、湘、粤三省的烟土税作保，亦即将地位极其重要的鸦片税收拱手相让；其三，广九铁路应由英方承筑或者中英合筑[①]。

英方对中方附加的借款条件使得朝野担忧不已，鄂、湘、粤留日学生致电国内，指责将美方特权拱手让与英方的行为：“今若此则易美公司为英政府，债权、修路权、管路权，皆属英，害且加甚。我于英、美并无厚薄。去美来英，废如不废。”[②] 岑春煊亦致电张之洞，援引光绪十三年中法续议商务专条的教训，其时中法议定“中国将来在云南、广西、广东开矿时，可先向法国厂商及矿师人员商办”，导致日后两广遇有开矿之事，法国人立即以此条款借口分享一杯羹；如今英方提出的条件过于苛刻，“现若许英所索，将来三省铁路权利，难保不即在英人掌握之中”，故而岑强烈建议张之洞宁使利息加重也要设法降低英方条件[③]。

为了限制英方赚取过多铁路利权，同时也为了缓和朝野的指责，张之洞一方面与英方约定凡关于铁路用人、择地、管路、行车及开矿之权，英方丝毫皆不准干预[④]，另一方面则重施“以夷制夷”之策，暗中引入日本以制衡英国，私下向日本承诺：“如借定英款，工程司一半用英国人，一半用日本人，分段承修，各办各事。”[⑤] 张之洞之所以援日制英，原因之一就是其素来亲日。晚清各地方实力派虽然不如民初军阀那样为割据一方而明目张胆地以列强为靠山，但为了制衡其他列强以及提升自身派系在国内政坛的地位，同样与外国势力过往甚密。庚子之乱两宫生死未卜之时，日本就曾怂恿和资助张“黄袍加身”，双方关系岂同一般。

① 《张文襄公全集》卷八五，第 26、27 页。
② 《张文襄公全集》卷一九四，第 29 页。
③ 《张之洞全集》（第 11 册），第 9369 页。
④ 《张之洞全集》（第 11 册），第 9382 页。
⑤ 《张之洞全集》（第 11 册），第 9380 页。

清政府在收回粤汉铁路利权之后立即向其他列强求援，此举很快引起了以绅商为代表的社会力量的强烈反对。

鄂湘粤三省绅商之所以敢于公开质疑清政府的筑路举措，是该阶层力量的迅速攀升的必然结果。庚子之后，清廷中央财政为各项新政所困，“言常用则岁入岁出不相抵，言通商则输出输入不相抵，言外债则竭内外之力”[①]；举办公益实业之时，问官官无款可筹，问民民无力可赖，清政府只得唯商是赖，绅商阶层的社会影响力由此快速上升。商部、商会的设置以及一系列恤商法令的颁布，更使得绅商阶层由体制外进入体制内，在社会上发挥着举足轻重的影响。1903年冬商部奏颁《铁路简明章程》和1904年颁行的《矿务暂行章程》，向民间开放路矿权；清廷允许民间资金涉足铁路干线等国家大政，更加显示了清政府在经济上对绅商的依赖。在这一历史大背景之下，日益崛起并在拒美保路中发挥中坚作用的鄂湘粤三省绅商涉足粤汉干线兴筑事宜已势不可免。

尽管三省绅商在“拒美保路”运动中与官方通力合作，但在如何自办粤汉干线问题上却分歧极大。英国商人濮兰德（J. O. P. Bland）认为中国民间争办铁路干线都是由于强烈的爱国主义情绪推动：一为现始认悉，关于国际与战事之铁路，有损中国主权；二为明知铁路乃极为获利之商业，而欲留此大利，独与国民，众人具此理解，固无足怪。若筑造铁路，全恃本国财政，而底于有成，岂不甚善，外人何复说之辞，更何抵制之有[②]。而在官民合作拒美的过程中，清政府频频祭出“空手套狼”、“拆东墙补西墙”等惯用的手段，其外强中干的实质在绅商民众面前暴露无遗，社会各界诚难对这样一个财政濒临破产的政府来主持干线兴筑大事抱很大的希望。

另一方面，这一分歧很大程度上也源自双方矛盾的积累。老一辈历史学家们曾指出以绅商为代表的近代资产阶级和封建官僚势力有着千丝万缕的联系，但同样也有着难以调和的各种矛盾。晚清时期举办的官督商办、官商合办企业由于体制问题而引发了严重的官商纠纷，使广大绅商对官方感到失望：官僚不但把贪污腐败、拖沓推诿等官场恶习带到企业，而且官方独断专行，“权操于上”、“官为维持”[③]，大肆侵夺商权商利，致使不少官督商办企业最后或被沦为官僚私产、或被外国资本兼并，或被收归官办。曾在官督商办企业里担任要职的郑观应对此甚为感叹：“名为保商实剥商，官督商办势如虎。”[④]

---

① 盛宣怀：《愚斋存稿》卷一，第6页。

② 黄昌年：《粤汉铁路保路始末记》，湖南文史馆1997年版，第201页。

③ 《李文忠公全书》，“奏稿”卷三〇，第31页。

④ 郑观应：《商务叹》，引自马敏《过渡形态：中国早期资产阶级构成之谜》，中国社会科学出版社1994年版，第80页。

由于官商之间矛盾日益扩大，以致督抚乃至中央出台的举措“为人所厌闻，望而生畏”[①]。

兴筑铁路干线是事关国民福祉的大事。威信日隆的绅商一则不相信千疮百孔的清政府有此财力和能力担当大任。其时清政府为了偿还庚子赔款以及维持“新政”所费之资，对绅商民众横征暴敛，无所不用其极。以广东一省为例，政府为办筹款，广征捐资，不惜鼓励社会陋业发展，时人戏称“奉旨开赌、奉旨叫妓”，并规定嫖界叫妓，须先往指定地点买票，以便官方抽取“花捐”[②]。政府形象日趋黑帮化而尤欲取信于民，岂能得哉？二则绅商为了扩大本阶层的经济利益和提高政治地位，当然要借助清廷中央允许民间资金涉足铁路干线之机争取干线商办，摆脱官方对其政治和经济上的过多束缚，避免重走官督商办企业的覆辙。早在1887年，《申报》上就刊文号召国内绅商投资创办铁路，“分执铁路股票为子孙永远产业”[③]。但当时商界势力尚弱、官权一手遮天，绅商顾虑到政府“不肯全照生意规则办事”，唯恐入股者利益如官督商办企业一样“无不付之东流”，故而采取“观望不前”的态度[④]。如今官方威信旁落，地位上升的绅商涉足粤汉铁路事业势在必然之中。1903年，广东籍华侨张振勋上书商部，反对清政府设置铁路总公司、一手揽办铁路的做法，力言“天下可兴之利，公诸天下，则利愈溥，私诸一己，则利愈小”，明言“若支路必待总公司而成，则力难兼顾，旷日持久，尚无成效，干势愈孤，收利愈小”，如能招商承办，“合各商之力，兴各处之路”，势必“筹办较易，成效较捷”[⑤]。具体到粤汉铁路方面，则有1904年12月湘绅龙湛霖等人要求商办的言论：“湘省公议三省合办，归我公主持；先办湘潭至汉口一路，年须款千万内外……三省照摊，每省年各七十万；湘省振粜捐……请拨为铁路经费，……再，拟合鄂、湘在岳州禀开铁路银行，以图扩充。”[⑥] 1905年8月，清廷刚将粤汉铁路的兴筑权赎回，广东绅商就冲破两广总督岑春煊欲行官办的阻挠，率先成立商办广东粤汉铁路公司，以郑观应为总理，黄景棠为协理。

然而，对于负责筹办粤汉铁路事宜的张之洞等清廷重臣而言，尽管干线官办因经费短缺而力不从心、中央政府已经颁布允许干线商办的法令，但他们仍然坚持认为粤汉铁路转归商办并不切合实际。因为筑路款项尽管可以多

① 经元善：《居易初集》卷二，1901年澳门铅印本，浙江省图书馆藏，第32页。

② 黄世仲：《花捐局局员开厅》，《少年报》，光绪三十二年七月十五日（1906年9月3日）。

③ 《李鸿章招股开示略》，《申报》，光绪十三年闰四月初四日（1887年5月）。

④ 《论铁路》，《申报》，光绪十三年十二月十一日（1888年1月）。

⑤ 张振勋：《张弼士侍郎奏陈振兴商务条例》，（上海）三联书店1957年版，第18页。

⑥ 《张之洞全集》（第11册），第9227页。

渠道从社会上募集，而要保证他们酝酿已久的“速成干线”、“外争主权”、“内争官权”的方针得以实施，必须效仿官督商办企业的成例，保证官方在干线兴筑和运营中居于主导地位。早在拒美运动紧锣密鼓进行的1905年5月，湖广总督张之洞就与两广总督岑春煊达成了如下共识：借助绅商民众之力从美方夺回粤汉线兴筑权，然后将其势力排除出决策层之外，由官方主持路事大局。其电文云：“铁路事，固赖绅民协力，然将来若全不由官主持，则意见纷歧，情势涣散，流弊亦多；惟欲官与民事事公同商办，不由民间专操其权，须筹官款提倡。将来行车之利，按本均摊，官款并非无着；官款多于民款，或官款与民款相等，绅民乃肯让官有权；鄂省路较短，费较少，所拟每岁筹备铁路之项，全系官款；湘省拟岁筹五十万，或二百万，亦官款多于民款；粤省官款似亦不可少于商款，承示将息借民款三百万，移充路用；如此款本息，由官按期陆续筹集归还，则此三百万即可作为官款矣；此外如能再筹常年的款若干，以存官权而重路政，尤善。”[①] 在赎回粤汉路权之后，张之洞又致电岑春煊，再次强调在筹办路事之中确保官权的重要性：“此次合兴之约，非官力岂能争回？现在赎约巨款，非官力从何筹措？……鄂路较短，全系官款；湘路亦官款、民款参半，粤境事同一律。未知尊意拟岁拨官款若干？将来按本付利，官款并非虚掷，断不可全令商筹，致路事为所把持……两湖拟借款造路，而以所筹之款摊还借款本息。如此，则工可速而力可纾。”[②]

粤汉干线路权赎回后，清廷大员立即按照事先拟定好的“官方主持”方针去筹办路事。1905年9月，张之洞在与余肇康的谈话中指出铁路赎回自办后，不能不亟筹开工，免贻外人口实。鄂、湘、粤三省情况差别很大，粤省侨资多、风气开，招股甚易，而鄂、湘两省商资有限，风气闭塞，难筹路款。故而张之洞认为为速成粤汉干线起见，必须由官方统筹、借债筑路，并且声明债权国不得干预铁路用人、择地、管路、行车及开矿之权，铁路本身也不能用以抵押，如此方能“克竞前功，早兴大利”[③]。余肇康将这层意思告知军机大臣瞿鸿禨，认为此举既无利权之失，又可纾绅民之力、速路工之成。不久，清政府最高决策层对张、余的建议给予肯定答复。

清廷诸臣工显然过高估计了其在主持拒美保路运动中所赢取的威信，低估了官商双方在筑路方针上存在的分歧，以及拒美运动的中坚绅商阶层迅速攀升的社会号召力。在此情形之下，路事风波爆发势在必然之中。

---

① 《张文襄公全集》卷一九二，第26页。

② 《张之洞全集》(第11册)，第9347页。

③ 《张文襄公全集》卷一九三，第30页。

1905年11月，张之洞主持三省代表商讨办理粤汉路事会议，官方的“借款筑路”、“官方主持”的倡议遭到了要求干线商办的绅商代表的强烈反对。经过官商双方反复的争论，会上决定由三省各自筹款，各修各路；英国借款，由三省按粤汉路在各省的长度比例分摊，将本息分作七份，湘、粤各负担三分，鄂省负担一分；从美方赎回的已成路段、营运收益及器材等，三省亦按上述比例分享①。当时，湖南绅商立即要求设立商办湖南铁道支路总公司，向张之洞提出粤汉路湘段归商民办理。在籍官员王先谦等还创设湖南铁路筹办购地公司，并根据湖南农业发达，但工商业经济发展迟缓的实际情况，提议征收米捐、盐厘作为资本的保息之用。张之洞为了照顾清廷中央的权威，另一方面也为了安抚地方绅商势力，没有直接做出答复，而是向湘省绅商表示要将他们的呼吁电告朝廷定夺，同时将自己“湘路只宜官督商办”的处置意见附于电文之上。清廷中央为了防止事态失控、官权丧失，接受张之洞的建议，下谕宣称湘路只能采取官督商办的方式，湘路商办之事暂时得到延缓。

但是，绅商民众要求粤汉干线商办的热情继续高涨，到了1906年终于引发了官商对峙的粤路风潮。

粤省开埠最早，工商业发达，粤商足迹不但遍布海内外各埠，而且上结廷臣下交豪杰，势力相当强大。粤汉路赎回自办之后，风气开化的粤省绅商自然不会放弃这一开发省内富源的工程。

而粤路风波的直接起因则是官方的过激行为。其时，由于张之洞等重臣的极力倡导，清政府上下已经对由官方主持粤汉干线事宜达成共识。两广总督岑春煊是政坛红人，曾在慈禧面前信誓旦旦地表示要做忠实的看家狗。面对粤人要求干线商办的热潮，岑春煊自然竭力奉持朝廷的旨意，坚持干线官办。1905年12月，岑春煊致函粤省绅商，认为鄂湘粤三省民力虽有大功于拒美保路，但为保证干线早日建成、盈利，筑路及运营事宜非由官方统筹兼顾不可，绅商“惟有保护联络之责，万无干涉把持之权”②。为了迅速筹集筑路巨款，岑春煊认为必须通过摊官款、筹公款（派捐民款）和集股三个渠道来完成。“以官款论，则系外国所谓之国家税，应归户部指拨”，但寄希望于户部直接拨付当然是痴人说梦，岑春煊主张通过增加捐税而来：“粤省库款，每年入不敷出者三百余万两，年年借债度日，共见共闻，势难筹拨。只有盐斤加价及开办船捐二事，尚可挹注。”公款即以派捐改为集股，换而言之即为加派地方赋税：“若曰公款，则系外国所谓之地方税，可专归地方应用。……筹

① 李占才主编：《中国铁路史（1897—1949）》，汕头大学出版社1994年版，第138页。

② 《交通史路政编》（第16册）。第256、257页。

公款之策不一，或派亩捐，或加货税，视其地情形如何而定。筹得之后，即核其数目，填给股票。此款系零星凑集，不能确定出资者主名，故股票不能属诸一人只能属于该州该县。”① 集股则由绅商民众自愿出资，股票署上个人名字。总而观之，岑春煊倡议的粤路款项实际上是以不同名目向民间摊派款项。岑本人认为此举必能使大事早成：“果能官绅合力劝谕，岁筹一二百万，当不难集。”② 日本驻香港领事野间政一则认为岑春煊的筹款方案是为了将官民利益捆绑起来，使铁路公司成为官民合办的组织③。

虽然在筑路方针上岑春煊和张之洞所见略同，但在处理与中央和地方绅商之间的关系方面，岑显然不如老成持重的张那样游刃有余，官商之间的尖锐对峙首先发生在广东。为了保证短期内能筹足巨款，两广地方当局采取了强行摊派路款的措施。1905 年 12 月 13 日，岑春煊命候补道姚绍书、广州知府陈望曾、候补知府廖子琅、番禺县知县柴维桐及南海县知县陈伯侯等人，邀集广东七十二行商及重要绅商，到广济医院筹议办法：“现时宗旨，实以筹款为第一要义。应即会合官绅，群策群力，以期安定善法，迅集巨款，刻日兴办。”④ 面对官方的强硬筹款，与会的粤省绅商当即以民力疲弊为言，吁请免抽捐税，继求减税。

1905 年 12 月 18 日再议时，大多数绅商对岑春煊的意见表示反对，全场一致议决铁路归为商办。梁庆桂、黎国廉及李绍先等绅商代表申述反对意见时，措辞激烈，拍案谩骂，痛斥官场腐败，导致会议在喧嚣杂乱中解散。会后，恼羞成怒的岑春煊在深夜将黎国廉逮捕拘留。事后，岑春煊以黎国廉“身有官位，妄自侮辱官场，阻碍铁路前途”为名，奏请清廷中央褫夺其官位。岑春煊毕竟“天眷优隆”，清廷中央很快就颁布谕旨，认可岑春煊的做法，并明令粤省人民不许妄行抗议，企图以此来压服粤省绅商民众。

但是，煌煌上谕和疆吏的恫吓并没有消弭粤省绅商要求铁路商办的决心。从 1905 年 12 月 21 日开始，粤省绅商民众连续集会，通电清廷中央及粤汉路总负责人张之洞，声讨岑的非法行为；报界撰文痛斥官府“只顾自己以野蛮的手段，滥用官权”⑤；绅商还活动粤籍官员如前闽浙总督许应骙，外务部侍郎伍廷芳、唐绍仪等，通过他们请求清廷中央罢免岑春煊之职；粤省总商会致电中央各部以及湖广总督张之洞，敦促释放黎国廉：“通电政府各京官及张

① 《交通史路政编》（第 16 册）。第 256、257 页。

② 《交通史路政编》（第 16 册），第 256、257 页。

③ 《中国近代铁路史资料（1863—1911）》（第三册），第 1051 页。

④ 《交通史路政编》（第 16 册），第 257、258 页。

⑤ 曾鲲化：《中国铁路现势通论》（上册），化华铁路学社 1908 版，第 57 页。

总督等，并请将军、都统及学院三司等声言岑总督之非法，并运动释放黎国廉。寿将军对此事谋调停官民双方，致电政府。总督虽系万不得已而为之处置，但恳以特殊宽典释放黎国廉；铁路则望归商办，以安众情。并请命前两江总督魏光焘派员对此事进行调查。”① 官民冲突之激烈令西方列强高度关注，为防止事态扩大而危及其在粤利益，列强实行警戒，各国兵船碇泊于广州者达13艘之多，其中以美国兵船最多，德国次之，英、法亦有数只。

为了缓和粤省局势，张之洞发挥了其长袖善舞之功夫。1906年1月，张之洞致电粤省官方，肯定了岑春煊“关心路政，拟酌拨官款，筹集公款与民款，分为三项，极是正办”；但同时又批评岑春煊“官绅惟有保护联络之责，万无干涉把持之权”的做法偏激，“太觉刺目，深可骇异”；并警告岑春煊不要在绅商民众抵触情绪高涨之时继续采取强硬措施：“惟既已决裂至此，若操之过急，波澜愈生愈多，将来若何收束，竟难逆料。……所有此次指筹各款，或酌量缓办一两条，或略减其派捐之数，其绅筹之款，或酌加改正，许其暂行试办。”② 同时，张之洞也致电粤省绅商，多方为岑春煊开脱：“来电于岑帅筹议各款，指为加征苛抽，似多误会。……岑帅虑粤绅所筹招股办法，不能确有把握，冀多筹的款，以供路用。所筹之款，皆由公司填给股票，是款必全数拨归公司，可知此为派股，实非派捐。至派股之数，或重或轻，未尝不可公商妥酌。至粤绅所拟公益股票，岑帅亦许兼筹，特不欲以七成之银作十成之股，此亦尽可熟商之事。”希望粤省绅商能够从大局出发，体谅官方为求干线早成的良苦用心：“但亦当体谅岑帅力助绅商筹集路股之本意，于所指筹各款，能否允认，酌商妥法，以为转圜之地，方与公平了结之说相符。”③

但是，政府与商民之间的矛盾继续尖锐化。由于清廷中央对于粤省商民释放黎国廉以及粤路商办的要求迟迟未作出决定，粤省绅商于是自行召开会议，筹议铁道商办办法，并着手募集商股：“决定采股分合资之组织，并着手募集，不数日，应募者竟集成巨额资金，预期成功在望”④。张之洞也敦促岑春煊委曲求全，释放黎国廉，更改款项名目，暂时对商民让步：“此次粤绅哗哄，以羁管黎国廉为大辱。是转圜之法，宜先释放黎绅，方可措手。……再，尊处指筹各款，昔言明填给股票作为地方公股，是所筹实为股款，并非捐款。若仍沿用盐捐、船捐、亩捐等名目，转使绅商藉捐之名词，指为加征，疑为

① 《中国近代铁路史资料（1863—1911）》（第三册），第1051页。

② 《张文襄公全集》卷一九五，第23、24、25页。

③ 《张文襄公全集》卷一九五，第29、30页。

④ 《中国近代铁路史资料（1863—1911）》（第三册），第1051页。

苛抽，似不如改为盐股、行股、船股、田股等名目，以着其实而免误会。”①

清廷中央和岑春煊万般无奈，只得采取张之洞的建议，暂时对粤省绅商民众退让。1906年2月21日，清廷中央颁布上谕指示岑春煊释放黎国廉，并表示如果粤省商民确实有敷设铁路干线之经济基础，那么强行官民合办就无必要，粤路归为商办将为朝廷许可②。

绅商很快就以行动证明粤省具备干线商办的条件。自1906年2月起，粤省绅商民众争先恐后地募集路资，原先计划募集的二千万元在一个月内就筹得过半，而且尚有“来者源源”，官方筹议摊派的台炮经费、粮捐、桑基、鱼塘等捐，一律免办③。至1906年5月初，“粤省商民，筹集路股，众情踊跃。为时仅逾两月，照业经交收之二成小股核计，已得实在股本一千二百五十万余圆，而外省外埠已认未交之股为数尚多，合计二三千万可以集成”④。当时绅商最揪心的反倒不是款项能否按时筹足，而是尽快成立商办铁路公司统筹还款筑路之事。为此，广东总商会左宗蕃禀告岑春煊：“无如公司尚未成立，不敢遽动股金，是商人既有此为难情形，现集股款，碍难拨付；其应如何先行筹垫还款，及高塘路工兴筑与否，统侯钧裁；现在已催促各行商、各善堂，商请各股友，迅即集议，公举总理，或先举权理，一有头绪，再将详情禀请察核。”⑤ 1906年5月，广州九善堂、七十二行商会代表齐集爱育善堂，商办铁路议事所投筒公举总理路事之人，结果“举定最占多数之郑官应为总办，黄景棠为副办，许应鸿、周麟述、左宗蕃为坐办”⑥。

同时，清廷中央派往调查粤路风波的周馥也在粤省四处活动，在考察了粤路股款筹措情形并听取了绅商民众的意见之后，表示支持粤路商办：“铁路为国家要政，粤汉铁路收回自办，商民筹款建筑，官为维持保护，办法甚为妥善。全在该省官吏绅商同心协力，联络一气，俾蒇全功，不得各存意见，致妨公益。兹据称粤中绅民闻风捐助认股，已约计二千万，足见急公好义，路事可期有成。”⑦

粤省商民的抵制浪潮已经使岑春煊尴尬不已，袁世凯的心腹周馥奉清廷中央之命前来调查粤路风波，并站在商民立场上向岑春煊发难，更使得岑倍

① 《张文襄公全集》卷一九五，第30、31页。

② 《中国近代铁路史资料（1863—1911）》（第三册），第1051页。

③ 《交通史路政编》（第16册），第260页。

④ 《交通史路政编》（第16册），第261页。

⑤ 《交通史路政编》（第16册），第259页。

⑥ 《交通史路政编》（第16册），第260、261页。

⑦ 沈桐生辑：《清德宗实录》卷五五九，清宣统元年（1909年）上海崇义堂初刊，中华书局1987年影印出版，第10页。

感失落。其时，岑春煊与袁世凯都是政坛上红极一时的人物，但在派系斗争中双方却水火不容。袁世凯借“新政”之机大肆扩张自己在朝中的势力，这已经严重地威胁到大清国祚。岑春煊“天眷优隆”，以中兴清朝为己任，自然不能容忍袁世凯的野心行为。而对于袁世凯派系而言，调解粤路风波可以收到一石双鸟之功：既可收揽粤省民心，又可打压岑春煊势力，搬开阻挠其势力扩张的绊脚石。

广州各界人士踊跃购买粤汉铁路股票

面对商民的反抗和政敌的介入，岑春煊以变对变，在筑路方针上来了个一百八十度大转弯，放弃了一贯奉持的“官方主持”而主动支持干线商办。岑此举同样也为了一箭双雕：既化解官民矛盾以缓和清政府统治危机，又可挫败政敌的图谋而稳固自身地位。此前张之洞就对岑春煊施以援手，建议其为确保自己的政治前途起见，既要做系铃人又要做解铃人，先对商民让步以收揽民心：“道路传说，朝旨已派周玉帅（周馥）查办此事。……以云帅（岑春煊）才望勋绩，天眷优隆，早应调畀名疆，或即移节两江，实意中事。惟此事如待他人了结，不如云帅自了，则能发能收，操纵在手，尤见化裁干略。况三省同心收回此路，云帅实始终其事。此次三省会议公共章程，当由三省联衔会奏，方为得体。鄙意愿与云帅会衔入告，实不愿与他人会衔也。”①

1906 年 5 月，岑春煊致电清廷中央，主动奏请粤路归商办理：“现既据将总副办等员公同举定，查核所举之员，商情亦均素孚，请即将粤省此路及已

① 《张文襄公全集》卷一九五，第 23、24、25 页。

筑之省佛三水枝路，一并饬交该商等定期接收妥办。倘有阻挠破坏之人，臣惟有不避怨谤，从严惩办，以保商权，而维大局。除咨商部立案外，所有粤汉铁路集股有成，并据举定总副办等员，恳请归商接收办理缘由，谨恭折具奏。”① 在清廷中央对其奏折进行批复之前，急于收揽粤省民心的岑春煊先行照会粤省总商会，表示两广当局对商办粤路公司的成立表示支持：“至于公司通例，虽有收足股银，方能开办之说，惟此系指创办而言。此次粤汉铁路系先由美国合兴公司开办，而粤省境内枝路，又早经行车，粤商乃接办之人，与创办情事不同。……现在粤商筹得之款已有四分之三，即实收之银亦将及三百万圆，接收开办各费，断无不敷之理。从前商办宗旨未定，粤商尚且极力筹集，恐后争先，若路工由商接收，则集股必更形踊跃，可为预决。应由该商会赶紧传知各商，刻日定期接收，以兴大利，毋再稽延。”②

1906 年 6 月，清廷中央正式颁旨，表示粤路既然具备商办的经济和群众基础，官商合办已没必要，准予商办：“即着岑春煊秉公筹度，会集绅商，妥举总理、协理各员，奏明开办。仍着岑春煊随时督饬，认真经理，以裨大局，而保利权。”为了安抚粤人之心，清廷中央还恢复了绅商代表的名誉，并采取“丢卒保车”之策，将番禺县知县作为岑春煊的替罪羊加以惩处：“黎国廉、梁庆桂、李肇沅既据查明尚无抗捐情事，均着开复原官原衔。番禺县知县柴维桐，办事操切，着即行撤任察看。”③ 紧接着，两广总督奉旨照会粤省总商会，同意以“商款筑路、官方保护”的方针办理粤路：“此路为商办最大工程，必须格外慎重，妥订章程，刻日兴办；所有购地交涉各事，商人力所不及者，本部堂理应担任，责无旁贷；至于用人理财，则该总副办等之责，悉照原议，毋庸官为干涉。该总副办经众商推举，廷旨饬办，本部堂与有督饬保任之责，务望悉心经理，竭力维持”④。是月，商办公司成立，定名为“商办广东全省粤汉铁路有限公司”，遵章呈商部注册，“奏给关防，永昭信守”⑤，并从两广总督衙门接管了有关的一切事宜，这标志着粤路商办的开始。粤路公司除了在广州城西关宝华设立总部，还在各处设立分局。各分局由总公司刊发办事规则，由总公司订定用人权限，归总公司调派。

本来，粤汉路事官方总负责人张之洞所提出的建议是“释放在押绅商”、“官方所筹各项及粤绅所拟并行不悖”，但清政府最后所做出的让步却远甚于

① 《交通史路政编》（第 16 册），第 260、261 页。
② 《交通史路政编》（第 16 册），第 261、262 页。
③ 《清德宗实录》卷五五九，中华书局 1987 年影印版，第 10 页。
④ 《交通史路政编》（第 18 册），第 262 页。
⑤ 《交通史路政编》（第 16 册），第 267 页。

此。对此，有些学者认为这是岑春煊和袁世凯为增加派系斗争筹码而争取民心的结果。该解释当然不无道理，但在这一事件上，清政府被迫对绅商民众作出让步的根本原因仍然是其自身威信的下跌以及绅商势力的崛起。

商办粤汉铁路公司成立之后，为了规范铁路兴建及经营事宜，股东们立即仿照西方股份制企业草拟了《商办广东全省粤汉铁路有限公司章程》，以免重蹈官督商办企业之覆辙。经过公司内部反复斟酌以及清廷中央批示之后，于1906年7月订立正式章程。

《章程》中第二节、第四节、第十三节明确规定“全局宗旨均属商办”；“从前合兴公司合同内所得之权利如附近矿产、官荒、石山、林木、枝路等项归本公司享受，官但保护，不得干涉，以符商办宗旨”；“本公司全系商办，地方官只任保护，不派督办，一切用人理财官不干涉，即大小衙署亦不得荐人，以符商办宗旨”①。为了保证路归华商所有，避免外资染指路事损伤华商权利，《章程》中第二十六节明确规定：“本公司系华商自集华股自办，不收外国人股份，惟原系中国人而曾入外国籍者，本公司如仍认为中国人，有权可以附股；惟附股后即与中国人无异，仍须遵守中国商律及本公司奏定章程，如有用外国籍名及牵引外国人干预本公司之事，本公司有权将原发收单股票息折注销作废，削去其股东权利”②；工程师先延请华人，如果必须延请外国工程师，必须对其进行严格审核，“先将该洋员履历并合同禀报，俟奉商部核准，然后延聘”③。

为了保证股东权利，公司章程规定所有股东一视同仁，“凡附本公司股份者，无论有无官职均认为股东，一律看待，其应得各项利益一体均平”④；凡十股以上之股东到会时均有发议之权，百股以上之股东均有选举他股东为董事及查账人之权；公司以一千股为一议决权，其余准予以一千股之数递加，但一个人名下不得逾二十五议决权。有议决权之股东因故不能到会者，可以致函公司形式发表意见。不满一千股的股东可以联合其他股东，股数满一千者即可获一议决权，亦可将议决权委托有议决权的股东，而接受其他股东委托之有议决权之股东，其议决权总数亦不得逾二十五议决权⑤。公司章程特别突出了原始股东即作为创办者的广东省城九大善堂和七十二行总商会的监督权：“凡公司董事、总、副、坐办等员一切办事、用人、理财应永远归其查察

① 《交通史路政编》（第16册），第267、268页。

② 《交通史路政编》（第16册），第270、271页。

③ 《交通史路政编》（第16册），第276页。

④ 《交通史路政编》（第16册），第270页。

⑤ 《交通史路政编》（第16册），第273页。

维持，如查有碍路政、违律背章诸弊，轻则告知改革，重则径禀商部以保股东血本。”①

公司最高权力机构股东会议分定期会与临时会两种：定期会每年二月召集，议决前一年各项支销及利息之分派等各项账目；临时会须由公司主要负责人为处理本公司紧要事件，或由本公司已集股本十分之一以上之股东请求之，总、副、坐办（由股东公举、公司设立作为公司日常管理者）等员即预备召集，“不得逾一个月”。股东会之会期、会场并所议事件预先通报股东，以使股东有备而来。股东会必须在公司股本四分之一以上、并要股东人十分之一以上到会者方得议决事件，如不满定数，将会议之意告知各股东后一月之内再集会，第二次开会时可不论到会股东及股本之多寡得而议决公司事务。股东会开会时，由股东公举临时议长一人主持会务，议长本人必须持有公司股份二千股以上，议决后即行销除其议长名。股东会议以议决权过半数来决定决议是否可行，如票数相同则由议长裁决。会议上商谈之事宜均记载于股东会议事录上，由议长及董事二人签名盖印存本②。

章程也规定了公司议事、管理和监督体制。为了体现公司商办商管原则，公司公举持两千股以上13位深孚众望之股东为董事员，代表股东商议公司行政事务，“到公司会总、副、坐办各员商议规定章程内应办事件”，“以保护大多数股东权利为目的”。副办与坐办等员所用办事人役的薪水开支问题，如无法与总办商决，亦由总办商于董事局。公司日常行政事务由总办、副办和坐办等员行使，其以两年为任期，董事议决之事件由其执行，用人权力也操诸总、副、坐办：“本公司大小职员以一人有一千股计，本银五千圆之股东方得保荐，用否由总、副、坐办酌定，仍列荐保人于议事堂，其责任仍由荐保人担承。”查账员亦由股东公举持股一千份以上者担任，“监查总、副、坐办等员所施行董事所会议是否按照本公司章程及股东议决之事件”，并且还有权“监察本公司股份、银钱、地亩、材料、工程支销及开车后客货之运脚、利息之分派各项数目”。董事、查账人领取公司薪水，其薪金由股东会议决，而且董事不能兼查账人，查账人亦不得兼任董事，并不得兼本公司之职员。在此之外公司还有一套以四大值年股东领衔的管理监督系统：公司按照商办原则应以股东主持办理，因此自认股四大股东值年办事；董事、查账各员应由四大股东监管验票，以昭核实；如重大事件董事不决，即柬请自认股四大股东会议，若四大股东仍未决，再召开股东临时会议决；董事办事不妥或不孚众望，四大值年股东有权议决并提交股东大会予以开除；查账人以所查事项按

① 《交通史路政编》（第16册），第267页。

② 《交通史路政编》（第16册），第273、274页。

月报告四大股东，每岁布告股东定期会，且查账人不得有妄自伤害四大股东之行为[①]。

为了更好体现公司商办商管原则，激励商民踊跃入股、认股和招股，并鼓励股东关心工程建设，公司还设立了总理、协理、董理和议董等名誉职务：认股二万份者为总理，每年于众总理中轮举十分之二为值年总理，是年所得之权利与董事同；一万份者为协理，每年于众协理中轮举十分之二为值年协理，是年所得之权利视总理减半；五千份者为董理，每年于众董理中轮举十分之二为值年董理，是年所得之权利视协理减半；二千份者为议董，每年于众议董中轮举十分之二为值年议董，所得之权利视董理十分减六。尽管总理、协理、董理和议董等员本身在商议公司事务时只有一票议决权，但担任这些职位者均享受相应的报酬，"将来于红利提二十成之一作为花红平分均派"；凡担任招股之人，若所招股东认为代表，即与自认之总理协理、董理、议董等享受同样红利[②]。

经过了绅商民众的积极努力，粤路主办权终于由官方转移到了民间，并且制订了详尽的《商办广东全省粤汉铁路有限公司章程》来保护干线商办的权利，这充分显示了当时绅商阶层强大的社会影响力。但百足之虫，死而不僵，何况清政府衰而未亡，粤路公司将官方排除于公司运营之外的意图，已然为官商之间的下一场斗争埋下了伏笔。

在粤商争得粤路商办的同时，湘、鄂两路官督商办的情形亦一波三折。按照官方原拟计划，湘鄂两路皆由官方主持全局，以图速成干线。但清政府因财政拮据且声名狼藉，湘、鄂两路的官督商办得不到两省民众的支持，进展极为缓慢。

在鄂省方面，鄂路本身就议定官办，加之又在张之洞的一手操纵之下，所以从一开始官方就控制得很严格。1906 年 9 月 8 日，官方颁布粤汉铁路鄂境线段招股章程，其第一条就规定湖北官钱局承办粤汉铁路鄂境线段招股事宜，其工程建筑事宜，则归铁路总局筹议。把路权牢牢控制在官方手中；第七条规定鄂路股票均只准华人自购，不附洋股；第八条规定商民所购股票，准内地官民自相转售，惟不准转售外人，抵押洋债，倘有此等情弊，该票即作为废纸，避免外人染指路事[③]。《章程》向商民承诺：鄂境铁路开车后，所得行车之利，除开支公司薪水工食局用，及养路经费、拨还赎路借款本息、核给股本息银、酌提公积款项外，所余净利，应酌量仿照外国铁路公司办法，

① 《交通史路政编》(第 16 册)，第 270、274 页。

② 《交通史路政编》(第 16 册)，第 270 页、第 271 页。

③ (清) 邮传部图书通译局：《轨政纪要初编》轨三，1907 年刊，第 55、57 页。

以若干报效国家。……净余红利，全归股东自行议章分派。在事人员应得酬劳若干，由股东议章分派时酌定。……凡属股东，无论官绅士商，其入股利益，概系均平一律。1907 年设立官办湖北铁路总局，冯启钧为总办。是年 4 月，粤汉路鄂段于武昌徐家棚开工。鄂路所需建筑费用约六百万元，武昌官钱局先行筹集四百万元，其余二百万元以发行股票的形式在民间广泛募集：“官钱局实际上等于湖北省立银行，素来发行纸币，其发行纸币之准备金存有巨款。自去岁以来，汉口市面不振，利息低落，官钱局已逐渐收回其对于汉口各钱庄票号之贷款。目下官钱局所藏现金颇有余裕，故准备以此准备金承购股票，将来路利发达，股票价格提高，则拟随时将股票卖出，以充当准备金。”①

但是鄂路官办很快陷入了泥潭。民间对官方的做法不信任，购买股票者非常稀少，更有绅商指责官场假公济私：“至于其它出售于市场之二百万圆股票，购者异常稀少，且议论纷纷，有谴责官场假此以射利者。”②

以张之洞声誉之隆尚且无法赢取民众对官方筑路方针的支持，可见当时社会上对清政府各项举措抵触情绪之深重。分析了以上情形之后我们并不难理解以下结局：官办鄂路自 1907 年 4 月于武昌徐家棚开工，以后由于财力枯竭和缺乏民间支持而导致工程无从进展，仅完成了少量土方工程，着实在鄂省父老面前丢尽了脸面。

在湘省方面，湘路尽管维持着官督商办体制，但社会力量通过努力分享到筹筑干线的若干权利。

1906 年 6 月，受到粤省商民争办干线事迹的鼓舞，湘省绅商筹议成立湖南省商办粤汉铁路有限公司，并拟定了招股章程。该章程为了杜绝列强势力渗入湘路，做出了如下规定：公司股票只招华人，凡洋人概不得附股。如有代购或转售抵押与洋人，及本华人于购票后改注洋籍者，均作为废纸。为了约束官权，章程第十二、十三和十四条如是规定：本公司既属商办，权利悉操之股东，地方官只专任保护；本公司股分系……专为修筑湖南铁路之用，无论地方何项要工，不得丝毫扯动。为了确保商权，公司章程第十四和十六条如是规定：本公司由湖南商会发起创办，纯讲平均主义，无论有无官职，股分多少，一律平等看待。凡有关公司利害，入股者皆得参议，以期至公至当，巨细靡遗。候底股招齐即召开股东全体大会，公举一切办事人员；铁路

① 《经济研究所藏日文档案》，见宓汝成《中国近代铁路史资料（1863—1911）》（第三册），第 1023 页。

② 《中国近代铁路史资料（1863—1911）》（第三册），第 1023 页。

告成后，本公司所获运费，除各项开支及应付股息外，所有赢余，即为红利，作二十成分派：一成报效公家，二成酬优先股，三成作为公积，下余十四成按优先、普通股摊派。惟公司在事人员，应提花红多少，由股东酌议[①]。从上述条款我们可以看出，绅商们所期待的湘省铁路公司商权是相当大的。

1906年8月，湖南总商会会董陈文玮、周声洋、陈家珍等联名社会各界代表36人通过商部奏请设立商办湖南全省铁路有限公司，公司有权负责勘路、定线、购地、兴工、用人、理财以及与商部联络，并推举深孚众望的袁树勋为铁路总理，余肇康、张祖同为协理[②]。

粤汉铁路主办大臣张之洞抱怨商办铁路公司权利全归绅商，有架空官权之意。但长袖善舞的他为避免与湘省绅商民众直接对立而故伎重演，奏请清廷于1906年7月颁布谕旨："铁路系国家要政，仍应官督商办"，责令张之洞全权办理湖南粤汉铁路公司，由官方荐举总理、协理，商人则居于不能"越分争权"的"帮司"地位[③]。1907年1月，张之洞再次上折清廷，抱怨湘省绅商拟定的章程过于抬高绅权、商权而无视官权："且其自定职权等差，自处极尊，而将奏派之大臣列为三四等以下，尤属骇人听闻。……察核该商等招股章程，于筹路还款，全未筹及，且权利全须归商，而所招之股，反欲官为筹款保息。东西各国，未闻有此章程。取巧太甚，强横太甚，断断无此情理。照此办法，官且不能行之于民，况民能行之于官乎？"[④] 总督湖广多年的张之洞认为湘省绅商根本不具备独力筹筑干线的财力："又查湘省情形，专门富商大贾，向来不多，……若无地方官主持承认，事事为力，以全副精神注之，则购地迁坟，勒价刁难，掘渠开山，动辄抗阻，工夫云集，争斗繁兴，物料散漫，盗窃难禁，徒致一事不能办，一步不可行而已。"为此，张之洞认为无论是为了确保干线兴筑的质量和进度起见，还是为了稳固清政府的江山社稷起见，官方主持这一环节不可或缺："臣查铁路一事，虽系便商之要策，生财之大宗，然与别项商业不同，实关系全国之脉络，政令之迟速，兵机之利钝，民食之盈虚，官民智识之通塞。故筹款招股，无妨藉资商力，而其总持大纲，考核利弊之权，则必操之于国家。"为了控制湘省绅商，张之洞对极力主张干线商办的绅商代表加以打压，并扶持商会中的亲官方势力："现经查明该商会陈文玮、周声洋既无实在巨资，自不能妄以发起人自居，主持一省人事。……臣与湘绅详加商酌，总理仍以袁树勋、王先谦、余肇康三人为宜，而略

---

① 《中国近代铁路史资料（1863—1911）》（第三册），第1035页。

② （清）农工商部商务官报局主编：《商务官报》，第12期，1906年7月，第16页。

③ 《清德宗实录》卷五六一，中华书局1987年影印版，第6页。

④ 《张文襄公全集》卷六八，第8、9页。

加变通，以期周妥。"[①] 清廷中央接受张之洞意见，批示官督商办的湖南粤汉铁路公司成立，袁树勋为主持总理，王先谦为名誉总理，余肇康为坐办总理，商办湖南全省铁路有限公司已募的商股并入新公司[②]。

尽管清政府坚持湘路官督商办，但湘省绅商依然不屈不挠、据理力争，并逐渐争取了负责湘路公司收支账目等权力。

由于清政府为缓解财政压力以及收揽人心，一再向湘省绅商民众允诺体恤商力、采用招股之法："无论入股者为官为绅为商为民，或本省官绅商民，或外省官绅商民，均以商论，一律作为股东。即有公款，亦以股东论。事权之轻重，利息之厚薄，但视其股分多少之数，不问其人职业尊卑之等，至公至平，毫无偏私，自无流弊。"[③] 湘省绅商为了支持湘路建设并分享干线筹筑、运营权，呼吁湘省父老及海内外华人捐款筑路。湘省股款征集方法有七种之多：(1) 商民认缴的优先股；(2) 房捐股；(3) 米捐；(5) 盐斤加价；(6) 衡、永、宝三州增销淮盐的厘金；(7) 随粮带征的地方租股。尽管"湘路借官力来增收米盐捐作为股款是不啻以公开剥削人民大众的方法来谋求股东的利益"[④]，但我们也可以看到三湘父老为了路事速成而倾注心血。如 1908 年 6 月，湘路因资金问题难以为继，湖广总督陈夔龙与绅民公议后，上折要求仿照"(光绪) 二十八年因新案偿款筹备盐斤口捐成案，于湘省境内，营销川、淮、粤盐，每盐一斤，一律加收口捐钱四文，以维路政"[⑤]。到了 1911 年，商股集银 150.6 万两，合 215 万银元，占总收股近四分之一，租股 225 万银元，加上米捐、盐捐两项 697.2 万银元，占总资本四分之三以上[⑥]。由此可见，尽管湘路公司名义上仍然是官督商办，但公司经办体制已经明显向商办倾斜。

张之洞和岑春煊两位疆吏在晚清官场上和社会上都拥有良好声誉：张之洞总督湖广多年，"图自强、御外侮、挽利权、存中学、兴实业、办教育、练新军、应商战、劝农桑、新城市"，勤政恤民、誉满天下；岑春煊在其仕宦之处也多方举新政，办教育，肃贪惩腐，世称"屠官"。在拒美护路运动之中，张、岑两人也顺乎民意，以鄂湘粤三省民意代言人的身份自居。平心而论，在筹筑粤汉铁路中他们所倡导的官督商办之策同样也经过了理论上和实际上的充分论证。但是，当张、岑以清政府代言人的身份出现的时候，鄂湘粤三省绅商民众对于张之洞和岑春煊所执行的筹建干线方针立即采取了强烈抵制

① 《张文襄公全集》卷六八，第 11～14 页。
② 《交通史路政编》(第 16 册)，第 56 页。
③ 《张文襄公全集》卷六七，第 12、13、14 页。
④ 金士宣、徐文述：《中国铁路发展史》，中国铁道出版社 1986 年版，第 242 页。
⑤ 《清德宗实录》卷五九二，中华书局 1987 年影印版，第 9 页。
⑥ 《交通史路政编》(第 16 册)，第 56 页。

的态度。行文至此，我们不得不感慨：清政府的社会动员能力确实已经跌至低谷，粤汉路事风波迭起并最终成为导致清政府败亡的导火线是势所难免的。

第二节　干线商办的成效与波折

在谈论干线商办之前，我们来看一个众所周知的例子——武训办学。清末的武训倾其行乞数十年所得而捐资办学、造福乡里，是为中国近代群众办学的先驱者。但在极"左"年代里，武训曾经被颠倒是非地评价为大流氓、大债主和大地主，这当然是不足取的，不过有一点评价还是中肯的："……只有那些天真得透顶的人们，才会相信武训的'义学'里，'穷孩子'在那里跳来跳去。"[①] 武训的遭遇可以说是当时中国民办事业的一个缩影，无论他如何心怀贫农，在政治经济资源不对称的年代，他办学的结果只能是为富人服务，此正如朴实的当地乡民所言："武训不容易，虽然他办了几所学校，有几个穷人能念得起书，还是富人在那里念书。说来说去还是为了富人服务，为统治阶级服务。"[②] 毛泽东曾如是批评武训办学："根本不去触动封建经济基础及其上层建筑的一根毫毛，反而狂热地宣传封建文化，并为了取得自己所没有的宣传封建文化的地位，就对反动的封建统治者竭尽奴颜婢膝的能事。"[③] 我们今天当然知道该评价措辞有失偏颇，但所言非虚，而且揭示了问题的另一角度：在旧的统治秩序没有被颠覆之前，致富之后的武训依然势单力薄，如果过于特立独行，连办义学造福乡里的资格都不复存在。

武训办学如此，投身近代铁路实业的绅商何尝不如此呢？他们怀着济世救国的梦想投身铁路干线，但在政治和经济资源极其不对称的近代，真正从中得到实惠的并不是广大民众，甚至不是他们自身，而是掌握权力和经济资源的少数人。从筹建粤汉铁路开始，清政府也同样认定"商民为鱼、官为渔者"，一步步地将经办体制引向官督商办、再实行完全官办，以完全占有干线的使用权。绅商民众为了使干线建设真正"民建民用"做出了可贵的努力，粤汉铁路商办确实也取得了一定成果，但进度与质量差强人意，显示了民族资产阶级经济实力和社会组织能力的不足。清政府粗暴干预商办铁路公司内部事务，严重地损害了广大股东的利益，但完全脱离官方的扶持，商办公司

---

① 《毛泽东选集》(第5卷)，人民出版社1977年版，第46页。

② 李家骥回忆、杨庆旺执笔：《领袖身边十三年：毛泽东卫士李家骥访谈录》，中央文献出版社2007年版，第154页。

③ 《毛泽东选集》(第5卷)，人民出版社1977年版，第46页。

的发展空间却是微乎其微。

为了全面考察粤路商办的波折，我们必须先介绍三位关键人物，这三位人物代表着不同的势力。第一位即是前文提及的、以清廷代言人身份出现的两广总督岑春煊，其既然立志为清廷收拾残破河山，在筹办粤路之中当然是力保官权、毫不退让。第二位是著名的革命宣传家黄世仲，在粤路问题上，黄为维护粤省绅商民众切身利益尖锐地抨击官方对商办粤路公司的违章干预，道出了粤省民众对清政府的不信任以及自主维权的强烈愿望，其文享誉省港，传抄传阅遂成时尚。第三位是商办粤路公司负责人、著名企业家及西学倡导者郑观应，在粤路问题上郑观应是一位夹在官商之间而左右为难的人物：一方面，作为通过权力寻租活动而发家的红顶商人，郑必须处处维护其官方后台的利益；另一方面，郑当时已经倾向于干线商办，对于官督商办的管理体制反感不已：“凡通商口岸，内省腹地，其应兴铁路、轮舟、开矿、种植、纺织、织造之处，……全以商贾之道行之，绝不拘以官场体统。”①

商办粤路公司股东成分错综复杂，与官场有着千丝万缕的联系，换言之，就是成百上千岑春煊、黄世仲和郑观应的混合体，若想相安无事确实难比登天。

粤省风气开化，对于国外的商办公司和在华外资公司的运营方式以及所取得的成效，粤人心仪已久：“凡外来货物，悉令地方官极力讲求，招商集股，设局制造，如有亏损，设法弥补，一切章程听商自主，有保护而绝侵挠，用能百废俱举。”② 以致他们在争取商办的过程中不畏强权，据理力争，为筹措公司股款而倾其身家者不乏其人。商办粤路公司成立后，粤省商民就明确声明官方无权干预商办公司内部事务：“地方官只任保护，不派督办，一切用人理财官不干涉，即大小衙署亦不得荐人。”公司章程所规定的民主选举和监督条款，目的之一也是为了公司日常事务不受官方染指以保护商民利益。但清政府为了确保其摇摇欲坠的江山社稷，必须强化对社会力量的控制和对社会财富的聚敛，允许商办铁路公司成立只是其收揽人心的权宜之策，而对公司内部事务横加干预却是必然之中。形象已经趋于反面化的清政府强行介入商办公司内部事务使得官商双方的关系剑拔弩张，公司高层管理者经验的缺乏不但不能缓解双方矛盾，甚至还火上添油。商办公司尽管表面上是西式股份公司，但创办者皆是封建色彩相当浓厚的善堂、商行以及旧官绅，属于“旧人办新政”，由于缺乏应有的股份公司运作知识和经验，不得不把旧式商

① 郑观应：《盛世危言》卷三，1894年版，第9页。

② 郑观应：《盛世危言》卷三，1894年版，第22页。

行、官督商办企业以及官场上的成法搬到公司运作中去，借助官场靠山来处理铁路兴筑中所遇到的各种纠纷，导致公司内部管理混乱，运作举步维艰，股东之间、官商之间和商民之间争执不息。近代中国缺乏完善的金融机构、商业仲裁机构、机制、法律以及相关人才，这也是公司内部矛盾得不到很好处理的重要因素。

日本方面为了介入粤汉铁路的兴筑以拓展在华势力，密切注视着粤路商办的一举一动。处心积虑的日本间谍对中国事务发展的预测有其独到之处，如甲午战争期间日本间谍就预测如同一盘散沙的清军必败无疑："华舰有南、北、闽、广之殊，陆军有湘、淮、旗、绿之别，明知两军相见，彼此必不相救应。"① 而在粤路商办问题上，日本间谍、驻汉口总领事水野幸吉多方收集情报之后，一针见血地分析道：粤路公司资金筹集虽不感困难，但在铁路管理权上，官商之间矛盾难以调和，其结果必然导致工程进展举步维艰②。日后事态的发展也确实印证了他的分析和判断。

从商办粤路公司成立伊始，大小股东就因利益问题纷争不已。

在商办粤路有限公司正式成立之前的1906年2月2日，粤省绅商已经创设了广东粤汉铁路有限公司。作为创设者的九大善堂和七十二行商会商定："所举权理人分两时期；九善堂、商会各举一员，初六日举定；其股东之权理人……定期由各行代表及已交小股各股东齐集投筒公举数员。"③ 在九大善堂和七十二行商会的操纵之下，商办粤路铁路有限公司正式成立之前就举定了公司权理人，当时的绅商界名人郑观应和黄景棠都在权理人之列。粤路公司于4月24日正式成立后，"依照商律和路章，本应首先考虑成立董事局，然后由董事局选举总办、副办"④。但由于当时中国缺乏民族商办股份公司成功运作的先例，加之粤路公司本来就由九大善堂和七十二行发动成立，依照公司章程，创办者被赋予很大权力："凡公司董事、总、副、坐办等员一切办事用人理财应永远归其查察维持，如查有碍路政、违律背章诸弊，轻则告知改革，重则径禀商部以保股东血本。"⑤ 其中九大善堂尤其是郭道三、薛明谷、肖礼堂和何琴川等人为首的四大股东财力最为雄厚、威望也更高。在这种情况之下，商民们只得推举九大善堂经理收股事宜，而九大善堂则借机把持公司一切事务，并由他们选举郑观应为总办，黄景棠为副办，许应鸿、周鳞述、

① 孔令仁主编：《中国近代化与洋务运动》，山东大学出版社1991年版，第561页。

② 《中国近代铁路史资料（1863－1911）》（第三册），第1023页。

③ 《十三纪粤省筹议路政事》，《申报》，1906年3月6日。

④ 颜廷亮、赵淑妍：《黄世仲和1906年的"反郑风潮"》，《兰州教育学院学报》2002年第3期。

⑤ 《交通史路政编》（第16册），第267页。

左宗蕃等为坐办，代表他们负责公司日常行政事务。

与此同时，官方也仿照官督商办企业成例，迫不及待地插手公司内部事务；大股东们亦"疏通"官府，借助官府势力以压服广大中小股东。两广总督岑春煊赫然在"归商办理"的牌示中声明："如以总理路事之人一时尚难定议，应即先由本督、九善堂、七十二行迅即议举权理人，暂行代办路事，以凭将此路早日交接。"① 由于郑观应本人久涉洋务，有着深厚的官方背景，与李鸿章、张之洞、岑春煊、盛宣怀等大官僚关系相当密切，并于1905年被清政府委任为广州总商会协理。岑春煊正好在铁路股东中物色代理人以控制路局和路事，以郑观应的条件出任总办，正是官府求之不得的。然而，郑观应虽是红顶商人，但体恤商情，倾向于干线商办，约束官权保护商权的公司章程即出自其手，自然不愿充当官方和大股东的前台傀儡，一度托染黄仲病而杜门不出。于是，副办黄景棠便在官方和大股东的支持之下独揽大权："某日会于周圆大舞台，有所谓黄堂（按：当时粤民对清政府的称呼）太守陈某者亦到座，亲将个条路数，交于黄招病（黄景棠），招病遂揽归身。"②

这种权力寻租活动的做法违背了商律和路章，当然得不到其他股东的认可。小股东纷纷指责善堂的做法，七十二行代表还把善堂叫做"善棍"，并私下团结抵制大股东，"惟公司中弊窦，既为小股东所指摘，遂有共济会之设"；在郑观应等人被选为商办粤路公司领导者之初，香港商股团体即写出"公司公举权理人与商律不符，决不公认"的告白③。1906年6月29日，宣传家黄世仲在《少年报》上发表政论支持小股东的维权活动："商人之谋对待，吾诚不能为商人怪，……我所自有权利，即我当有以保全之。况事关全省大计，而为吾粤之命脉者，又乌能付于一人之手！使乘其势焰，颐指气使，而任情播弄耶！"④

粤路公司肇始，缺乏相应的协商机制，在公司股东大会上，双方拍案对骂，相持不下。"在小股东自以为救正，而大股东则以为反对。由于粤路公司是本着大小股东权限平等的初衷创建的，故而尽管大股东股多人少，小股东股少人多，其实股东到会，其权限皆漫无限制，互相指责谩骂，以致风潮愈演愈烈"⑤。数大股东欲以股多权重为由专行独断，"多数小股东甚为不满，以

① 《岑督粤路准归商办牌示》，《申报》，1906年4月8日。

② 黄世仲：《黄招病小传》，《少年报》，光绪丙午年五月初七日（1906年6月28日）

③ 夏东元：《郑观应传》，华东师范大学出版社1981年版，第199页。

④ 黄世仲：《铁路代表员又谋对待总副坐办》，《少年报》，光绪丙午年五月初八日（1906年6月29日）。

⑤ 《粤督袁树勋为改选总协理事电请邮传部展期举行文》，《东方杂志》第7卷第1期，"时事"（1911年11月16日），第13页。

致总协理的选举也经常流产”[1]。为了支持广大中小股东在大会上维权行为，香港招股分局三家代理人以反对“路棍”为理由，拒不交出应该承担的股款[2]。

1906年7月之后，粤路公司磕磕碰碰地走上了运营之路。但是，公司内部纷争不但没有平息，反而导致粤省商民和舆论界掀起了一场“反郑风潮”，并进而引发粤省官场地震，如日中天的宠臣岑春煊被迫离粤赴滇。

首先，我们来看看粤路公司差强人意的运作。

郑观应、黄景棠为维护他们身后“靠山”的利益，把官场和官督商办企业的陋习带到粤路公司日常事务的处理中，继续做出违律背章之事。1906年7月8日，在股东大会的督促之下，郑、黄决定补选董事局，但为了独断公司事务，故意把董事局选举日期定为1906年7月21日，导致远在外地的股东由于时间紧迫而无法参加选举。这种做法当然招致大多数股东的不满和反对。作为郑、黄的重要后台，广东官方为了替他们解围，公然置“地方官只任保护，不派督办，一切用人理财官不干涉”的商办章程不顾，由两广总督岑春煊于7月20日饬令改期于8月20日（光绪三十二年七月初一日）举行。而在选举之中，由于官方和大股东的操纵，出现了诸多不尽如人意之事，如加多或减少某人票数、所举某股东系某公司而非具体人员、冒名瞒举之类舞弊情事[3]。粤省官方为了压服广大中小股东，还将议事之处设于官衙林立之所，“营官兵勇、枪械林列，守护森严，……盖惧夫股东之或有暴动也”。副总办黄景棠还勾结官府，查封了羊城主持正义的报纸；由于清政府无权查封持反对意见的香港报纸，于是推出了不准香港报纸进入广东的规定，以压制舆论、防民之口[4]。同年9月，广州府陈守望向郑观应举荐苏铁卿到粤铁公司办事，作为公司章程拟定者的郑观应为了讨好官府并借助官力而维持其公司总办的地位，置其自拟“即大小衙署亦不得荐人”的规定如罔闻，设法安置了苏铁卿。

由于缺乏相应的管理方式和会计人才，加之主管人员之间讳莫如深，从而造成股金账目的混乱，这同样也使得中小股东难以容忍。为了争取粤路商办权，广大股东踊跃捐款，根据公司布告宣称：“集股四千万有余……所收股银迄八百余万”。无论是依据常理还是为了维护中小股东利益，公司都应该将

---

① 金士宣等：《二十世纪初各省商办铁路及其结局》，《北京交通大学学报》1977年第2期。

② 《陈陈杨三家代表派回号路股银始末记》“跋”，1908年版，第22～25页。

③ 《粤督奏陈粤汉铁路交商办理情形折》，《申报》，光绪三十二年十月初七日（1906年11月22日）。

④ 黄世仲：《可怪可怪所谓股东之大会议》，《少年报》，光绪丙午年五月十七日（1906年7月8日）。

股银准确地公布于众，并将其存于妥实银行。但作为总、副办的郑观应和黄景棠却将这项重要工作疏忽，以致商部直接干预此事，责令粤路公司管理层将股银应存妥实银行，并公示于众[①]。尽管商部直接催促，但郑、黄两人仍然迟迟未将股银存于何处公布于众以安人心，以致商民群起指责：“粤汉铁路，重事也；八百万资，巨款也。前既以不规则行之，今更经商部之电问，而终无以告人，则今后之责备，必有所归。恐所谓破坏路事者，又不知谁尸其咎矣。”[②] 尽管日后查账并未发现郑观应侵吞股款的证据，但由于金融市场的动荡导致了股款大量折损。国民政府时期的粤汉铁路南段管理局评论此事时，认为此乃一大失策：“不善于利用此项巨款，（未）开设铁路银行，而分存于源丰、润义、善源等银号，致被倒塌股银二、三十万元；而营业收入低折钞票损失，又不下一百数十万元；因此，粤路筑至韶关，股款均已用罄。”[③]

致力于干线商办的郑观应最终无法摆脱种种羁绊

郑观应未与股东商议，擅自废止华资厂家广生隆承办车辆的协议而让与美国窝臣公司承办，此举更是触动了绅商民众敏感的民族情绪。清政府商律为了防止利权外溢，规定商办铁路所需一切物料及其工程，凡华商可以接造者，必须先准华商承办；同样为了防止利权外溢，粤路公司章程第二十六节明确规定

① 黄世仲：《商部电致港商以粤路股银应存妥实银行》，《少年报》，光绪丙午年七月初一日(1906年8月20日)。

② 黄世仲：《商部电致港商以粤路股银应存妥实银行》，《少年报》，光绪丙午年八月初一日(1906年9月18日)。

③ 粤汉铁路南段管理局编印：《粤汉铁路南段管理局报告书》，1934年版，第86页。

不收外国人股份，第九节也有“（将来）须自设铁厂以挽外溢之利”之规定。1906年7月，华资厂家、港商广生隆公司曾与郑观应议定：广生隆依议定的价格承办车辆，其盈亏皆广生隆自任之；如果广生隆因为议定的价格过廉而偷工减料，导致承办之车式不及议定之车式，则粤路公司有权废除与广生隆的协议。1906年8月25日，郑观应电邀广生隆代表赴羊城面议。因其时为周六，无夜轮。广生隆代表只好乘次日夜轮赴广州，并将行期提前电告郑观应。不料，郑观应在美国窝臣公司高回扣的诱惑之下，以逾期为由，取消与广生隆签订的承办车辆协议，把车辆承造权交予开价很高的美国窝臣公司。郑此举尽管也出于美国公司产品质量更优的考虑，但毕竟违背公司宗旨并漠视股东们的意见，其结果自然是既不能服广生隆公司，也不能服粤路公司股东①。为了压制股东们的情绪，郑观应、黄景棠联合岑春煊，将股东中的反对者污蔑为“志图破坏”的“劣党”，并恐吓将以处理革命党的手段对待反对者②。

即便是作为总、副办的郑、黄两人也不能很好地合作共事。先是副办黄景棠贪婪权力，不但侵夺、限制其他代表员的权限，而且排挤郑观应，并对其进行人身攻击。作为总办的郑观应因无法有效节制黄景棠，多次欲托病辞职。

其次，我们来看看粤省商民和舆论界发起的“反郑风潮”。

公司管理阶层运作混乱并且引入官场势力为靠山，自然遭到了广大中小股东的群起反对。“反郑风潮”其实不仅仅是针对作为总办的郑观应，更是针对着其身后的大股东和地方督抚。

粤省绅商借助各种公开以及香港报刊，强烈反对总、副办维护大股东利益、无视中小股东利益的行径。如股商冯秉垣抨击公司领导不遵章程，维护其身后的善堂利益而不允许中小股东过问公司事务：“前者铁路招股章程，皆由善堂订定，商民咸以为公，认股之踊跃，未始不由于此；何图开办伊始，贵公司即不遵守章程，甚至不容股东干预，自食前言，全无信行，……是无怪股东之不能不有憾于贵公司也。”③ 再如郑观应违背商律而优先采购美国公司器材，不但与华资厂家广生隆发生龃龉，而且也被股东斥为“舍中取外、舍廉取贵、违律背章、擅改原议”④；广州报刊宣传家黄世仲更是抨击郑的行为：“今公司开始办事，而已如此，后来乌可问耶?”⑤ 1906年11月，黄世仲

---

① 黄世仲：《广生隆与郑观应之交涉》，《少年报》，光绪丙午年七月初一日（1906年8月20日）。

② 黄世仲：《郑官（观）应黄景棠倾陷股东之禀词》，《少年报》，光绪丙午十月二十日（1906年12月5日）。

③ 夏东元：《郑观应传》，华东师范大学出版社1981年版，第195页。

④ 颜廷亮、赵淑妍：《黄世仲和1906年的“反郑风潮”》，《兰州教育学院学报》2002年第3期。

⑤ 黄世仲：《广生隆与郑官应之交涉》，《少年报》，光绪丙午八月初三日（1906年9月20日）。

再次刊文指出由总副办在前台，由大股东（“善棍”）串联官府在幕后操纵公司的诸多行动，是维护少数人利益而损害多数股东利益的行为：“近来为吾粤之最重要问题者，则曰粤汉铁路是也；集千百万人之血汗，而成四千余万之资本，当事者宜如何公正，保护者宜如何郑重？乃前之大吏，任愚弄于三五善棍之手者何也？一般善棍，实为无耻之尤；……小人唯利，二三其德，见忽而集股有成，垂涎至地，深知非借官力不足以图染指；而当日粤中大吏（指岑春煊），愤于前者议加捐而囚黎绅之失败，忽变其政策，以利用善棍，而以收最后对于粤路之官权。”①

总、副办违律背章，将官府势力引入商办公司的行为更为舆论界矛头所指。如岑春煊和周馥两任粤督都借助郑观应而干涉粤路公司运作，中小股东们以及广州和香港多家报纸纷纷对此进行指责。商办公司成立、郑观应出任总办不久，股东冯秉垣抨击粤路公司总办、副办假商办之名而行官办之实，认为此举实在令当初力争商办的股东为之寒心：“先自失信，然则官办商办何必争之于初？”② 1906年7月8日，黄世仲则撰文揭露岑春煊通过郑观应染指公司内部事务，从而导致公司章程形同虚拟、股东大会议形同虚设的事实：“表面则曰‘官任保护而不干涉’，实则无一事非禀官而后敢行，是直官督商办而已。”③ 1906年11月23日（光绪三十二年十月初八日），股东陈德昌等人也在省港多家报纸上抨击郑观应违逆众股东之意愿而把粤路公司变为事实上的官督商办企业：“事事电禀商部督宪，无一无‘批示只遵’字样，明明养成官督商办之局。”陈德昌等人还进一步指出任由此种歪风发展，势必重蹈洋务运动时期官督商办企业中官商“串同作弊，耗折巨金”的覆辙。尽管陈德昌言之过激，因为后来经过查账证实郑观应在经济上并没有什么问题④，但将臭名昭著的官府势力引入商办公司已足以令粤人愤恨。

公司总办郑观应和副办黄景棠钩心斗角而影响路事的行为自然也逃不脱舆论界犀利的眼睛。当副办的黄景棠为所欲为、郑观应无法节制而欲托病辞职的时候，宣传家黄世仲先是揭露黄景棠的贪婪：“利权不可放弃，劣棍不可隐容，揽权武断者尤不可纵任，虽刀加吾颈，不易斯言矣！”⑤ 稍后又撰文指

---

① 黄世仲：《与周督书》，《少年报》，光绪丙午九月二十三日（1906年11月9日）。

② 夏东元：《郑观应传》，华东师范大学出版社1981年版，第195页。

③ 黄世仲：《可怪可怿所谓股东之大会议》，《少年报》，光绪丙午五月十七日（1906年7月8日）。

④ 夏东元：《郑观应传》，华东师范大学出版社1981年版，第198页。

⑤ 黄世仲：《铁路代表员又谋对待所谓总副办》，《少年报》，光绪丙午五月初八日（1906年6月29日）。

责郑、黄争权夺利，无视股东利益："夫今日之龃龉，固由积诸心而发诸口，即何难见诸行事？若辈不足惜，所难堪者股东耳！其始也合谋抵制股东，其继也则内部风潮、各分党派，渐则以一人抵制一人，则股东纵以总副办为各谋私利，恐亦无以自解矣！"[①]

当然，反对者由于情绪过激，故亦不乏夸张不实之言论。如 1906 年 11 月 23 日，杨西岩、朱若芝等股东条列郑观应罪状二十款于省港各报上，罪状之一就是以讹传讹地宣称郑观应与官府"串同作弊，耗折巨金"，主要例证就是"定窝臣洋行车价太高，约耗折九万元之多；更有甚者，粤省另一报刊《公言报》竟然毫无证据地指责郑观应等人侵吞价银十万元以外"[②]。显然，这种"罪状"就与事实严重不符了。为此，郑观应好友吴尹全等人在"罪状"登出来后即逐条加以辩驳，并拟把"辩白辞"登诸报章。在 1906 年 11 月 27 日召开的铁路公司会议上，到会股东近七十人为郑辩正，"罪状"主稿者之一朱若芝被众议事员群起而攻之。事后查账也确实未发现郑观应在经济上存在什么问题。

再次，我们来看看清廷介入粤路公司的人事调整。

粤路工程浩大、公司股款繁多，财政枯竭的清廷自然不能等闲视之。岑春煊和公司大股东抱成一团，与广大中小股东已成水火之势，这不但使得粤路公司无法正常运转，而且很容易激成粤省民变。而若欲化解粤路公司内部对峙，除了将民愤极大的岑春煊调离粤省外别无长策。

与此同时，政敌的暗算以及粤省官场的排斥使得岑春煊离粤更成为定局。岑"志大而疏于计、气盛而短于谋"，为挽救清朝残破河山，虽竭尽全力却也显得事事操之过急。他不但为筹措各类款项而横征暴敛、竭泽而渔，路事问题上更以强硬手段对待绅商民众，而且在官场内部同样也因性子过刚导致树敌太多。晚清风气糜烂，官场"商业化运转"已然公开化，卖官鬻爵已是政府财政收入的重要来源。其中批发红顶子揽财的生意做得最火爆的当属朝中首辅、庆亲王奕劻，被世人称之为"老庆记公司"。在奕劻门下捐纳巨资，豪门子弟、富商大贾可以买到实职或者做官的资格，在职官员可以青云直上，革职官员可以官复原职；而且奕劻卖官不拘泥政治偏见，留洋归来的著名革命家吴禄贞也从其处买到要职；当然更不辨亲疏，只认钱财，袁世凯和盛宣怀都与奕劻私交甚密，但奕劻知其家底，所以勒索价位也高于常人。岑曾在慈禧面前发誓要做大清朝忠实看家狗，督粤期间倚借慈禧的恩宠，毫无顾忌地整顿官场买卖风气，时人称之为"屠官"；贪婪成性的奕劻及其遍于天下的

---

① 黄世仲：《总副办龃龉之发现》，《少年报》，光绪丙午五月二十六日（1906 年 7 月 17 日）。

② 夏东元：《郑观应传》，华东师范大学出版社 1981 年版，第 196 页。

门生故吏，自然成为岑春煊戮力打击的对象，尤其是逼令葡萄牙引渡裴景福和查办广州海关书办、驻比利时公使周荣曜两案尤其引人注目，时人皆知此举是剪奕劻之手足。岑的举措必然招致不幸，因为按照“家天下”逻辑，大清江山首先是爱新觉罗家的江山，庆亲王卖官鬻爵是皇室家事，“看家狗”是无权干预主人偷盗之事的。

急欲倒岑的粤省官绅得知岑春煊得罪了亦主亦盗的奕劻，立即抓住机会大做文章。各路人马在香港聚会商讨之后，决定重赏求良策以倒岑：“有能使岑屠离开两广者，赏港币百万。”当时云南片马正好爆发民变，粤省官绅纷纷到京城尤其是奕劻门下为岑春煊“跑官”，皆言岑经天纬地、精忠报国，且是将门之子，戡乱统帅非其莫属。奕劻报仇心切，但又因为岑春煊“天眷正隆”而无从痛下杀手，干脆接受粤省官绅的建议，做个“顺水人情”，“内举不避仇”，向慈禧推荐岑移督云贵“以树不世功勋”。最终，清廷中央于1906年9月中旬谕令岑春煊调任云贵总督。岑当然不愿舍弃粤省多宝之地而移督云贵瘴疠之区，卸任两广总督后负气在上海称病不出。

岑春煊卸任之后，新任两广总督周馥立即代表清廷介入商办粤汉公司内部事务的处理。周馥接任两广总督是有两大因素促成的：其一，岑春煊督粤期间，诸多过火措施使得绅商民众乃至官场一片喊打之声，削弱了清政府在粤省的民心基础，清廷为收揽粤省人心只得另选贤能；其二，岑春煊的政敌、北洋派系的首领袁世凯正在南北各地扩张势力、争取民心，在粤事棘手之际，自然多方运动朝中势力尤其是庆亲王奕劻，以使其亲信代替岑出任炙手可热的两广总督之职。当然，粤路公司因为内部的纷争不息而无法继续运作，也不得不延请新任总督介入协助。目睹公司在内争中不能自拔，大多数股东的心情正如日后《伤心粤路人投稿》中所披露的：“乃督办之各绅董，视此路为奇货。办事之绅董，多至数十名。每一董必携带私人数百，尽位置于路局内。各董之目光注视铁路，如饿虎群视肥羊，馋垂涎刻刻流注。闻局内报销册，吃水烟所用之纸吹，每岁报销十二万，见豹一斑矣。”[①] 其时粤路股东除了寄希望新任总督体恤商民、公正办事之外，实难寻他策：“且足下曾查办黎绅一案，殆深知粤路风潮之原起者也。……而个中人复明目张胆，任意妄行，则非足下实不足以实力维持其终局而反正之也。股东之血汗辛劳，路事之前程远大，粤人之翘踵而望足下者。”[②]

岑春煊虽然离粤，但仍然致电要求周馥替其继续在粤路公司中打压异己

---

① 《伤心粤路人投稿》，载《民呼日报》宣统元年五月二十九日（1909年7月16日）。

② 黄世仲：《与周督书》，《少年报》，光绪丙午年九月二十七日（1906年11月13日）。

分子："略谓港中某党，屡欲破坏粤路，并拟乘新旧交代，鼓动风潮，以行破坏。"[①] 然而北洋诸将与粤省官场和绅商民众素无过节，加之其对时势甚为洞明：即欲拥护一姓之朝廷，恐亦不易再有三十年之命运也，为保大清国祚而开罪粤省民众实属不智[②]；粤路公司在粤省乃至海内外牵涉面极广，当此之时，采取怀柔政策收揽人心以观时势变化，实为进退两相宜之策。

周馥到粤之后，立即与股东们会商，"特设铁路公局，以藩司胡为总办，沈道桐为会办，会集绅商到局，稽查收款股银"。1907初，公司对上年开支进行查账，发现收支账目大多暧昧不明。中小股东们再也无法对公司总、副办表示信任，于是召开股东团体会维持公益。因为公司内部斗争而焦头烂额的郑观应以回澳门葬亲守制为名辞去了公司总办之职务，副办黄景棠也深知众怒难平而知难而退，辞去公司副办之职。

为避免公司继续争执而使路事功败垂成，周馥命令众股东举总办和副办，来暂时管理铁路事务，以免路事拖延。在新任总督的调停之下，众股东选举伍廷芳为代理总办，张振勋为代理副协办，代替退职的郑观应和黄景棠而暂时主持路事，并商定1907年5月2日（后因故延期为7月11日）召开股东大会，宣布上一年的结算，并且按照商律章程公举正式的总理和协理。

周馥的一系列措施既干脆利落，又顺乎舆情，体现了崛起之中的北洋派系一贯作风。在查账过程中，曾受岑春煊暗中支持而把持公司事务的个别大股东野蛮地阻挠有关人员与股东代表查核铁路公司账目："乃徒闻喝打喝赶之声，不绝于耳。以公司几为用武之地，以查数几为开战之机。"[③] 但是由于周馥的人力支持，股东代表查账工作得以顺利进行。粤省绅商民众颂声四起，时人编出《路棍骂查数员》一剧来反映粤路公司在岑春煊和周馥治下冰火两重天的情景：岑督粤期间，粤路公司在一帮善棍的把持下，自恃有强大后台支持，胡作非为，违商律，背路章，把一个粤汉铁路公司搞得乌烟瘴气；周馥新任两广总督后，顺乎舆情，整顿公司，清查账目，打击了善棍们嚣张气焰，得到了广大中小股东衷心的支持[④]。

1907年7月11日，粤路公司召开股东大会公选总办和副办，邮传部在周馥电请之下派员来监察选举，以示公正，各省铁路公司也应邀派代表前来参观。开会之时，股东们严格遵律照章选举，"整肃异常"；经过与会者激烈讨论和妥协之后，最终选举罗宝臣（廷光）为总理，黄景棠为协理。

① 《铁路公司中人尚洋洋得意耶》，《少年报》，光绪丙午九月二十八日（1906年11月14日）。
② 黄世仲：《与周督书》，《少年报》，光绪丙午九月二十六日（1906年11月12日）。
③ 黄世仲：《路棍骂查数员》，《少年报》，光绪丙午十　月二十二日（1907年1月7日）。
④ 黄世仲：《路棍骂查数员》，《少年报》，光绪丙午十一月二十三日（1907年1月7日）。

但罗宝臣深知公司内部纠纷太多，唯恐重蹈郑观应之覆辙而坚辞不就。恰好驻美大使、粤汉铁路的赎路功臣梁诚任期届满，将于1907年10月回国，并因“适丁内艰”而回广东番禺老家守制[①]。由于梁诚威信卓著，粤路股东纷纷推其为公司总办，借助其威信以消弭股东内部纷争，使粤路公司运营走上正轨。梁诚本来就一直关心粤路进展情形，在此商办困难时候挺身而出、临危受命[②]。梁诚在粤省父老心目中享有相当高的声誉：梁与詹天佑、唐绍仪一样，皆因“留美幼童”的经历而成为栋梁之材；在粤汉赎路事件之中梁诚力挽坏局争保主权，居功甚伟；在1901年醇亲王载沣率团赴德国“谢罪”期间，随团前去的梁诚不畏强权，断然拒绝德皇要求华使行叩头礼的无理要求而坚持行鞠躬礼，为时人广为称颂；在争取列强退还庚款之事上梁诚同样功不可没，先是美国所收的庚子赔款超过了应付数额，梁诚等人从1905年起就据理力争、反复交涉，并最终在1907年通过外交斡旋促使美国退回多收的2792万美元以资助国内“兴学育才”。

梁诚出任商办粤路公司总办之后，立即着手整顿公司内部管理。他首先把公司的体制从总办制改为总理制：设总理一人，协理一人，总、协理之下设坐办四人，分任车务、购地、工程等事[③]。工程师的人选关系路事成败，梁诚和众股东一再商议，认为总工程师必须由学识超群、德才兼备、功勋卓著的粤籍人士担任，如此方能深孚众望，消弭纷争。当时股东们一致认为符合以上条件的工程师非詹天佑莫属（詹虽祖籍安徽婺源，但出生于广东南海，自可为粤人所认可），但是因北方京张铁路事务繁忙，詹天佑分身乏术。詹天佑、梁诚的留美同学邝孙谋便担任了粤路总工程师。

由于梁诚和邝孙谋等粤路领导者德才兼备而且勤于事务，其业绩得到了广大股东的赞许。加之梁诚有着特殊的社会地位和背景，故而能够妥善地化解官方与股东之间的矛盾，为粤路公司运转减少许多不必要的纠葛。在梁诚的主持之下，粤路公司运转逐渐走上了正常化道路。当然，由于国人尚缺乏管理商办铁路公司经验，所以比起外资铁路，粤路工程的进度还是差强人意。由于缺乏完善的规章制度加以管理，工人放任懈怠，工程进展缓慢；管理层效率低下，浪费严重，贪污盛行[④]。1909年，粤路公司股东内讧再起，梁诚和总工程师邝孙谋都陷入了复杂的人事纠纷中难以自拔。同年，梁诚随海军考察团出洋考察，又将于次年出任驻德公使。尽管他本人想从棘手的人际纠

① 罗香林：《梁诚的出使美国》，香港中文大学亚洲研究中心1977版，第45、46页。

② 曾鲲化：《中国铁路现势通论》，化华铁路学社1908年版，第320页。

③ 《交通史路政编》（第16册），第278页。

④ 经盛鸿：《铁路巨匠：詹天佑》，南京大学出版社2000年版，第225页。

纷中抽身而出，借机放弃公司要职，但他仍然为公司出谋划策。恰好同年9月詹天佑主持的京张铁路提前两年全线通车，工程费用只及外国人估价的五分之一，海内外为之惊叹。在京张铁路竣工后不久，梁诚立即动员詹天佑回粤省主持路事，心系家乡建设的詹天佑很快应允梁诚的请求。1910年10月，公司股东公推詹天佑为公司总理兼总工程师，黄仲良为协理。

在詹天佑的领导之下，粤路公司在几个月内就将行车、购地、储料及筑路等事项逐一整理，有条不紊。在纪律整顿方面，他先对公司各机构与人员进行整顿。如针对粤路公司机关人员上班时敷衍懒散、大吃水烟一事，他严格规定公司人员在上班时一律不准吸烟，从而使得公司风气为之一新。在施工方面，詹天佑在短时间内将各种事项整理清晰，并身先士卒，亲自督率员工落实源潭向北面的黎洞、连江口、英德一线的路工进展。在从黎洞向连江口进展时，途经长3公里余的盲仔峡，江身狭窄，悬崖峭壁，下临急湍江流。詹天佑亲临指挥、镇定自若，出色完成艰险的路工与隧道工程。此诚如汪敬虞先生所云："詹天佑被举为总理，着手整顿，排除'殷绅'的干预掣肘，在建设上也取得了较好的成绩。"① 1911年詹天佑任满之时股东极力挽留，再次进行选举，詹天佑得票最多，乃复留任。

在工程进展的同时，粤路公司还对已成线路进行了实验性运营，并取得了很好的成绩和经验。即使在稍后时局动荡之时，粤路公司广大员工仍然努力使列车照常运行，保护铁路财产不受损失。兹将清末民初公司营运成绩罗列如下：

表3-1 商办粤路公司营运收支 （单位：万元）

年份	收入	支出	盈余
1907	4.1	2.3	1.8
1908	16.8	10.1	6.7
1909	30.5	23.5	7.0
1910	36.2	30.4	5.8
1911	47.1	29.4	17.7
1912	53.7	29.1	24.6
1913	97.2	34.8	62.4

① 汪敬虞：《中国近代经济史（1895—1927）》，人民出版社2000年版，第2003页。

（续表）

年份	收入	支出	盈余
1914	105.2	55.9	49.3
1915	105.8	133.5	－27.7
总计	496.6	349	147.6

资料来源：《交通史路政编》（第16册），第334页。

经过了人事整顿之后，粤路公司尽管仍然运转维艰，但毕竟走上了营业盈利之路，成为近代中国铁路干线商筑商办的典范。

晚清商办粤路公司所面临的种种困难以及内部纷争，以往学者很少关注，或者仅仅一笔带过。造成这种情况的原因之一是学者们往往站在商民立场上考察保路运动，如果把商办公司内部困境公布于众，则商民争取继续商办的合理性就“稍显不足”；再者，由于造成这种困境的主要负责人之一、当时担任总办的郑观应是中国近代史上赫赫有名的爱国者、思想家、实业家和诗文家，其思想和业绩对中国近代社会产生了极为深远的影响，是故有学者出于“为先贤者讳”而没有把其主持路事中的种种失策详细披露和总结。如夏东元先生在其著作《郑观应传》中就认为郑观应在“反郑风潮”遭到了伐异者的借机攻击，受到了不应有的风波和挫折，而对郑观应本人因主观和客观原因所造成的错误举措则罕有涉及。

在此，我们要尽量公正地、一分为二地看待这些问题。首先，我们必须认识到在中国近代社会中，商办铁路公司是不可能脱离官方干预的，而粤路主要股东、日益崛起的绅商阶层欲排拒官方势力的干预也必然会引起各种纷争。粤路公司尽管仿照西方股份公司而设立了一套完整的规章制度，明确且详细地规定了公司股权、选举、办公、监察等事宜，并约定公司股东和职员应恪守章程。但股份公司的组织和办事规则是衍生于西方资本主义世界社会经济和文化土壤之上的。这些规则传到中国之后，要经过很长一段时间的“消化”之后方可为中国人所娴熟地掌握，这个“消化”的过程包括接受、学习、理解和运用。但当时中国人对股份公司的认识显然缺乏了一个渐进的“消化”过程，仅仅知道股份公司所采纳的经营权和所有权分离、“政企分家”、股东集资和监督制度有利于维持公司的良好运转和更好地维护股东利益。但在股份制引入中国之前，中国传统社会的经济和文化土壤就孕育了独具特色的商业运转规则，这个规则就是官商联合（从贬义角度而言则可称之为“官商勾结”）。在中国传统社会里，大凡成功的商人商帮都有着深厚的官场背景，在清代富羡海内的豪商如山西票商、江南丝商、两淮盐商和广东行商等都通过交通中央职能部门才获取了经营特权、乃至垄断权；当然，对于政府而言，它也相当乐意“出租”自己手中的权力给商人以换取丰厚的利益。在清朝中央集权统治牢固的时代，官商之间的权力和经济交易主要出现于中央相关职能部门和豪商之间；在中央集权衰落的晚清，官商联合则更多地出现于地方实力派与商人之间，胡光墉、唐廷枢、郑观应、徐润和盛宣怀等人的崛起，以及轮船招商局、上海织布局、湖北缫丝局、华盛纺织总厂、上海电报局和中国铁路公司等著名企业的兴办，即是当时地方官商合作频繁的明证。官督商办企业与内务府督办的盐业专卖，它们经营管理的“精髓”极其相似，只是督办者与产品不同而已。但无论哪种形式的官商联合，都证明在近代中国的社会经济和文化环境中，商业的运转诚难脱离官方干预。

詹天佑（站立于上层钢梁正面者）在商办粤路工地上与工程人员合影

源自西方社会的股份制商办公司在当时的中国尚未有很成功的先例，即使是手拟《商办广东全省粤汉铁路有限公司章程》的郑观应，他从前在商业上取得的成功，也是借助疆吏的政治权威而取得的。因此，在商办铁路公司尚处于探索的阶段，“红顶商人”郑观应难免“中西结合”，把中国传统商业运转模式（即商借官势、官资商利）引进商办公司中去。官方当然也对纯粹的商办企业是否能在中国成功运转“不放心”，更主要的是要在铁路兴筑中分享一杯羹以弥补严重亏空的国库，染指公司事务便是必然之事。加之粤路总办郑观应与朝中的盛宣怀（曾经也是经营官督商办企业而叱咤风云的“红顶商人”）、两广总督岑春煊有着非同一般的私人关系，浓厚的官场背景已经注定了名为商办股份制企业的粤路公司“官督商办”色彩相当浓厚。

因此，正如任何新生事物的产生和发展都必然经过种种曲折一样，商办粤路公司刚开始运转就出现了这种大股东操纵公司事务、领导者互相拆台和“官商勾结”等等损害股东利益的情况都是很正常的。即使不是郑观应而是其他人担任首任总办，类似的“风潮”也是不可避免的。郑观应在总办任期即将结束的时候，曾赋诗言意：“……何图事变生，疆帅忽更易。水火起局中，树党相攻击。……利恐归渔人，相持成蚌鹬”（郑原注：“时议有归官办理之说。”①）夏东元先生认为郑观应尽管因公司内部风潮而被迫辞职，但仍是坚持商办反对官办的，他希望商人团结起来经营铁路，不要搞成鹬蚌相争、“利归渔人”的局面。这个“渔人”就是“归官办理”，这个“官”就是指以袁世凯为首的北洋官僚②。果不其然，郑观应尚未离职，刚刚上任的两广总督、北洋派系的周馥就推荐与北洋关系较密切的伍廷芳和倾向性不甚明显的张振勋接办粤路，只是由于岑春煊不同意周馥的做法而“开正式会举总、协理”③，周的目的才未能达到。这说明无论公司章程如何标榜与官无涉，“商倚官权、官资商利”这一在中国沿袭千年的商场潜规则仍然在起作用，只不过这“官”或为中央或为地方、或是这一派系或是那一派系、或系这一统治集团或系那一统治集团而已。对郑观应“倚靠官场”行为抨击最为激烈的黄世仲承认郑人品上并不存在什么问题：“郑氏性本愚厚，吾敢信其非争权之人也”；“总办一席，或非郑氏好自为之”，而实在是少数大股东以及官方“所欲得傀儡而利用之者也。”④ 这与其说是郑观应个人的悲剧，毋宁说是商办粤路公司乃至当时中国民族资产阶级及其事业的宿命。

当然，我们也要一分为二地评价官方介入公司内部事务的做法。商办铁路公司之所以出现这种混乱的局面主要是官方介入造成，但另一方面也是由于当时中国资产阶级仍然相当稚弱、无法娴熟地整合其内部力量而造成。“反郑风潮”的最终解决是借助于官方的调停；日后粤路公司在梁诚、黄仲良、邝孙谋和詹天佑等人的主持之下逐渐走上了正轨，虽然这是公司全体股东和员工借鉴了前期经验而取得的，但我们从中亦可以看到政府干预之功：梁诚、詹天佑等公司领导者都与官场有着千丝万缕的联系，他们是在公司运转陷入困境之后由官方主持选举而登上领导地位的。

其次，我们也要看到，尽管商办粤路公司内部矛盾重重，但是股东和公司

① 郑观应：《罗浮待鹤山人诗草》卷二，上海人民出版社1982版，第53页。
② 夏东元：《郑观应传》，华东师范大学出版社1981年版，第203页。
③ 《李裕昆致郑观应函》，光绪三十三年四月初二日（1907年5月13日），上海图书馆未刊资料。
④ 黄世仲：《铁路代表员又谋对待所谓总副办》，《少年报》，光绪丙午五月初八日（1906年6月29日）。

领导者一直没有放弃建设粤路的努力。公司首任总办郑观应尽管维护大股东利益和把官场势力引入公司的行为受到中小股东们的抨击，但他仍然顶住种种压力而竭力为公司募集股款。如郑观应出任总办前，公司所招股银只有二百余万股，郑出任总办之后，不仅自己全家全族认股，郑本人“有五千股，舍亲约有八千股”[①]，而且他还借助自己的威望号召亲属以及海外华侨和国内官商各界中的朋友出资购股。郑观应后来也回忆说：“（上任）事仅百日，招得八百余万股。……原拟招四百万股，竟加至一倍，是为中国实业自来所未有。”[②] 在郑观应和广大商民的努力之下，公司所招股银迅速在一个多月内猛增至 8 817 565 份，根据每股 5 元计，资金总额为 44 087 825 元，经过各种折扣之后，实收股银 2 626 万余元[③]。兹不妨将粤省绅商 1906 年至 1909 年集股成绩列表如下：

表 3-2 粤省粤汉铁路有限公司集股成绩（1906 年 7 月至 1909 年 3 月 20 日）

项　目	款　额
丙午年 （1908 年）	
第一期小股银	6 848 644.64 两
各善堂交来（大元）银	83 740.00 两
各善堂交来小股港币	900 753.46 元
香港 21 家代收小股港币	520 511.51 元
丁未年 （1907 年）	
崇仁、广正两堂交来丙［午］年小股港币	205 000.00 元
戊申年（1908 年）	
沪分局交来（大元）股银	266 756.00 两
己酉年 （1909 年）	
省、佛、港、澳各善堂代收二期股银	2 311 793.938 两
沪分局代收二期股银	16 712.35 两
沪分局交来股银	179 702.00 两
香港分局代收二期股港币	603 394.97 元
沪分局代收二期股港币	20 000.00 元
总　计	银 8 856 852 828 两； 银（大元）85 049 600 两； 港币 225 265 976 元

资料来源：宓汝成《中国近代铁路史资料（1863－1911）》，第 1 055 页。

① 《郑观应致誉甫函》，1916 年（民国五年），上海图书馆未刊资料。

② 《郑观应致誉甫函》，1916 年（民国五年），上海图书馆未刊资料。

③ 《交通史路政编》（第 16 册），第 321 页。

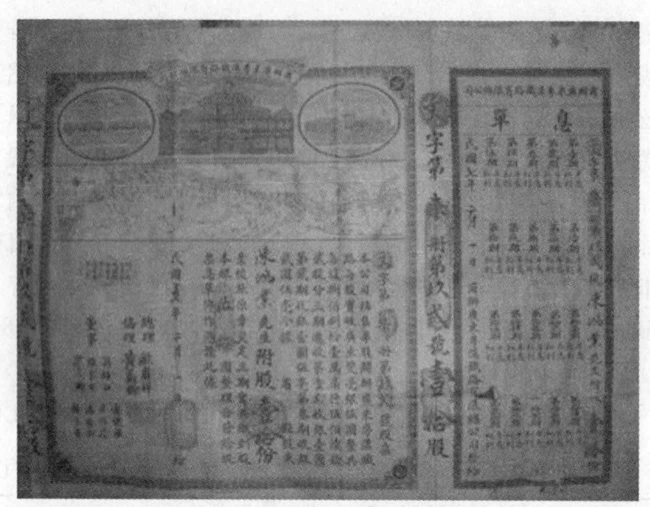

商办广东粤汉铁路有限公司股票

尽管后来公司陷入风潮之中，但公司领导者、股东以及广大员工都能做到以路事大局为重，尽量不让路事因内部纷争而耽搁。如郑观应在《粤汉铁路风潮歌和大埔李生韵》一诗中就曾写道：“……何如泯意见，协力同心谋。平心忘毁誉，公道无恩仇。惟望铁路成，毋为中国羞。”[①] 诗中表达了作者认为应该把公司内部纷争与铁路兴筑分开看待，自身忍受种种压力但仍继续推动路事进展的抱负。而事实上，郑观应也是这么做的，时人曾如此评价郑观应顶住舆论压力而继续主持路事：“迴念春间风潮艰阻，势濒解散，同人公议敦请主持，蒙公热心担任义务，伫辛伫苦，任怨受劳，得有今日。功罪自在，公论自在。”[②] 正是因为郑观应能以大局为重，所以即使在“反郑风潮”之中，铁路兴筑工作也一直在进展。夏东元先生在《郑观应传》中就对郑在主持路事中的贡献做出了高度评价：郑观应对粤汉铁路的创办是有贡献的。除招股外，诸凡招聘工程师、购买器材、购地鸠工、重勘线路等，都做得井井有条。为了铁路工程进行顺利，免遭掣肘，郑观应提出设学堂、开银行、办机器厂三者与公司相辅而行，以做到自力更生。他说：“不设学堂，则工程管理事事乏才；聘用客卿，终非良策。不开银行则转输不便，宜速聘财政专家妥拟章程，先设银行于省城、香港，其余各埠暂托殷商代理。……不办机器厂，则轮机、桥梁一切应用器具必求之外洋，靡费既多，漏卮可虑。此三者实与公

① 邓景滨：《郑观应诗选》，澳门中华诗词学会1995年版，第108页。

② 《广州总商会致郑观应函》，《广州总商会报》，光绪三十二年十月十五日（1906年11月30日）。

司相辅而行，交资为用。”这就是要切实解决修建铁路中的技术人才、资本周转和器材设备等关键问题。在他的努力下，粤汉铁路中的高塘干路很快于1906年8月11日开工[①]。

在广东全省商民的支持以及员工的共同努力之下，内部矛盾重重的粤路公司筑路成绩仍然堪称当时商办铁路公司中之佼佼者。兹将其成绩罗列如下：1901年由合兴公司兴工修筑三水枝路一段；1904年工竣通车时，粤汉干线购地至三华店，土方筑至高塘，敷轨至棠溪而止；1907年通车至江村；1908年正月通车至新街，3月通车至银盏，11月通车至源潭；1909年9月通车至滙江，12月通车至石碑坑；1910年5月通车至横石，9月通车至黎洞[②]。

过去有些学者由于受“左”的意识所左右，对于稚嫩的粤路公司内部管理混乱的情形多有回护；而今天有些学者在该问题上则采取矫枉过正的态度，对商办铁路公司因经验不足而酿就的混乱情形则加以笔伐，以此论证官方“铁路国有”和干预商办铁路公司的合理性，这些做法都不能使我们全面地评价商办粤路公司的功过。粤路公司在晚清时期所遭遇的困境是衍生于西方社会经济环境中的商办股份公司移植于中国社会所必然遇到的，但广大商民没有因为公司内部纷争而放弃兴筑和经营铁路干线的努力，使粤路建设在困难中继续推进，这是值得肯定的。时至今日，我们对近代史上类似的情况如“西学东渐”、“西技东渐”、“西政东渐”所遭遇的种种国内阻力都能给予客观、平和的评价，那么对于同样是由西方移植至东方土壤上的股份公司所遭遇的困窘情形也应给予公正的评价。正如前文提到的武训办学一样，我们今天更应该这样评价：肯定其成果，承认其不足，理解其无奈。

在此，我们顺便回顾一下湘鄂两路进展情形。在清朝败亡之前，湘鄂两路大部分时间内都维持着官督商办和官办的形式。但是，两路根本无法筹足筑路经费，更毋庸提干线修竣运营之事：鄂路开工之后就一直没什么进展；湘路工程从1907年12月起由盛宣怀用官款修建已经通车的株萍铁路株洲车站至长沙新河车站一段，长50公里[③]，但很快由于款项难以为继而停工。1910年8月，盛宣怀任邮传部侍郎，邮传部特派员查核湘鄂两路筹款情况奏报说：湘路需银2800余万两，仅开筑株洲长沙间50公里，筹得银385余万两，已支出348余万两，现实存36余万两；鄂路尚未实测，约需银6000余万元，官款收支相抵，先存30余万两，商股只验得大清和交通两银行存款银

① 夏东元：《郑观应传》，华东师范大学出版社1981年版，第194页。

② 《交通史路政编》（第16册），第281、282页。

③ 《交通史路政编》（第16册），第56页。

63余万元。“工既未兴，款仅得此，商民之力已见一斑”[①]。邮传部的意思不言而喻：在中国筑路，无论是官款还是商款都不可依赖，要想路事速成，非借外款不可。

依赖国内资本筑路非但不现实，而且容易惊动统治者脚下的冰山火海：“四川、湖南，现因兴造铁路，创为租股名目，每亩带征，以充路款。……湘民本非饶足，若数年之间，强逼之百姓出此数千巨万之重赀，此路工一日不完，路利一日无着，深恐民穷财尽，欲图富强，而转滋贫弱。”[②] 但是，在民族情绪高涨、政府威信急剧下跌的清末，重提借款筑路之事，其结果又将如何呢，这是我们下文要分析到的。

① 《交通史路政编》（第14册），第84页

② 《交通史路政编》（第2册），第884页。

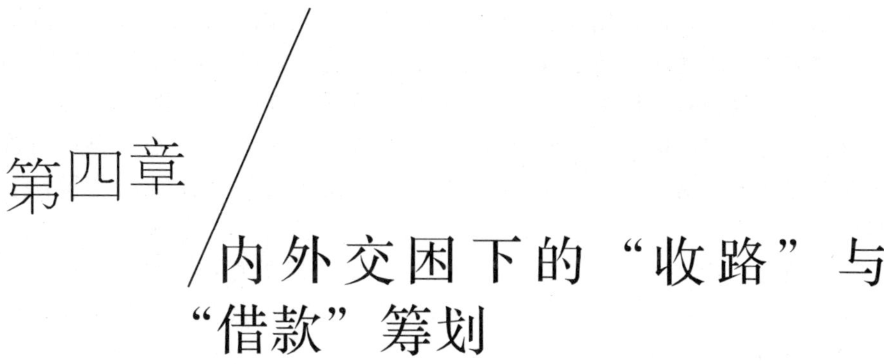

第四章　内外交困下的“收路”与“借款”筹划

国之利器终不可轻易示人，清政府在铁路干线经办体制上所做的退让只是权宜之策。张之洞等负责人一直坚持着“干线国有”和“借款筑路”的主张，他们与列强商借筑路外债的计划和行动从来就没有停止过。在干线商办举步维艰乃至丑闻迭出之后，清政府立刻祭出酝酿已久的“收路”与“借款”之策。但在风雨飘摇的晚清，清政府的对内对外交涉注定是越走越被动。

第一节　干线国有和借债筑路的再探索

清政府将粤汉铁路收归国有和借债筑路的过程可分为三个阶段：1906—1908 年为论证和准备阶段，1908—1909 年为逐步展开阶段，1909—1911 年为全面开展和失败阶段。

1906—1908 年，粤汉铁路尤其是粤路商办正在艰难而又如火如荼地进行。与此同时，负责干线兴筑事宜的清政府大臣也在紧张地对“干线国有”国策进行重新论证，对外借款谈判更在积极筹划之中。

我们先来看看清政府对筑路方针的重新酝酿。刊登在 1906 年第 4 期的《商务公报》上的《商部请统筹全局路线折》表达了商部官员对干线自办中政府要“内争官权”、“统筹全局”的呼吁。该奏折认为，在目前的情形之下拒绝外债、干线商办虽是好事，但是绅商办路，未能统规全局，以致各省所定之路线往往省界分明，各存畛域，轨制不一，且线路轻重不分，这反而不利于大局：“论目前开通风气起见，各办各路，原似无妨，惟通国之有铁路，一如大陆之有江河，源远则流长，枝多则干盛，下流以上流为来脉，上流以下流为尾闾，互相灌输，乃足以宏翕受。若枝节为之，将来通国铁路告成之日，势必有参互复沓骈拇枝指之虞，于日后修养之需，亦恐难操胜算。”当务之急应该先由各省疆臣遴派工程测绘人员核定线路之干支缓急，然后再招商认股筑路，以达到“枝干相维，脉络相贯，无虚糜之工程，有周行之利赖”的目的①。

坐镇鄂、湘、粤的封疆大吏直接经办干线兴筑事宜，他们不断权衡干线“商办”和“官办”的利弊，对“内争官权”、“统筹全局”有更迫切的要求。

1906 年 6 月至 12 月间，湖南绅商多次与张之洞会商，要求湘路归商办，但张之洞坚决反对湘路全归商办，并上折清政府重申湘路必须官督商办。张之洞反对湘路商办的理由主要是：“铁路关系全国之脉络，政令之迟速，兵机之利钝，民食之盈虚，官民智识之通塞，故其利弊之权，则必操之于国家；筑路涉及事务繁多，如购地迁坟、掘渠开山、盗窃物料等等，非借官力无法解决。”②

为了拓展在华势力范围，英商濮兰德在 1906 年至 1907 年间多次会见主管全国铁路的邮传部高官和张之洞等疆吏，陈说中国铁路放归各省自办必然失机废事。濮兰德（1863—1945）可谓“中国通”，曾经在中国担任海关官员，是赫德的机要秘书，并作为《泰晤士报》的记者走访和游历中国各地，与李鸿章、张之洞和岑春煊等高官都有过交往，特殊的阅历使其在中英粤汉铁路、川汉铁路牵线活动中发挥了举足轻重的作用。

濮兰德所列举商办铁路弊端主要如下：其一，华商承办铁路方法固然妥善，但需款以数亿两计，华商是断断不能集此巨款的；其二，各省独力承办干线，不但使中央政府统筹路事工作步调不一，而且会弄巧成拙，由经济纠纷酿成政治危机：“现定办法，准令各省自行主持办理铁路，此后纷纭纠葛，莫衷一是终必损及中国政府之利权。总之，其关系乃酿成一至不善之结果，若再令有收取他项捐款之权，以助铁路局之益，则适足令民人心目中，见造铁路，即见一新增之弊、新受之累矣！如此办法，则创办铁路、本为国民兴莫大之利者，转成为生事拂意之举矣。”③ 濮兰德的建议引起了张之洞等高官们的很大共鸣。

1907 年 5 月，岑春煊上折要求统筹全国铁路事务。首先，他从军事地理

① （清）农工商部商务官报局主编：《商务官报》第 4 期，光绪三十二年闰四月（1906 年 5 月），第 16 页。

② 《张文襄公全集》卷六八，第 8、15 页。

③ 黄昌年：《粤汉铁路保路始末记》，湖南文史馆 1999 年版，第 204 页。

和经济地理的角度来论证中央统筹干线工程的必要性。铁路建设的最终目的是富国强兵，作用于经济目的的铁路多筑于繁盛之地，见利较快，而作用于军事目的的铁路多筑于荒沓之野，故而见利较迟。而在国家内忧外患、财力微薄的情况下，军用和民用铁路的建筑孰先孰后是个棘手难题，为了解决这一问题，中央统筹之功是不可或缺的：“由建筑而言，苟非商路先营，将修养无资，而军路亦难期推广，依计划而论，苟非军路先定，将征调失措，而商路亦不免杂糅。盖商路在轨多为枝，虽建筑宜先，而计划宜后，军路在轨多为干，虽建筑宜后，而计划宜先。枝干后先，实有不容稍忽者。”[①] 其次，他从政治地理角度来论证统筹路工的必要性：“且铁路之经纬版图，犹山水之经纬大陆也”，以铁路补地理所不足，必先分清主次急缓，循序施工。岑春煊还以京城为中心规划了急造的四大干线：“自京城南出，遵京汉、粤汉线抵广州湾曰南干。自京城北出，遵京张、库张线抵恰克图曰北干。自京城东出，遵关内外、东三省线，抵爱珲城曰东干。自京城西出，应创设京陕、陕新虚线以抵伊犁曰西干。”四干如果能够从速督办完竣，则朝廷必能有效驾驭全国政局：“并拟请日后于四干所起，由邮传部奏派督办四员驻焉，于四干所讫，由朝廷持简大员，领重兵驻焉。欲其权轻，则退为四镇；欲其权重，则进为四征。平时则为四方护贡之师，有事则为四道勤王之旅。宅中图大，控御穷边，策无善乎此矣。”[②]

邮传部尚书陈璧等中央官员对岑春煊的提议表示赞同，并上折由邮传部、陆军部、农工商部通盘筹划全国路政：“臣等详核各省官商铁路图说，错综贯串，绘为总图，为干为枝，粗有端绪。拟俟部章稍定，即行派员偕工程司携图四出，如有增改轨线之处，随时注记。并将各省缓急情状，一一详报部中届时重绘详图，附以简表，一俟图表告竣，再行分颁各省，俾得按图对表，划段程功，庶几各省得通力合作之资，而部臣有提纲挈领之效。”[③]

而要确保政府能够有效地主持干线兴筑事宜，必先有足够的资金作为保证，为此清政府与列强秘密进行了借款谈判。之所以说是“秘密谈判”，是因为主管粤汉铁路事务的官员虽然与外资势力的谈判一直没有停止过，但由于其信誓旦旦地向绅商民众表态要齐心协力排拒觊觎中国干线利权的外资势力，故而这些交涉当时都不对外公开。

作为老牌帝国主义强国，英国急切地需要输出资本以及拓展在华势力范

① 《交通史路政编》（第 2 册），第 854 页。

② 《交通史路政编》（第 2 册），第 885 页。

③ 《中国近代铁路史资料（1863—1911）》（第三册），第 1156 页。

围，故而一直从旁注视粤汉铁路的进展情况。濮兰德作为英方的说客，为促成英方贷款粤汉、川汉铁路而在中国官场四出活动。

1906年12月，濮兰德和贾斯霭（M. Casenave）致函邮传部，表示英方愿意借款承修中国铁路干线。1907年1月，濮兰德由汉口英领事引见张之洞，当面提出中国非借款无以速成干线，并向张之洞表示英方愿意借款承筑粤汉铁路。

濮兰德先向张之洞等人陈说中国铁路难于脱离外人的理由：其一，中国虽可以造妥之铁路为抵押，向外洋借贷五厘之款，然在中国决不能抵得如此便宜之借款，因为中国绅商不愿将其资本购五厘年息之股票，甚至清政府担保亦不愿意；其二，筑造铁路若非精通熟练之专家，难以有效，因为该技术既不可徒学之于书，亦非于铁路工程稍有涉猎即可尽其能事，必待中国造就多数具有真才实学的熟练工程师，方可足敷应用，方可自办，刻下唯有延用外国精通专家，否则枉费金钱，虚抛岁月，而得不可靠之工程；其三，管理铁路与造路一同紧要，欲求获利，必须在在从实开支，撙节俭省，办事简洁有条，若非曾经专门学习，以及办公廉洁者，则所管之铁路，无一能得美善之结果①。

濮兰德还向张之洞等人条陈中国日后筑路与管理的办法。其一为西人经办，但由清政府派员监督，所获净利，以若干成归于经办者；盖借款之情形取决于抵押之价值，若用该办法，不但中方永不需动用国库以补足不敷之还款，且借款之来路亦较宽，否则不免以中央或地方政府之入款作为造铁路借款之抵押，则中国财政实在难有翻身之日。其二，与西人订立合同，按干线里程定价，路成后归清政府全权管理。其三，批准华洋合股公司集资造路，而允酬该公司以若干数可靠之款，此款分给各股东与否，悉随公司之便，并且铁路所获的净利润，公司依照公平原则取其应得部分；如此办法，可使公司自顾己之利益，以筹备最合算之资本，加以造路时撙节俭省，以免有人拘束阻碍其工程；但是必须事先声明，凡华人以资财购得此项铁路股票者，与西人利益均沾，不分彼此②。

在会谈最后，濮兰德向张之洞表态英国愿意贷款兴筑粤汉铁路以振兴中英两国商务的意愿：“英国素经宣布之政策，即欲使中国自强，华民日有进步，以保守完全无缺之境土。故英国在华创办之铁路，其限始终不越商界之外，除希望商务发达外，别无丝毫他意，而商务之发达，乃华英交受其益，

---

① 黄昌年：《粤汉铁路保路始末记》，湖南文史馆1999年版，第204页。

② 黄昌年：《粤汉铁路保路始末记》，湖南文史馆1999年版，第204页。

所谓以两利为利，乃真利也。”[①]

濮兰德所谓英国除了开发两国商务之外别无他意，这当然是欺人之谈。但是，作为一个旁观者，其对当时粤汉铁路管理混乱、举步维艰原因的分析还是有条有理的。保路运动的亲历者黄昌年认为濮兰德的建议对粤汉铁路督办大臣张之洞的影响极大，直可谓“卒成四国借款之议”[②]。

由于当时社会上排拒铁路外债的呼声极大，而且清政府也已发布了“不准外省借用洋款”之谕旨，极其注重个人声誉的张之洞尽管采纳了濮兰德的建议，但其所采取的却是不显山不露水的幕后行动方式。他向濮兰德表示由于朝野反对声音过大，由湖广方面上奏中央举借外债之路难以行通；但如果英方进京活动外务部及邮传部，并经这两部奏准借款的话，鄂省立即自愿借款以便及早兴修干线。

1907 年 3 月，濮兰德进京活动邮传部官员。张之洞立即致电邮传部重视英方借款活动，并尽快答复濮兰德等人：“粤汉、京汉中国之大干路，联络一气，全局俱振。惟借款既奉有明旨，鄂省断不敢自行陈奏。蒿目巨工，徒深焦急。……窃拟一变通之策，贵部借英款以还比国路债，既已奉旨准行，拟请贵部既于筹赎京汉路借款总额内，代为多借千万，或一千五百万；表面仍作为贵部所借，内容实为鄂省境内粤汉、川汉两路借拨之用；鄂省只作借拨部款，认息分还，一切照外款办法；五年还利，五年之后，本利并还，二十年还清；不过五年即可腾出行车余利，接修荆沙，分接宜昌、襄阳两路；照此办法，路工即可速成，路权又不致属于外人，而与前旨不相违背。”[③] 为了保全自己的声誉，张之洞还一再叮嘱，如果邮传部认为借款可行的话，立即就近与濮兰德商谈借款细节，但万万不可声明是鄂省所举借[④]。

与此同时，野心勃勃的日本也为取得对粤汉和川汉等铁路的借款权而与英方展开了争夺。日本势力得以介入借款活动也是清政府“以夷制夷”策略实施的结果，但在这一过程中，我们可以感觉到日本外交人员、情报间谍和国内政客拧成一股绳而争取其国家利益所表现出来的凛凛杀气。

早在 1905 年清政府向英国借款赎路的时候，张之洞由于忌惮英国在长江流域已经获取了太多特权而引入日本势力作为制衡，并向日本许诺“因将所需工程师之一半聘自英国，另一半聘自日本”[⑤]。1906 年 6 月，日本应张之洞

---

① 黄昌年：《粤汉铁路保路始末记》，湖南文史馆 1999 年版，第 204 页。

② 黄昌年：《粤汉铁路保路始末记》，湖南文史馆 1999 年版，第 204 页。

③ 《张文襄公全集》卷一九八，第 3～4 页。

④ 《张文襄公全集》卷一九八，第 3～4 页。

⑤ 《中国近代铁路史资料（1863—1911）》（第三册），1029 页。

之邀，派出工程师原口博士率领勘测队对鄂省的粤汉、川汉线路进行勘测。粤汉、川汉线路勘测完成之后，张之洞对日方工作表示相当满意，立即接受原口的建议，在武昌设立了新的铁路总局，并决定由原口组建新的工程团队。该团队除了容纳原口的旧部之外，还大量增聘日本的工程师、技术员。

但令张之洞始料未及的是，日本勘测队同样也是一支间谍团队，在鄂期间处心积虑地收集清政府尤其是张之洞派系的政治情报。在侦知张之洞意欲于1907年秋天开启鄂省粤汉、川汉铁路工程之后，原口等人立即分析出中方缺乏足够的筑路资金，排拒外债只是顾全国家体面以及缓解官民对峙的权宜之策，而举借外债却是官方早晚的决策。为此，他们立即电告国内政要：“虽云粤汉六百万，川汉二千万，实际工程所需则决不止此数。川汉应募额则仅及百分之一，故事实上资金之不足，不待言矣。……总督之意在尽速动工，以期铁路早日完成。然此路之不容外人染指，杜绝贷款之路，为顾全本国之体面，而漠然着手进行，能否成功，诚可怀疑。故当今实际工程即将开始之际，遂有资金须仰给他人之感。”[①] 日本枢要部门晤商之后，迅速达成了如下行动共识：倾尽全力抢占先机，争取在清政府正式对外宣布举借外债之前与中方达成借款意向。

1906年12月4日，张之洞派出亲信高松如赴日本调查铁路事业及铁路资金的募集办法。日本驻华公使林权助立即致函外务相林董，建议以优惠条件笼络高松如，以保证鄂路借款之事“不容任何无权利的外国人插嘴”[②]。另外，日本还积极插足英法两国筹建的华中铁路公司。为准备对中国中部的粤汉和川汉铁路借款，英国联合法国组建了华中铁路公司进行紧张的活动。1907年1月，法国方面由于资金短缺，其财政部长通过日本驻法公使向日本政府要求支持。日本政府当即训令驻在巴黎与北京的日本公使，给予法国相当援助。作为回报，法国财长表态英法组建的辛迪加除有赖于日本之支持外，如果日本资本家有参加愿望，亦可加入若干资本。由于法国的牵线，日、英金融公司就日本资本参加华中铁路公司问题频频进行交涉[③]。

1907年2月，日本驻汉口领事水野拜见张之洞，张之洞谈及与现任正金银行总裁小田切万寿之助交谊笃睦，希望其能来鄂游历考察。水野欲进一步刺探张之洞的用意，张之洞敷衍其事，“仅答以欲商谈原口博士之事”[④]。但张的遮掩又岂能瞒住对鄂省内政了如指掌的日本政客，水野迅速分析出张之洞

① 《中国近代铁路史资料（1863—1911）》（第三册），第1032页。
② 《中国近代铁路史资料（1863—1911）》（第三册），第1030页。
③ 《中国近代铁路史资料（1863—1911）》（第三册），第1031页。
④ 《中国近代铁路史资料（1863—1911）》（第三册），第1031页。

借款筑路的行动已经迫在眉睫，只是由于当时民间排拒外债呼声极大还不便公开活动。与张之洞会谈之后，水野立即与国内政界、金融界联系小田切万寿之助赴鄂之事。4月17日，小田切万寿之助亲赴武汉，就鄂路款项问题造访张之洞亲信、鄂省官钱局总办高松如等人。张之洞通过高松如向小田切氏透露出“有借款一千五百万两之意”。4月20日，张之洞亲自面见小田切万寿之助，将借款额改为二千万两，双方都同意采取公债形式发行债券。小田切氏顾虑到由日本单独贷款，能力恐有不足，故而提出以“湖北兴业公债”名义于伦敦发行债券，张之洞亦表示同意。小田切氏遂一面与汇丰银行商谈，一面与湖北官吏协商，并最终拟出了以下借款方案：“日本借款总额二千万两，在伦敦募集，折合三百万英镑；折扣九五，年利五厘五，十年后开始偿还，偿还期十年，以湖北善役局收入年约三百万圆为担保。”[①]

日本与张之洞频频商谈借款筑路事宜很快招致了英国的嫉恨。1907年5月，英国领事面见日本驻汉口领事水野。英方指出：在赎回粤汉铁路时中英双方曾经约定，今后关于修筑粤汉铁路拟募外债时必须与英国商谈；张之洞与日本正金银行的借款显然是用之于铁路，那么按照先前的承诺，英国自然而然拥有这项借款的权利；可是由于此次借款是在正金银行和张之洞手中进行的，而将英国银行置于旁观地位，这是不守信用的行为。面对英方的指责，日本无言以对，只得指示正金总行通过伦敦分行通知汇丰银行，告知湖北铁路借款问题并不顺利。汇丰银行将此情况报告北京汇丰银行分行、英国驻华公使朱尔典以及濮兰德等人，朱尔典得悉后立即派濮兰德前往汉口，以期给日本和张之洞施压，并扬言如果正金银行将铁路借款不顺遂之事通知英国而不通知小田切，让其继续在伦敦进行筹款活动，则英国政府和金融界绝不会袖手旁观。

1907年5月9日，日本驻汉口领事水野致电外相林董，提出了日本应对英国的策略：其一，尽量不触怒英国，正金银行参与英国借款的债券的募集；其二，日本力争张之洞的同意，增加日本资本在铁路建筑中的比例，例如将中日合资承揽公司的资金，增加到约五百万元；其三，迫不得已之时不惜两败俱伤，如果英国不理会日本的让步而继续阻挠正金银行对华铁路借款，那么日方想方设法使粤汉铁路拟借的外债不能获得清政府的批准，以使英国借款计划同样破产[②]。

英国政府当然不是省油之灯。1907年5月18日，英国驻汉口领事把驻华

---

① 《中国近代铁路史资料（1863—1911）》（第三册），第1032页。

② 《中国近代铁路史资料（1863—1911）》（第三册），第1033页。

公使的训电出示给张之洞，对张与日本绕开英国的借款谈判表示抗议，并声明英国政府基于过去的约定而要求铁路借款。张之洞自知理亏，于 5 月 19 日对正金银行总裁小田切称：迫于英方压力，再想把铁路资金从日本借入是很困难的，但为了照顾日本利益，可另把一千万两兴业公债由日本承受，以此作为日本将来在湖北发展的基础[①]。1907 年 5 月 31 日，英驻日代办劳特（H. C. Lowther）向日本外务大臣声明：英国政府已与张之洞总督达成协议，对于中国粤汉、川汉铁路享有优先借款权，并且“购置材料应先尽向英国公司商购”；现在张之洞和日本政府以振兴湖广实业为幌子而欲借款兴筑粤汉、川汉铁路，“若此项借款实现，自将引起不幸印象”；英国政府为此敦促日本政府和金融界郑重其事，不要向清政府借出对英国在华铁路有损之外债[②]。

日本政府无奈之下只得在不损伤自身利益的前提下向英方妥协。1907 年 7 月 4 日，日本驻汉口领事水野致函张之洞，希望张之洞继续聘用日本工程人员：粤汉铁路及湖北、湖南境内修造铁路工程师，一半用借款国人，一半用日本国人，须将路工分段，各办各事，以清界限而免牵涉事故。对于借款筑路之事，日本表示无意与英国互争雄长，但希望能保留借款资格：“既系照会英国在先，是以勿论用何名目，本国政府及商家，并无优先英国商议出资之意。但如别国或德、或法等国，无论用何名目办法，果有出资之事，日本商家，亦愿一律均等办理，以昭公平为要。”[③]

张之洞尽管对英方的抗议表示妥协，但列强之间的明争暗斗似乎给了清政府更多的借款回旋余地。张之洞一方面表示“英人愿联合法国东方银行合借，已以原约所无驳之”，加之汇丰及中英公司主动劝说清政府借款，并对中方的“峻拒”、“失信”多次“谅解”，故而中方欲要借款必优先借用英款：“盖鄂省修路，不借款则已，若借则必须汇丰，因从前曾与英领有约，此时碍难更改也。”[④] 对于日方提出“无意动摇英方的借款优先权，但倘若别国如德、法等国获准借款，日本商家亦愿一律均等办理，以昭公平为要”的要求[⑤]，急于联日制英以平衡列强势力的张之洞当然不反对。

就这样，经过了 1906 至 1907 年间张之洞等政要与英日等国多次接触之后，清政府决策中枢摸清了列强对华资本输出的急切愿望，意识到借用外债兴筑粤汉等铁路干线在理论上是可行的。

---

① 《中国近代铁路史资料（1863—1911）》（第三册），第 1033 页。

② 《中国近代铁路史资料（1863—1911）》（第三册），第 1033 页。

③ 《中国近代铁路史资料（1863—1911）》（第三册），第 1033 页。

④ 《张文襄公全集》卷一九九，第 4 页。

⑤ 《中国近代铁路史资料（1863—1911）》（第三册），第 1034 页。

对于英日两国与张之洞围绕着借款优先权而钩心斗角的情形，史学界披露得很少。学术界向来对张之洞评价颇高，近年来对其刻画几有"完满"的趋向，故而对其在外交上不能很好地遵守信用的行为往往轻描淡写或者避而不谈。笔者将该细节披露并无诋毁张之洞之意，其实我们设身处地地想想，就能很好地理解张之洞的苦衷：为维护清朝国祚而借债筑路，将大量国家利权长时间地让与列强，这对于国民来说是为不仁；在对外谈判中一再采取"一脚踏两船"、"借力化力"甚至是"空手套狼"的策略，损失了国家信用，在外交上是为不义；以张之洞之睿智不可能不知道这种"不仁不义"行为的短见以及随之而至的被动，但舍却此策，外强中干、日薄西山的清政府根本拿不出更好的应对措施。大厦将倾、独木难支，李鸿章无可奈何，张之洞同样也无可奈何，时也势也！

就在清政府高层对干线经办体制的重新审视以及与外国政治、金融势力频频接触之时，举国范围内干线商办一直进展不顺利，这就更加促使官方"干线国有"、"借款筑路"的呼声越来越大，并要求其作为国策而公开化。

兹不妨先将干线商办成绩欠佳的主要原因罗列如下。其一是资金匮乏，当时中国社会贫困，商民所能筹集的股金极为有限，不敷铁路干线工程建筑之用；广东属富庶之区，风气开化，外贸、商业、慈善业发达，但粤路公司所集之商股仍不敷全路之需，湘鄂两省则只能借助官力向民间强行摊派，困窘之情形可想而知。其二是技术力量不足，粤路全归商办，不用外籍工程师，这也脱离了当时中国的实际，因为中国能主持似粤汉这样的大工程者，尚属凤毛麟角。其三是粤汉铁路分段筹办，导致全局难以统筹兼顾：三省办路体制不一，各自为政，导致进度不一，矛盾重重；粤汉铁路跨越三省，各地风俗民情不一，有很多省际之间、商民之间的纠纷仅仅依赖铁路公司是难以妥善处理的。其四，尽管商办铁路公司本为摈弃官场和官督商办企业腐败糜烂之风气而设，广大绅商确实也为此做出巨大努力，但商路公司与官场关系密切，晚清官场腐败之风难免渗入公司内部，从而导致公司管理人员贪污腐败、管理混乱，影响其办事效率以及声誉。民国铁道部曾对铁路商办举步维艰的原因做出如下概括："乃历览各省已办、未办铁路，或以款绌而工程停辍，或因本亏而众股观望。固因民间生计困难，集股不能踊跃，亦由各省绅耆，自私乡土，枝枝节节，未能统筹全局。长此因循，实于国利、民福，大有妨碍。"① 在震惊全国的川路上海倒账案发生后，清政府邮传部公布了各地许多商路公司不但集款困难，而且管理不善，贪污浪费、工程拖沓现象甚为严重：

① 《交通史路政编》(第2册)，第882页。

“乃数年以来，粤则收股及半，造路无多，川则倒帐甚巨，参追无着，湘、鄂则设局多年，徒资坐耗。竭万民之脂膏，或以虚糜，或以侵蚀。恐旷时愈久，民累愈深，上下交受其害，贻误何堪设想。”比照同时清政府借外债所修的国有铁路，尽管丧失了一些路权，但由于依靠外国资本，管理、技术皆有保障，加之中央政府的有力督导，皆能按期陆续竣工。

经过了一再论证之后，清政府负责干线兴筑事宜的官员坚信：由国家借外债修干路，其筑路效益明显好于商办干路；与其让商办干线“任其延缓，不惟虚糜股款，抑且阻碍交通”，不如收归国有、借款速修，以图早见其效。1907 年 5 月，刚调任邮传部尚书的岑春煊上折认为干线自办或者商办，名义上是争保国家利权，实际上却由于公私资金短缺，反而贻误干线兴筑进程，最终不免为外人坐收渔翁之利：“迨潮汕、京张创为自办，而粤汉一路尤以废约著称，海内因谓借款有损利权，纷纷挟自办为主义。滇蜀、川汉经各督抚奏恳于前，赣、皖、浙、闽准诸绅商呈请于后，以云路政，不可谓不发达。然而彼疆此界，畛域攸分。揆诸轨制之若何整齐，轨道之若何联贯，类不能通盘筹画合辙是谋。无论异日路成，骈枝贻诮；即此同时并举，而资财有限，挹注亦必不灵。虚擅自办之名，实鲜乐成之效。势不至因循坐废假手外人不止，此则轨线未定之弊也。”[①] 岑还特别指出借款虽然在当时的情势下是“骇人听闻”之事，但如果遵照关内外铁路借款旧章，“举用人、行政各端于合同中严予订明，是路款虽假之他人，而路权仍操之在我，究未可因噎废食，以自弛路工也”[②]。

在此基础上，清政府最高决策层决定将统筹干线建设以及借款筑路定为国策，并布谕天下：“铁路为交通大政，利商赈灾，运兵转饷，以及开通风气，振兴实业，胥赖乎此。”然后抱怨了商办铁路进展过慢，影响国计民生：“近年各省官办铁路，皆能克期竣工，成效昭著。而绅商集股，请设各公司，奏办有年，多无起色，坐失大利，尤碍交通”；最后，强调了由邮传部统筹轨政的重要性：“着邮传部遴委妥员，分往各路确实勘查。各路工程，应分几年造竣。公司股本，能否按年接济。一面妥拟办法，严定限期。倘所集股资不敷尚巨，或各存意见，推诿误工，以致未能依限完竣，即由该部会同该管督抚另筹办理，并将该省所举承办人员差使，查照商部历次奏案，分别撤销，以期各路迅速造通，上裨国计，下厚民生。”[③] 谕旨颁布的次日，盛宣怀致电

① 《交通史路政编》（第 2 册），页 854 页。

② 《交通史路政编》（第 2 册），第 885 页。

③ 《清德宗实录》卷五九二，1937 年刊，中华书局 1987 年影印本，第 8 页。

同僚陈璧，强调了粤汉等干线的重要性："如能速成，土货必能抵制洋货而有余，京汉其嚆矢也"；并且认为很有必要奉旨整顿成绩不佳的商办铁路："部遵十五谕旨，派员查勘，查其集股无效者，部中不可不迅速设法，免误大局。"[①]

干线官办、借债筑路经过了理论和实践的检验，应该还是可行的，只是这剂猛药施诸沉疴在身、承受能力极其薄弱的清政府，结果就适得其反了。

第二节　借款谈判的局部展开

清政府统筹干线建设的谕旨颁布之后，官员们欲将铁路收归国有而商谈对外借款的活动由此公开化了，但官方内部中央和地方的矛盾也随之激化。

1907 年 7 月，川汉、粤汉铁路对外借款谈判的主持者张之洞授体仁阁大学士，并补授军机大臣。这是清政府内部危机日益深重的一个信号。有清一代，大学士有丞相之名无丞相之实，军机大臣有丞相之实而无丞相之名，只有身兼大学士和军机大臣者方为实至名归、位极人臣的丞相。张之洞于此时入阁为相，此中玄机甚是耐人寻味。清朝祖制重满轻汉，庚子之后更是假新政之名行满洲权贵专制之实，当时震动朝野的 1906 年官制改革和 1907 年丁未政潮，其根本目的就是汰汉用满、打破满汉廷臣表面上的平列，为日后满洲权贵全面当家铺平道路，从而确保爱新觉罗氏的江山。此举自然在汉人官员之中掀起轩然大波。清政府将张之洞和袁世凯等人调入军机以示恩宠，学者们往往注意到这两点：一则以明升暗降的方式削弱汉人疆吏的实力，二则希望以此缓和汉人官员的义愤情绪。其实，我们也应该看到将张之洞升为枢相是清政府中央的无奈之举。以慈禧之精于权术，不可能不知道为确保祖宗基业必须用可靠的皇亲国戚看家，至起码也是八旗世仆。奕劻卖官鬻爵，其子载振则财色兼收，四处猎艳寻芳、收受色情贿赂，世所共愤，然而却稳居高位，理由还得从"先保中国抑或先保大清"中寻求：权贵腐败当然祸国殃民，但权贵丧权却能直接亡掉大清社稷，因为大清的江山首先就是爱新觉罗家族的江山。如果满洲权贵能像奕劻父子一样，虽然贪财好色但尚存些许精气神，当国者还能稍安其心，糟糕的是当时权贵青黄不接，非尸居其位即少不经事者[②]。无奈之下，当国者只能在八旗系统之外的高官之中寻求一位能深

① 盛宣怀：《愚斋存稿》卷七三，第 25、26 页。

② 章伯锋、顾亚主编：《近代稗海》(第 3 卷)，四川人民出版社 1985 年版，第 324 页。

孚众望又对大清江山忠心耿耿的老成之臣来担任枢相，并寄希望于少壮权贵能在这一过渡时期中迅速羽翼丰满，脱颖而出。

张之洞苦心经营湖广多年，入朝为相之后自然不能忘记自己的政治老本，在京城继续遥控事关湖广福祉的粤汉、川汉铁路筹筑事宜。1908 年，为了加强对粤汉、川汉等干线的统筹，张之洞兼充督办粤汉铁路大臣和督办川汉铁路大臣（在京办公），筹划铁路干线收归国有事宜，催促三省加快施工。

为了确保干线经办权在官方手中，张之洞不厌其烦地强调鄂、湘集款少，筑路难度大，若不借外债，将无以成路，“两湖商民财力不厚，如任商民自行筹办，断难早日观成，然路长款巨，又不能不议借外款。详查三省情形，除广东集有商股，毋庸再筹集外，两湖境内粤汉、川汉铁路款项决意由官借款兴修”，并且向清政府中央保证：“详查目前情势，参以津浦铁路借款章程条款，并无流弊。”①

受张之洞委托，新任湖广总督的陈夔龙对湘鄂两省的粤汉铁路进行明察暗访，图以现实状况向朝野陈说干线国有和借款筑路的必要性和可行性。1908 年 6 月，陈夔龙向清政府上折反映款项筹集艰难之事，要求加征捐税以维路政：“粤汉铁路需款紧迫，绅民公议，请仿照二十八年因新案偿款筹备盐斤口捐成案，于湘省境内，营销川、淮、粤盐，每盐一斤，一律加收口捐钱四文，以维路政。”② 1908 年 9 月初，张之洞致电陈夔龙，使其坚信借款兴筑粤汉川汉铁路是干线速成的必由之路，商民入股只起辅助性作用，地方督抚在借款问题上应该与中央保持一致，不应受民间舆论指责而动摇立场：“至借款是否绅民所愿，可以无虑。路长费巨，鄂尤贫困，非借款不能兴工，徒失本省大利，明白绅民，当晓此义。盖由官借款，而预定分其半，准商民买股，大略如津浦办法，可谓至便宜之事，岂有转不愿之理？即如湘绅素来主张不借外款，近日议论亦变，始知湘股断不能成功，拟请官借款，与湘股合力兴办。湘人尚且觉悟，鄂可知矣。”③ 1908 年 9 月底，张之洞再次致电湖广地方官僚，一改以往温情脉脉的做法，声言值此天下民心思变之际，欲与商民争权，当然非有铁腕不可：“江、浙、粤等省铁路，绅民皆争商办，气习嚣张，极为无理。鄙人在鄂，筹办路事，从未令商民干预，所以一事权而免纷扰。鄂绅鄂民昔能循理奉法，然岂有因其驯顺，遂令独守偏枯之理。”④

张之洞尽管崇尚官权，坚持干线官办和借款筑路，但为了确保日后湖广

---

① 《交通史路政编》（第 16 册），第 219 页。

② 《清德宗实录》卷五九二，第 9 页。

③ 詹文琮等编：《川汉铁路过去及将来》，湘鄂路局工务处 1935 年编印出版，第 47 页。

④ 詹文琮等编：《川汉铁路过去及将来》，湘鄂路局工务处 1935 年编印出版，第 47 页。

铁路运营收入能为鄂省所用，他反复强调干线官办之“官”是地方政府而非中央政府。1908 年 9 月底，张之洞叮嘱地方官员注重湖广小金库的受益：鄂省在庚子之后练兵、兴学各要政屡动巨款，以致地方上财政已经达到山穷水尽的地步，将来更难支持；如果鄂省地方能够争取到粤汉、川汉路的兴筑权和运营权，那么路成之后不过十年，财税收入必然大旺，不但可以弥补之前的财政亏空，而且可为后来扩充之计，“此为公家辟饷源一也”[①]。

张之洞入阁为相进入政治漩涡中心之后，发现中央财政困窘、亲贵糜烂之甚，远远超乎其先前所见所闻，也更真切地体会到当国者为解决干弱枝强的急切心情。以从政多年而练就的敏锐政治目光，张之洞洞察到当国者为了配合政治上的满洲权贵集权，经济上也必然多方拓宽中央财源，甚至不惜与地方政府争夺铁路兴办权，这当然是张所不乐见的。张的理由如下：其一，清政府中央欲指示邮传部收回各省商办铁路，“其年限若干，给价若干，向不可知”，商民利益受损而必起轩然大波，直接受损的必是地方政府；其二，干线如果收归邮传部办理，“则余利全为部中所有，于鄂省财政丝毫无补”，且对外借款，“部借部还，实于鄂省商民无益”。为了使鄂路鄂办，张之洞一边坚定湖广总督陈夔龙的信心，一边在京活动邮传部放权、活动外务部举借外债予鄂省筑路：“非谓必须归鄙人督办也，乃谓必须归鄂省自办也。假使部中能允归鄂省自办，亦须请筱帅（陈夔龙）办理，鄙人断不能兼办也。……闻邮传部云，接筱帅复电愿归部办。自系因无款之故，不得不然，断非推之于部也。现经鄙人与外部商妥，可以借款，自以仍归鄂省筹办为不易之理。”[②]

为了确保粤汉、川汉等铁路归政府承办，而且归湖广地方政府承办，张之洞独揽与列强借款筑路之事。

在商谈粤汉铁路借款事宜的同时，张之洞和袁世凯通过“让利争权”的方式解决了久悬未决的津浦铁路问题。1908 年清政府与英德银行团签订《津浦铁路借款合同》中如此规定：英德银行团借款 500 万英镑作为筑路金，铁路建造及管理权归中国，但中国要选用英、德各一人任总工程师，英、德有优先供应材料及延续借款权。清政府于津浦铁路借款之中虽然让利于英德，但毕竟为修筑一条贯通南北的干线注入了启动资金，平衡了英德两国在华势力，并且通过将借款与筑路分成两事而维护了国家主权，成功压制了直、鲁、苏三省绅商民众要求津浦铁路自办的行动，确保了官方对干线的管理权。《津浦铁路借款合同》被张之洞引为得意之笔，故而也试图在粤汉铁路借款谈判

① 詹文琮等编：《川汉铁路过去及将来》，湘鄂路局工务处 1935 年编印出版，第 48 页。

② 詹文琮等编：《川汉铁路过去及将来》，湘鄂路局工务处 1935 年编印出版，第 48 页。

之中如法炮制。

1908年10月，张之洞与英国驻汉口总领事法磊斯（E.H.Fraser）照会，商谈粤汉铁路借款之事。张之洞提出在去年议借的二百万镑鄂路借款的基础上，再议借一百五十万镑的湘路债款，以湖南省进款一百二十万两作抵；并且重申此项借款中国只认英国银行，不认他国银行，希望英方迅速答复①。

但就在此时，1908年11月14日、15日，光绪和慈禧先后死去。一直以来，很多人包括清皇族成员如溥仪、启功先生等人就认为光绪不是正常死亡；近年来有些史学工作者反复考诸清宫档案和医案，又很确切地“证实”出光绪是病死，政治谋杀之说是讹传；2008年11月2日，在用法医学的手法历时5年研究之后，国家清史编纂委员会正式宣布光绪死于急性砒霜中毒，也即政治谋杀。光绪之死的真凶学术界还在争论之中，但我们应该可以肯定的是，他什么时候死、以什么方式死、死后宫廷档案和医案应如何“秉笔直书”，都是预先安排好的。

光绪和慈禧的死使得朝野上下预感到清王朝“轴心一烂，土崩瓦解之局”为期不远。张之洞自幼饱读儒学经典，如今又成为朝廷倚重之躯，自然痛下决心力挽狂澜，为保大清江山鞠躬尽瘁，死而后已。其时朝中同僚多认为粤汉等干线如能迅速敷峻，清政府国祚当可延长，而速成干线的关键是举借外债、外争主权、内保官权。1909年1月，清政府为了将借债权收归中央而一再强调由度支部总揽借款事宜：“嗣后募借外债之权，专属度支部。凡各部、各省拟借外债，皆咨明度支部，由度支部出名订借。又各该部、该省如愿自向外国放债之人相商者，只准商定办法，仍须统归度支部出名立约承借，均不得径向外国订约借债。”② 因此，朝中同僚尤其是主掌度支部的王公大臣对于张之洞独揽借款谈判之事多有微词。张之洞决定忍辱负重，竭力在其风烛之年将借款筑路之事办妥。

清政府重提举借粤汉路债之事，在急欲输出资本的英、法、德、美、日、俄等列强中引起了激烈的反响。各国代表不但争先恐后地与张之洞洽谈借款事宜，而且他们之间还互相拆台，这使得清政府惯用的“以夷制夷”之策得以大行其道，列强提出的借款门槛被一再降低。

1909年2月20日，张之洞与中英银公司代表濮兰德再次围绕着粤汉铁路借款条件进行谈判。由于已有多个债权国可供选择，张之洞以高姿态出现，坚持援津浦路借款成例，确保中方路权不失，打压英方气焰：（1）先向英国

① 《张文襄公全集》卷二〇一，第8页。

② 《张文襄公全集》卷七〇，第27～32页。

询商开价，但中方保持与他国所开息扣比较之权限；（2）工程师但管分内应办之事，余事皆不得干预；（3）凡铁路一切用人、择地、管路、行车等事，均由中国自主。

清政府没有像以往一样在借款谈判之中以低姿态出现，令英方甚为不满。濮兰德最初以先订合同条款为条件，不肯开价，这与当时“先开价后订条款”的借款惯例相违背，自然不为张之洞所应允。在遭到拒绝之后，1909 年 3 月 4 日，濮兰德又提出英国工程师在购料用款上有签字之权，张之洞以“工程师不得干预他事，凡铁路公司一切等事，均由中国自主”为理由严拒之。一再碰壁的濮兰德恼羞成怒，声言如不应允工程师有签字之权，则粤汉路借款之事英方决不肯办理，并且非但不办理粤汉借款之事，其他干线借款之事也一概不再过问①。为了进一步要挟清政府，濮兰德还摆出一副舍我其谁的架势对张之洞说：“如有他国欲办，可先请他国办。”②

张之洞本来就为了制衡英国在长江流域的势力而费尽心机，英国退出粤汉铁路借款正是求之不得之事。在 3 月 4 日会谈之时，张之洞在濮兰德面前强硬表态：如果英方“必欲干涉中国路权”，那么“本大臣实万万不能照允”③。3 月 6 日，张之洞为了照顾“中英情谊”，额外允许与濮兰德再作会商，但结果同样是不欢而散。张之洞立场鲜明地向英方表明：“如仍始终坚执，即无可再商，均无所用其调停也。”④ 濮兰德当即负气而出，张之洞事后也向英国公使声明：“其原派之濮兰德，决令回国，以后总不使此人干预此事，以绝后患。”⑤

在濮兰德怏怏退出谈判之后，张之洞立即于是日下午 3 时与德国代表商谈借款问题。张之洞之所以引德拒英，其原因如下：其一，“欧洲各国势力，足与英抗而不甚亲睦者，惟有德国”，引德制英，可以“震英人之心”；其二，“德商得此机会，一力承认，息扣从轻”，减轻中方债务负担⑥。从谋略上看，张之洞“引德制英”与当年“引美拒比”殊途同归。张之洞与德华银行代表柯达士在 3 月 6 日就初步达成了粤汉铁路借款意向，借款条件果然向中方倾斜，德方不但愿意以津浦铁路借款条件为根据，而且“折扣从轻，年限缩短，

① 《交通史路政编》（第 14 册），第 65 页。
② 《张文襄公全集》卷二〇一，第 20 页。
③ 《张文襄公全集》卷二〇一，第 21 页。
④ 《张文襄公全集》卷二二一，第 22～24 页。
⑤ 《张文襄公全集》卷七〇，第 32～35 页。
⑥ 《张文襄公全集》卷七〇，第 29 页。

则较津浦合同为优”[①]。由于清政府“外争主权、内保官权”的夙愿已经达到，张之洞唯恐德方反悔，迫不及待地要求柯达士写立函单为据。而对于崛起中的德国而言，正急欲寻求资本输出之机以打入长江流域，当然毫不迟疑地同意贷款。

作为老牌帝国主义强国，英国在长江流域拥有强大的影响力，而且在1905年中国朝野拒美保路运动之中施予援手，张之洞自然不敢轻易得罪：“英政府敦睦邦交，赞成盛举，俾中国得收回无穷利权，自不能不与以酬报。”[②]加之英国势力的存在可以牵制德国，避免其毫无顾忌地侵吞粤汉利权，维护“中英情谊”还是长久之策。因此，张之洞在与德方商谈借款的同时还给英方留有充足回旋余地：“且当时与德商立约时，业已声明，如英商据约力争，则两湖粤汉借款，仍应向英议借，而以鄂境川汉借款属之德商。必使鄂境川汉路款归德商承借，两湖粤汉路款归英商承借。”[③] 张之洞自认为此策可破英德之狡谋，均长江之势力。

英国要挟中方的目的当然也并非有意中断湖广铁路借款谈判，而是压迫中方降低借款门槛。当闻知德国愿意仿照津浦铁路成例商谈湖广铁路借款事务时，唯恐德国损及其在长江流域利益的英国政府立即向中方表示愿意援据旧约重议借款。英国政府与驻京使臣，先后向中国驻英大臣及外务部，表示愿意援据旧约仍请重议借款，并改派汇丰银行代表人熙礼尔代替濮兰德来华商议借款事宜。英方向张之洞表示，中英公司系英、法两国商人合股所设，如今既然谈判陷入僵局，该公司已经不便参与借款；汇丰纯系英国银行，愿与法商东方汇理银行合办以注资湖广铁路，以保全中英交谊。经过再三磋商之后，张之洞因为顾虑到“如须向外洋借款，当先向英国询商开价”的承诺在先，故同意英方汇丰银行与法商东方汇理银行合作参与湖广铁路借款事务：“乃令英、法、德三国银行合借两湖粤汉、鄂境川汉两路款项，定额英金五百万镑。”[④]

1909年4月，中、英、法、德湖广铁路借款谈判条件初步谈妥。由于张之洞的坚持，会谈各方代表决定仿照津浦铁路成例，达成了如下共识：其一，借款修路分为二事，抵押款项只作担保之用，将来还本还利，仍取给于铁路进款。其二，所借款项以湖北省百货厘金、淮盐局江防加价、新加盐厘、湖南省百货厘金、两湖赈粜捐、湖南盐道库正厘作为抵押；其三，借款金额五

① 《交通史路政编》（第14册），第66页。

② 《张文襄公全集》卷七〇，第32～35页。

③ 《张文襄公全集》卷七〇，第32～35页。

④ 《张文襄公全集》卷七〇，第27～32页。

百五十万英镑，利息五厘，九五折扣，股票由英、法、德三国银行合认分售，以二十五年为期，如果十年后中国筹足款项即可全数清还，唯每百镑加还二镑半，如在十七年后偿还，则无须加价；其四，所有建造工程以及管理事权，全归中方自行办理，订用英、德两总工程师合同，亦由督办大臣核定施行；其五，铁路计划四年竣工，画押之后立即开工，不得拖延至六个月外[①]。

对于初步达成的借款条件，各方都给予了很高的评价。中方负责人张之洞自认为是继津浦合同之后对外借款谈判的又一重大成果：其一，中方利权得到维护，“将借款、修路划分两事，于中国利权主权毫无损失”；其二，折扣之轻为中国历来借款所未有，“以津浦铁路借款比较，计可多得十一万镑；以邮传部借款比较，计亦多得五万五千镑，若以向来九扣借款比较，则所多得二十二万五千镑矣”；其三，经办人员没有侵吞回扣以中饱私囊，“承议借款各员，廉洁共矢，并无丝毫费用，亦为历借外款所无之事”；其四，款项由三国分借，势力平均，便于清政府居中平衡[②]。

欣喜若狂的德国朝野尤其是金融界唯恐节外生枝，敦促其代表尽快签字画押。据在德国刺探情报的日本驻德国公使珍田致日本外务相小村函中云：关于这次粤汉铁路借款的成立，德国人认为是对中国经营上的一大事功而加以非凡的欢迎；德国报刊《罗加尔安都埃格尔》的北京通信称：1909 年 3 月 7 日对德国资本来说乃是一个永远不可忘记的纪念日；这一天德国的资本在和平的战争中取得了胜利，第一个矛头击破了英国所经常声称的扬子江流域的独占权；又《北德新报》上海通讯……亦指出这次借款的成立，……今后将给德国工业带来很大利益；“其他各报也都异口同声地讴歌德国的成功”[③]。德国首相毕鲁向德皇报告该协议“打破了英国一向视为他份内的扬子江流域的铁路的独占；并给德国资本与德国企业在所谓英国势力范围内开辟了活动的新园地”。德皇对此连连批妙，并要授勋给此案立功者[④]。

俄、日、美等国同样也一直在密切关注湖广铁路借款谈判的一举一动。

俄国试图附股于法国汇理银行之下参与湖广铁路借款。外务部唯恐俄法抱团觊觎湖广利权，但仅以“业已成议，无从再商等语”相拒之。张之洞闻之，指责外务部拒俄之语气过松，有伤国家尊严：“中国毫无主权，任人干涉，其将何以为国?”外务部如果不敢开罪俄国，不妨将一切责任推至张之洞

① 《张文襄公全集》卷七〇，第 30、31 页。

② 《张文襄公全集》卷七〇，第 27～32 页。

③ 《中国近代铁路史资料（1863—1911）》（第三册），第 1176 页。

④ 《德国外交文件》卷四，第 19、20 页，见宓汝成编：《中国近代铁路史资料（1863—1911）》（第三册），第 1176、1177 页。

身上，由张严拒之：“汇理银行即系附入汇丰办理，全由英商作主，并未与英德两国银行并列。万不能于汇理之下，更列华俄银行字样。”①

日方尽管在中方赎回粤汉铁路之后就一直与张之洞商谈借款筑路之事，但毕竟国力有限，在此次借款谈判中无法与英、德竞争，不得不采取附股英国之策。1909 年 2 月 9 日，在中英交涉紧锣密鼓进行之时，日本外务省官员立即与英方商谈组建日英辛迪加、日方附股英国银行，共同承揽粤汉铁路工程事务②。德国介入借款谈判之后，英日两国合揽粤汉工程的计划化为一枕黄粱。日本代表又以维护英国在长江流域利益为诱饵，说服英方与其结盟共同对付中国和德国。双方于 1909 年 5 月 29 日在合作组建辛迪加问题上达成如此默契：“为免我们间自起竞争，在向中国当局取得（筑路）合同时，贵我两方代表，应随时诚挚地进行磋商，交换意见，并协力合作；每个辛迪加应就其自备资本，进行建筑，并各自独立筑路帐目；合同缔订后，应分相等两段落，各在其本段独立地进行建筑工程；在我们有关权益内，设如发现有抱同样目的的任何竞争者，我们辛迪加应采取联合行动，用以保护我们利益。”③

相对于只能于背后活动的俄、日而言，迅速崛起的美国所采取的咄咄逼人态势令清政府穷于应付。

当闻知湖广铁路借款谈判中清政府援照津浦路借款成例、不以铁路而以地方税收做担保，美国政要认为是其推行“门户开放”政策、输出其资本并扩大其在华政治经济影响的绝好机会：“美国认为，借款以中国国内税收做担保，实合有严重政治问题。……而此路借款之担保又包括厘金收入，美国政府乃更认为有参加此次借款的必要。盖如此方能使美国与其他三国同样享有干预厘金权，并使美国可以在适当时机协助中国废除厘金，增加关税。”④

1909 年 6 月 5 日美国政府照会清政府外务部，提出 1904 年清政府外务部曾应诺在湖广铁路事业中英美两国有借款优先权，此项权利美方一直没有放弃，故而“美国政府坚决要求贵部（清政府外务部）谨守 1904 年之诺言，与美国资本家进行磋商，并许美国资本家参加此项即将成立的借款”⑤。

由于拒美保路运动去时未远，清政府唯恐引发商民抗议，故对于美方加入银行团的要求多方拒绝。外务部认为 1904 年中美双方只允诺将来建筑川汉

---

① 《张文襄公全集》卷二二一，第 28 页。

② 《中国近代铁路史资料（1863—1911）》（第三册），第 1178 页。

③ 《中国近代铁路史资料（1863—1911）》（第三册），第 1179 页。

④ 美国国务院编：《美国外交文件》（1909 年），中国社会科学出版社 1998 年编译出版，第 158 页、第 159 页。（以下简称《美国外交文件》）

⑤ 《美国外交文件》（1909 年），第 155 页。

铁路时，如需筹借外款应先与英、美商借，而此次湖广铁路借款是专为统筹湖北、湖南两省境内粤汉、川汉铁路，“并非接至四川成都之铁路”，美方不能“以请办未定之案，视为应得利益，并为日后尽先承办之举等语。是当日并未允许美国承办借款”。张之洞则为顾全“中美情谊”而力主措辞婉转：“惟中美两国睦谊素敦，……如上年秋间美国将允愿借款之意，早为提议，敝处亦愿同为商借。现在敝处与德华、汇丰各银行经定议草约，……（美方要求）为时已迟，无可如何。”[①]

在遭到清政府拒绝之后，美国立即与英法德三国磋商，先争取它们的接纳，再向清政府施压。

1909年6月9日，美国国务院同时致电英、德、法三国驻美公使，指出无论是根据中美先前的承诺，还是根据“门户开放”精神以保证“国际间充分的、诚挚的合作”起见，英、法、德都不应该拒绝组建一个美、英、法、德四国银行团[②]。

英、法、德三国对美国的动机看得相当清楚：“美国显然不欲破坏此次借款，而是打算与英、法、德银团在平等原则上参加借款。”但又各怀鬼胎，唯恐美国的加入使变数增加，从而危及自身利益：“美国之欲参加此次借款，恐会严重地影响到借款的成功。”[③]

为打消英、法、德三国的顾虑，美国于1909年6月16日表示愿意与英、法、德三国在同等的条件下参加借款，即美国只享有全部借款的四分之一，包括与他国同等的借款权、材料供给权；由于在美国介入之前英、法、德已与清政府签订合同，所以美国在派遣工程师及会计师权益方面不再坚持[④]。

对于美国的承诺，英国不为所动，法国倾向于英国的意见。根据本国政府指令，英国驻美使馆参赞米契耳应司请美国政府撤销湖广铁路借款的要求。但德国的态度却转变得很快。作为列强中的后起之秀，德国正致力于争夺“阳光之下属于我们的地盘”，但却苦于受到英法等老牌强国的处处排挤，若再与同是新秀的美国相角，不但两败俱伤而且更为英法所乘，实属不智：“如果我们反对（美国）总统及其国务卿的得意计划，则我们的政策将会在这里受到损害。……如果我们现在和美国相抗争，英国、法国或中国是否会给我

① 《张文襄公全集》卷二二一，第7页。

② 《美国外交文件》（1909年），第151页。

③ 《德国外交文件》卷四，第21页，见宓汝成编《中国近代铁路史资料（1863—1911）》（第三册），第1181页。

④ 《美国外交文件》（1909年），第163页。

们任何均等机会，我看是很怀疑的。”① 为此，德国向美国伸出橄榄枝，试图借助美国加入以抗衡英法。

德国的做法自然令英法甚为惊恐，对美国的态度也随之转变。英法两国与德国矛盾极为尖锐，亟须美国作为缓冲力量加入银行团。不久，三国银行团答复美国，允许其分享鄂境川汉铁路借款的四分之一。但美国进一步要求两湖粤汉铁路借款四分之一。三国银行团顾虑到清政府的态度，故而采取观望态度，把难题踢给清政府：“言三国银团与美国银团未能成立协议，会议已无限期休会。”②

对于美方的举动，张之洞焦虑不已、昼夜难安。其时年事已高的他因为重担在身，加之为化解满汉畛域问题而与王公权贵意见相左，愤懑致恙，故而已不能亲自与三国银行团代表会商，只能通过外务部遥控对外交涉。1909年6至7月，他抱病催促外务部尽快与三国银行定议，早日开工。张之洞认为三国银行团允许美国分享鄂境川汉铁路借款的四分之一，虽然有悖中方初衷，但也是为了照顾美国利益起见，已经是“至公至平”，达到了清政府所能容忍的最大限度；如果美国还要得寸进尺，中方“惟有将三国银行已订之合同，先行出奏，以免贻误要工”③。不久，张之洞再次致电外务部，重申拒绝美国介入粤汉铁路的理由。其一，美国介入湖广铁路借款，“三省全路绅民，必至哗然骇怪，訾议沸腾，群相抵抗，断不遵从”；张之洞苦心经营湖广多年，自认为深孚民望，倘若因借款激起民变，不但朝廷根基丧失，且自己身后亦为黎民所诟病，“即鄙人亦决不肯于此路自美国赎回以后，重复又借美款修造粤汉铁路也”④。其二，如果路事因谈判拖延时日而受耽搁，湖广铁路在国外发行的债票必然因信誉受损而大幅落价，“中国借款扣头必致大受其亏”。其三，天下乱象已经层出不穷，筑路调兵戡乱已是燃眉之急，耽搁不起，“此路乃中国大政，南北利害枢纽，环球瞩目，岂能听人无理要挟，耽搁经年，自误大局。且延宕不已，枝节横生，将来乱民会党，意外波澜，都难逆料”。其四，如果对美国示弱，必为其他列强所效尤：“此端一开，各国皆群起效尤，他日中国兴一工、办一事，外人皆得而干预之、束缚之，中国将何以立国乎?”⑤

外务部尚书梁敦彦将张之洞咨文函交英、法、德外交使节及银行团代表，

① 《德国外交文件》卷四，第22页，见宓汝成编《中国近代铁路史资料（1863—1911）》（第三册），第1183页。

② 《美国外交文件》(1909年)，第171页、172页。

③ 《张文襄公全集》卷二二一，第8、9、10页。

④ 《张文襄公全集》卷二二一，第9页。

⑤ 《张文襄公全集》卷二二一，第10、11页。

表示在数日内即将与三国银行团已定之合同出奏，以图摆脱美国纠缠，尽快开工筑路[①]。

由于张之洞拒美态度强硬，美国只得绕过他而直接向清政府最高决策层施压。1909 年 7 月 15 日，美国总统塔夫脱（W. H. Taft）致电“委婉”地劝说摄政王载沣，声称允许美国注资湖广铁路并不仅仅根据中美双方在 1904 年达成的承诺，更是基于“国际公平和友好”原则的，这一原则特别尊重了中国权益，“运用美国资本开发中国，定可增进中国的幸福，促进中国经济的繁荣而不致侵损中国的政治独立与领土完整”；如果此次铁路借款受到“某种出于成见的反对”而中止，是中方“在政治和经济上的重大损失”[②]。与此同时，美国国务卿通过驻华使节费莱齐警告英、法、德三国尤其是英国银团，不要逼促中国签订借款协议，“致使其感觉困窘”；一边则措辞严厉地警告清政府：“根据在巴黎和柏林开会的结果，毫无疑问，美国银团将与三国银团达成美国资本在此次借款中享有同等权益的协议；如若希望美国考虑低于同等权益的条件，这就不符合美国的尊严和合理权利，且与中国一向对美国的友好政策相违背；若美国政府的合理要求被摒弃，则中国政府应负完全责任；中国政府若忽视其义务及其本身真实利益，而以微不足道的借口逃避正当责任，以回答美国的一贯友好态度，这就是对美国特别不友好的行动。”[③]

在美国的压力之下，1909 年 7 月 18 日，摄政王载沣致电美总统塔夫脱，表示愿意命令清政府外务部与美国驻京代办会商借款问题，“期能获致适当决定，以便施行”[④]。外务部尚书梁敦彦也于 7 月 24 日表示：“中、美睦谊素笃，自愿竭尽所能以满足美国政府的愿望，庶敦睦两国邦交。”[⑤] 美国立即抓住机会，得寸进尺，于 1909 年 8 月 10 日向中、英、法、德四国提出经过修改的方案：(1) 借款 600 万英镑，粤汉、川汉各半；(2) 川汉一半给美银行；(3) 美国材料亦享有与合同中给予英、法、德三国的同等的优先权，美国银团对购料佣金亦同等均沾；(4) 如鄂境川汉有附借款时，美银行仍分一半；(5) 四国按以上意见立一副合同，由中国政府允准按原合同批准[⑥]。

由于英、法、德三国乃至清朝摄政王载沣都对美国加入银行团作出让步，张之洞甚感孤掌难鸣，在多方压力之下也只得对美国让步，并要求梁敦彦尽早与英、法、德、美四国代表商妥借款事宜，以免延误工程：“既经与三国银

① 《美国外交文件》(1909 年)，第 171 页、172 页。
② 《美国外交文件》(1909 年)，第 178 页。
③ 《美国外交文件》(1909 年)，第 179 页。
④ 《美国外交文件》(1909 年)，第 180 页。
⑤ 《美国外交文件》(1909 年)，第 187 页。
⑥ 金士宣、徐文述主编：《中国铁路发展史》，中国铁道出版社 1986 年版，第 266 页。

行接洽，彼此允愿，内除借款数目更改外，原合同概行照旧，其余大致均可通融办理。……中国向来视美国与欧洲人无异，……转饬（美国）所派银行速与三国银行妥商定议，以凭早日出奏。”[①] 1909 年 8 月 19 日，中、英、法、德四国正式接纳美国参与湖广铁路借款，在五国拟定的《湖广铁路借款草合同》中，美国提出的修改方案得到了与会诸国的同意。

经过了长时间的酝酿与交涉，张之洞终于与列强拟订了湖广铁路借款的总框架，以后的正式借款合同正是遵照张之洞所拟草案的精神而制订的。但是事态的发展不以人的意志为转移，国内不同利益集团的矛盾既然无法调和，新一轮的路事风潮就不可避免地来临。

第三节　民间拒款运动持续升温

在论述民间拒款运动的时候，我们先来看看当时国内的舆论形势以及社会基础。

首先，清政府中央与广大绅商民众在对待“借债筑路”的问题上难以达成一致看法：19 世纪末 20 世纪初，中国人民争取民族独立的情绪异常高涨，对于铁路借款人们更关注的是利权外溢并给列强觊觎中国内政的机会。当时所谓的“国有铁路”中几乎每一条路都有一定量的官款拨入，某些线路上还是大笔数目，可是，只要一引进外资，无一不被挤轧在一边，远远享受不了、甚至被根本剥夺了相应的权利和利益。“官款”遭遇尚且如此，民间资本的遭遇更加糟糕[②]。即便是清政府，也曾经非常忌惮借款筑路而导致受制于人的悲剧发生，甲午之后尽管新败于日本，财政极度困窘，但清政府仍然把动用国资（官款和商款）兴建铁路干线放在首要地位。辛丑之后财政已经接近破产的清政府对于利用国资兴建干线方才不抱信心，负责统筹路事全局的张之洞和盛宣怀等人更是把“借债筑路”视为速成干线的不二法门。高居庙堂且通达明理如张之洞者，其筑路思想的转变尚且要经历长期的论证与实践，而没有条件参与这一论证与实践的芸芸众生，若要使其短时间内转变对借债筑路的观点，岂是易事哉。

其次，行将油尽灯枯的清政府根本没有能力整合各方力量以推行自己的施政方略。1900 年的八国联军侵华，使中国近代史上又增添了一项对外战争

---

① 《张文襄公全集》卷二二一，第 27 页。

② 汪敬虞：《中国近代经济史（1895—1927）》，人民出版社 2000 年版，第 2026 页。

空前惨败的记录，清政府的财政力量以及政治威信都跌落到了最低点；为了挽救统治危机而推行的“新政”，不但使清政府腐败形象无所改变，反而陷入了派系之争、中央与地方之争、满汉官僚之争的多重漩涡之中不能自拔，连自身力量都指挥不动；晚清期间崛起的各种社会力量逐渐具备了维护自身利益的实力，并急欲摆脱作为政府附庸的地位。在政府威望丧失、官民对立情绪相当尖锐的大环境之下，制订“借债筑路”国策的前因后果，清政府缺乏应有的渠道和耐心向基层官员和民众传达，更毋庸提让他们心悦诚服的接受，故而由借款而引发声势浩大的民间抗议运动势在必然。

在拟订《湖广铁路借款草合同》之后不久的 1909 年 10 月 4 日，被清政府倚为柱石的张之洞去世。通过分析张之洞的死因，我们不难发现清政府“干线国有、借款筑路”国策推行的失败只是时间的问题。

张之洞死因当然主要是年老体衰和入朝为相之后劳累过度，但无可讳言，心病确是造成其速死的重要原因。张之洞的心理压抑主要来源有二：其一是化解满汉畛域未果，其二是看到其经营多年的湖广商民群起反对干线国有政策之后，惊愕于清政府民心尽失。

我们先来看看张之洞化解满汉畛域的失败。

有清一代，八旗子弟尤其是满洲权贵天生就是特权享有者，八旗之外的臣民天生就是帮佣的角色，由此而造成了绵延二百多年的满汉之争，三藩之乱、文字狱、闭关锁国、白莲教起义、太平天国起义、天地会起义、戊戌政变和当时风靡海内外的排满风潮都是清政府推行民族歧视政策的直接或者间接产物。民族矛盾与隔阂的存在，必然使政府与社会之间乃至政府内部割裂成不同的利益团体。张之洞久镇地方，洞悉世情，深知为保大清江山社稷必先化解民族矛盾，其联合袁世凯、刘坤一等地方督抚推动中央实行“新政”的一个重要原因就是冲着调解满汉畛域以化解统治危机而来的。今天有些学者“天真”地认为如果没有辛亥革命，晚清“新政”能沿着张之洞等人的路线改良下去，历史的发展将是另外一种更好的结局。

但理论的演绎往往被无情的事实所颠覆，新政越推行到政治层面就越举步维艰，其原因很简单：任何专制统治者都不可能自动退出历史舞台，满洲权贵是不可能将手中特权拱手相让的，所谓官制改革和预备立宪只不过是保证满洲权贵专权以更“新颖”、更“合法”、或者更“现代化”的形式出现而已。

张之洞虽然愤慨于满洲贵族集团挂羊头卖狗肉，借“新政”之名，行专权之实，但作为一位自幼受儒家思想熏陶的重臣，他又不愿看到所效忠的清朝在万夫所指之下走向崩溃，于是多次进谏摄政王载沣等人用满排汉切莫过激，以免“舆请不属，必激变”。但载沣不但沿袭慈禧在1906年官制改革和1907年丁未政潮中的做法，蛮横地以“有兵在”、无惧民变来回敬。张之洞只好退而叹曰：“不意闻亡国之言”，咯血而出，临终前哀叹：“国运尽矣！”①

张之洞忧心忡忡地预见到清朝气数将尽

下面，我们再重点看看张之洞抑郁而终的第二个原因：从川、鄂、湘、粤绅商民众抵制干线国有运动之中，张之洞看到了清政府民心已失，内心难免抑郁，绝望至极。

早在1908年9月张之洞授意湖广总督陈夔龙确保川汉、粤汉铁路中的官权之时，鄂省绅商就致函陈夔龙予以抵制。鄂省绅商的反对理由主要有以下几方面：其一就是官商合办，侵夺商民之利权，无以服膺于湖广商民：“官与商之资本不相敌，则合办之义务，以所未尽。官与商之势力不相等，则合办之权利不能强同。权利不同，则商民之认股者，必多观望。且自商电改归官办后，于商民之信用，有绝大之影响。侧闻舆论，凡从前有电股者，皆疾首蹙额而相戒，以为无利之官办，则举而委之于商，有利之商办，则提而属之于官，如此待遇，将来公益之事，孰敢与官家合办？”其二，加重租捐以筹措筑路款项之举，在民力有限的情形之下无疑饮鸩止渴：川、鄂、湘等地“既担任赔款之重累，若又加租捐之烦扰，民力决不能堪”，如果勉强捐租，“非逃亡则饿莩耳”，又况设局征收，款项损耗甚大，“将归之股者十二三，糜于用者十七八，恐于股款毫无裨益。”其三，借款筑路虽能争取到不以路作为抵押，但是民愤过大且变数过大，不可不慎重处置：“借款之举，几于谈虎色变，然近来财政家之新识解，则曰借款造路，苟能不以路作押，另以他项动产不动产作抵，而如期付息，既不干预路事，虽多借亦属无伤”，但债一入手，利即随之，将来铁路借款利息究竟如何，以中方之势弱恐难操胜券。

既然干线官有、借款筑路面临如此棘手的难题，绅商代表认为把经办权放归商办不但可以缓和官商、官民矛盾，而且事关新政成败和大清国祚：“苟能改归商办，一切由商主持，谅必有投袂而起者。……或有为之说者，曰商

① 许同莘：《张文襄公年谱》，商务印书馆1947年版，第223页。

办则官家无利。是又不然。路成之后，可以抽收货捐，可以酌定报效，有此二者，路不发达则已，如其发达，必于湖北兴学练兵，不无小补，但愿得官力以维持之保护之，不袭电报收回官办之成案，则湖北商民，必有奋兴恐后者。如蒙督帅电商俯允，则绅等当会集全省绅商，通盘筹划，以报钧命。”①

1908 年 10 月 19 日，湖北绅、军、学界在省城集会，讨论出如下官方包办铁路干线的决议，并即刻通电要求清政府中央批准：“一、官民合办，义务权利均等。二、官资、民资各半，民资永不得收回。三、官方如借外债，不得以铁路作抵。四、预算拟定时，其半额可通过官方举借外债。五、借款须官民两方同意，外资不得侵及路权，外资多少总须依工事情形而定，商民与外债无涉。六、民间资金先取认股与招股二法，租股须研究后再决定。七、路利由官民平均分配。八、公司章程应在湖北长官监督下，由公举之官民共同制订。九、借款应在本省长官监督下进行。”②

与此同时，湘省绅商民众踊跃筹措款项以抵制干线官办。据 1908 年夏季湖南粤汉铁路公司总理余肇康的招股演说，自收回路权以来，湘省商民集股 113.7 万余元；1908 年 10 月绅商各界在谘议局集会议决，湘省股款将于次年下半年改行“累进租股”，即收租 50 石者每年匀出 1 元，收 100 石者每年入股 3 元，收 150 石者入股 6 元，收 200 石者入股 10 元，收 300 石者入股 18 元，收至 1000 石者入股 130 元，1000 石以上听其自由增入。谘议局预计每年着实可靠的租股，至少亦可得 300 万元③。

1909 年 6 月，湖南留日学生在留学生会馆举行会议，商议拒债方策，并决定创刊《湘路警钟》杂志，以事鼓吹。8 月，《湘路警钟》出版，它“专以救济路权，监督路政，以达完全商办为宗旨”。紧接着，旅奉、旅沪、旅宁、旅吉、旅浙、旅鄂、旅桂与旅浔各地湘人，均先后致电军机处、邮传部、湖广总督、湘抚及湘路公司等，力拒借债；旅沪、旅宁湘人且分别组织“湘路保存协会”和“保路协会”；湖南谘议局初选议员 820 人也致函张之洞、邮传部、宪政编查馆等，陈说：“照谘议局章程，本省权利之存废，应由议员决定”，表示“铁路借款，湘人决不承认。”④

1909 年 8 月，旅奉湘人陈炳焕、雷飞鹏等致函张之洞等廷臣，请求湘路自办。其致张之洞的信函中云：“湘路因借外债，致列强争涉，影响及于全国，湘人远近皇皇。去年袁宫保所定沪杭、津镇合同，大失天下之望，人心

---

① 《中国近代铁路史资料（1863—1911）》（第三册），第 1197 页。

② 《申报》，1908 年（宣统元年）10 月 20 日。

③ 《湘路新志》，第 1 年第 12 期（宣统二年十月初十二日）。

④ 湖南省志编纂委员会主编：《湖南省志》（第 1 卷），湖南人民出版社 1959 年版，第 276 页。

至今尚愤。中堂德望，为五十年所系，乞废草约，确定商办。”其致度支部的信函中云：“湘路借款，得不偿失，湘危，国亦不安。乞主持废约，仍令商办，定人心，保利权。迫切待命。”①

就在张之洞与列强拟订《湖广铁路借款草合同》之时，社会各界抗议浪潮再度卷起。1909 年 9 月，湖北留日学生致函湖北谘议局，力陈列强之狼子野心，强烈要求抵制干线官办和借款筑路：“盖始而英、法合借，继而德、美加入，寻至俄人起而强争，日本亦眈眈虎视焉，此中必伏有种种阴谋，不然，何群起相争如是之烈。识者谓川汉铁道成后，一入滇，一入藏；征诸逐年历史，如蛛丝马迹，斑斑可考。留东诸人，虑后患绵延，终为厉阶。吾谘议局必无宁岁。祸机已迫，一发千钧。”②

同时，湖北留日学生致函汉口商会，要求鄂省绅商勇作中流砥柱，群策群力，力争干线商办，挽国家利权于既倒：“吾鄂待修之粤汉、川汉两大铁道，贯国中枢……此路成否，影响于吾国者甚巨，吾鄂尤巨。……吾鄂力量固薄，不能肩此巨款。然与其捐于外人，为虎附翼，曷若公诸各省，集腋成裘。况以武汉三镇之殷富，亦未见其绝对不能乎？弟等愚见，祈诸公于商会提议，仿沪杭甬办法，以五元为一整股，不分满、汉、蒙、藏、回、苗，通国之人皆可入股，俾众志成城，利益普及于吾国。……诸公据商会上游，登高一呼，众山皆应。若蒙鼎力维持，众志齐一，能集股千万以上，则外债自可立拒。岂独吾鄂之福，实吾国吾民无疆之福。”③

同情保路绅商的朝廷官员也上折要求粤汉铁路收回自办。1909 年 7 月，一位湘籍御史上折请废湘路借款，强调了如国势平等情况之下借款筑路当然无妨，但弱国向强国举借外债，其结果必然是一步步地受制于人：“（粤汉铁路）虽之仿照津浦，不以路抵，不致路权悉掌外人；然合同须订明用彼总工程司，购彼材料，赔中折亏，已成巨款，况尚有扣折厘息耶？……如国势平等，借债本属无妨。今何时乎？以一弱国而欲与列强争衡，中智以下知其有损无益。彼用和缓手段，均分我利益，设彼生衅，则东三省日、俄之事将复见［于］今日。……咎由自取，能不寒心。应饬邮传部乘彼等相持不下，力与磋商，收回前议。不借外债，即由部会同各该省督抚督饬绅商，速招商股，或益以官款，改良为官督商办，以保主权而利交通，大局幸甚。”该奏折显然点到了清政府中央的痛处，以致当日奉旨着“邮传部知道”④。

① 《申报》，宣统元年（1909 年）七月十六日
② 《申报》，宣统元年（1909 年）八月八日。
③ 《申报》，宣统元年（1909 年）八月八日。
④ 《某御史请废湘路借欵之议》，《申报》，宣统元年七月二日（1909 年 8 月）。

为了推进拒款运动，湘省绅商还采取自筹路股、开工筑路等更实际的手段。1909 年 8 月，谘议局议员谭延闿、龙璋等倡议力图抵制外债，收回自办，并于长沙紫荆街设立铁路股东共济会事务所，并布告全省：凡有一股以上之股东，均请先向事务所报告所入股数、姓名、籍贯、住处，以便随时通知，俾互相讨论抵制之策。随后，湘省绅商聚议成立集股会，其活动内容如下：一、拒债，二、集股；三、办报，四、预备议案之研究。①

为了使湘路早日完工以慰藉众望，在湘省绅商的推动之下，商办湘路株长线冲破清政府阻挠开工建设，前设之株（洲）韶（山）购地处，改为株韶铁路工程处，由粤汉铁道湘路总公司派定员绅各数人，前往该处开工。先从株洲兴筑干线，随后再从韶山之易家湾分工二段：“一由南而上四十里达株洲，一由北而下六十里达长沙。以期早完全工，藉慰众望云。”②

1909 年 9 月，湘省议员 82 人致电湖广铁路督办大臣以及中央各部，要求湘省实行租股累进法，以推进粤汉铁路的建设。其电云：“湘路争回自办，去岁奏抽租股办法，每五十石入股一元，计岁得百二十余万元。现用累进法，由收百石入股三元起，递加至收千石入股百三十元止，岁可得四百万元。各属自治研究会绅及富室岁认股共百余万元，湘境全路估二千六百万元，合现款二百余万元，至迟四年可成。款既有着，万不承认借款。并恳代奏。”③ 同时湘路公司致电邮传部请取消借款事，同样提出了以湘省米、盐、租股为公司常款，以官督商办的形式速成湘路。

张之洞自知无法应对两湖绅商民众的激愤情绪，遂改变一贯的亲民作风，直至去世，张都一直采取闭门战术应对上访的绅商民众：“文襄见变端环起，后患不可胜言，亦遂深闭固拒，不肯轻遽入奏。”④

张之洞为挽救清朝国祚，在督湖广和入阁拜相期间不遗余力地收揽民心、拉近政府与社会团体之间的距离、消除官民之间隔阂与对立，同时选派“出身良好”的青年赴日深造，本意也是为培养和储备一大批才能突出可堪重托而且是忠心耿耿的清王朝守护者。但是，时下无论是绅商民众还是留日青年才俊，不但没有“理解”朝廷拟订“干线国有、借款筑路”国策之“用心良

---

① 《湘路危言》，转引自中国史学会主编《中国近代史资料丛刊·辛亥革命（四）》，上海人民出版社 1957 年版，第 537 页。

② 《湘路危言》，转引自中国史学会主编《中国近代史资料丛刊·辛亥革命（四）》，上海人民出版社 1957 年版，第 538 页。

③ 《湘路危言》，转引自中国史学会主编《中国近代史资料丛刊·辛亥革命（四）》，上海人民出版社 1957 年版，第 540 页。

④ 《湘路危言》，转引自中国史学会主编《中国近代史资料丛刊·辛亥革命（四）》，上海人民出版社 1957 年版，第 537 页。

苦"，而且公然与朝廷分道扬镳。以自己之德高望重、深孚民望尚且无法控制湖广局势，继任的满洲权贵多是才能平庸之辈，结果将会如何，张之洞本人并不难想象，无怪乎其在生命最后阶段哀叹"国运尽矣"，并日夜望死以避免亲眼目睹亡国之痛。

张之洞去世之后，民间拒款运动更加升温。这一方面是清政府与绅商民众之间失去了平衡者和沟通者。张之洞经手的借款谈判先是在秘密的情况下进行，后来尽管谈判公开进行，但张尚且能够娴熟地运用自己的政治威信和手腕化解绅商民众激愤情绪；张的去世使得政府与绅商民众之间缺少一个合适的调解者，逐渐分化为势同水火的两大阵营。另一方面则可以视为政府分崩离析、绅商阶层实力日益崛起的必然结果。随着新政的推行，尤其是地方谘议局的设立，很多地方事务官方无法直接干预，绅商民众纷纷以谘议局作为与政府合法抗争的阵地；而清政府不但失去了压制民间情绪的能力，其统治的合法性也遭到越来越多的质疑，在如此情形之下自然对于民间反对铁路国有的运动倍感棘手。对于这两方面原因，作为旁观者的美国驻华使节费莱齐就看得很清楚："这两省（两湖）对举借外债正展开着激烈的反抗。张之洞在世时，这种反抗最多不过是些空谈而已，因为张氏总督两省多年，其势力足以克制地力的反对情绪。我想中央政府不应该向这种地方的反抗屈服。前者两省强迫收回粤汉铁路便是一种狂热的爱国运动；若无此举，现在铁路恐已在营业了。两省本有充分机会用本国资本修筑铁路，但结果是完全失败了。显然，这条铁路应该，也只能由中央政府修筑，如果中央政府向这种叫嚣让步，即将是一个莫大的政治错误。但目下中央政府非常软弱，现在张之洞在当地的势力既已消逝，中央政府便很可能不敢对两湖采取强硬办法，而强硬办法不仅对铁路的成功，而且对中央的权力和威信，都是必要的。"①

表面上一直相对平静的鄂省民众对清政府筑路政策的不理解和不满在一点一滴地累积着，并最终随着平衡因素的消失喷薄而出，成为辛亥首义的策源地。

1909 年 10 月，当清政府欲借债筑路尤其是借用美债的消息传播开来之后，湖北留日学生致电邮传部、湖北谘议局和商会，陈说借款条约万万不可签订，因为列强虎视眈眈，朝廷借用外债，无非是引狼入室，丧失国家利权，"祸机已迫，一发千钧"。在致谘议局的电文中，留学生还请求谘议局承担民意机构的责任，上要敦促督抚拒绝借款，下要在全省范围内劝股商办，"贫富

① 《费莱齐致国务卿报告书》，《美国外交文件》（1909 年），第 205～206 页。

皆可认股”[①]；在致商会的电文中，恳请绅商挺身而出，“仿沪杭甬办法，以五元为一整股，不分满、汉、蒙、藏、回、苗，通国之人昔可入股，俾众志成城，利益普及于吾国”[②]。

1909年11月，拒款运动声势更盛。11月2日，湖北谘议局、教育会、宪政筹备会、武汉两总商会各职员暨留日学生铁路会代表张伯烈、夏道南在鄂省教育总会议场集会，张伯烈于席上慷慨悲愤，致三小时演说，陈述借款之祸患，全场议员之喝采声久久不能停息。在会场上，谘议局呼吁武汉商务总会、教育会、宪政筹备会等各团体，设立商办铁路协会，专以拒借外债集款自办为目的，并推举刘心源为正会长、吴兆泰为副会长。这个倡议得到了各团体的热烈响应。11月5日，铁路协会成立。为了向政府表明绅商民众拒款自办的态度，铁路协会拟定致北京邮传、度支两部电稿，并通过《申报》将电稿内容公布于众，其内容如下：“铁路协会致邮、度两部电：湖北商办铁路协会业已成立，现正筹备的款，公恳大部取销川汉、粤汉两路借款草议。查照去年鄂督咨案，准予商办完全权限，以顺舆论而维大局。刘心源、吴兆泰、李哲明、张国溶、吴庆焘、汤化龙、夏寿康、刘人群等二十八人公叩。”[③]11月8日，谘议局再次集会，与会成员一致通过了以下四条决议：（1）谘议局禀请总督代奏，主张废弃借款契约，归为商办；（2）谘议局通电在京鄂籍官绅，望各通气脉，同心协力，拒绝借款；（3）谘议局通电湖南谘议局，望协同一致，坚持拒绝借款运动；（4）谘议局发起纠合湖北全省绅、商、军、学各界团结一致，召开大会，由大会代表通电都察院、邮传部、度支部、民政部请代奏废约，归为商办[④]。

数日后，湖北谘议局提出拒绝借款、募集资金的具体方案，该方案大致如下：（1）募集商民股金；（2）劝勉各房主以其两月房租收入购买股票；（3）开设铁路彩票；（4）股票面值宜小，招股范围宜广；（5）利用本国制之铁轨；（6）不用外国技师，以节减经费；（7）购买铁路敷轨用地亩时，其地价之二成以股票付给；（8）与湖南协同联络，有无相通；（9）依纳税多寡，负担租金；（10）请融通盐税厘金收入[⑤]。

11月12日，谘议局议员议定各府县、团体及个人应当承担的路款如下：谘议局100万元，荆州府100万元，襄阳府50万元，德安府50万元，郧阳府

---

① 《湖北留日学生致湖北谘议局议员书》，《申报》，宣统元年八月八日（1909年9月3日）。

② 《湖北留日学生致汉口商会书》，《申报》，宣统元年八月八日（1909年9月3日）。

③ 《湖北铁路协会成立详志》，《申报》，宣统元年九月三十日（1909年11月12日）。

④ 《中国近代铁路史资料（1863—1911）》（第三册），第1201页。

⑤ 《中国近代铁路史资料（1863—1911）》（第三册），第1202页。

12万元，麻城县10万元，沔阳县10万元，汉川县5万元，黄冈县10万元，江夏县10万元，嘉鱼县10万元，荆门州5万元，安陆府10万元，广水县5万元，蕲州5万元。此外，个人分认额共计13.72万元。湖北全省教育会每人以月俸十分之一购股，共分担20万元。以上合计425.72万元。此外，在自办铁路的社会舆论鼓舞之下，武汉两地商务总会、军人会及其他各团体亦承诺分担股额约2 000多万元。

铁路协会设立后，会员办事相当认真负责。由于铁路建设所需资金甚大，尤其是2 000多万元启动资金难以按时筹集。号称武汉第一富豪的铁路协会副会长刘人群提议在拒款的同时一边筑路一边筹款，以铁路本身为宣传物，使民众知晓铁路对开发中国文明的必要性，从而更加热心于铁路建设。

一些具有相当大的社会影响力的媒体也纷纷加入了为绅商助威的行列。如《申报》于1910年1月刊登了《鄂路代表上邮传部书》，认为湖广铁路商办有如下必要：其一，民意所趋，绅民购股踊跃，“湖北既有此的款，即不敢不禀请商办，以仰体朝廷及钧部历年悬念粤汉、川汉铁路之至意”。其二，就法律上言之，湖广铁路宜商办，清政府不宜自食其言，因为此前“德宗景皇帝既以不借外债集股兴修垂戒于前，而钧部《奏定铁路简明章程》第九条，又以华人请办铁路，如系独力资本至五十万两以上，查明路工实有成效者，由本部专折请旨给予优奖，以资鼓励”。其三，国家财政支绌万分，难以统筹全国修路筹款之事，而各省各自图谋，上可分朝廷之忧，下可却强邻之步，一举而两得。其四，朝廷与其以18个月宽限外人，使外人借机要挟，不如以18个月宽限湖北人民，于所限期内切实筹办，实在不行的话，再交由邮传部定夺①。

由于铁路商办触动英、法、德、美四国利益，列强当然不愿意丧失到手的贷款权。闻知清政府谕令商办鄂境粤汉、川汉铁路之后，当即照会清政府，要求其对借款之事负责。清政府外务部将责任推给邮传部，邮传部又推给度支部，各部唯知互相指责，不肯作明确之回答：“外务部接英、美、德、法四国公使来照，兹咨送请查核酌办。遂将此事诿诸邮传部主持处理。邮传部对四国公使之照会亦不肯作明确之回答，而将张之洞前与四国银行家间成立之借款契约草案移咨度支部，请其表示意见，并望急速正式签约，庶几可使拒款派无试行反抗之余地。度支部尚书泽公（载泽）对邮传部推诿卸责之态度，深为不满。”②

---

① 《鄂路代表上邮传部书》，《申报》，宣统元年十二月五日（1910年1月15日）。

② 《中国社会科学院经济研究所藏日文档案》，转引自宓汝成编《中国近代铁路史资料（1863—1911）》（第三册），第1204页。

对于来势汹汹的列强，清政府自然不敢拂逆其意，而对拒款情绪高涨的绅商民众，清政府亦深知若施以正面之弹压，必生变乱，故只得表示对他们的请求“允加考虑”。

对于清政府模棱两可的表现，鄂省绅商非常不满，通过游行示威、集会演讲、登报宣传等手段向清政府表示了不达到拒绝借款归为商办之目的绝不罢休的决心：“拒款代表刘心源、张伯烈等闻知此种情形，遂发动猛烈示威运动，一面逼迫邮传部当局，努力贯彻其拒款目的，同时频频召开讲演会，唤起舆论；又复在其机关报《中国报》上日日呼吁声援。彼等以难侮之声势，鼓动在京之拒款派与两湖之拒款派，共同连续发电，逼讯邮传部当局，表示无论如何不达到拒绝借款归为商办之目的绝不停止。”①

为了以事实说服鄂省绅商民众接受兴筑干线非举借外债不可这一观点，清政府决定派遣铁路总局长梁士诒南行调查鄂省商款筹集情形。在梁士诒南行之前，邮传部官员已经看到了这一点：虽然鄂省绅商所组织的“铁路协会”倡言广筹租股，“年可自民间集资三百万两”，但以粤省之富裕，筹款尚且不易，贫瘠的鄂省能够筹措筑路巨款实在难以置信。邮传部特派大员南下调查，不过系完成手续，且表示重视民意之意，实则欲对拒款派之空言立证，以说明必需借款，并对拒款派进行打击而已②。

梁士诒在鄂省调查之后向邮传部复命：“湖北绅民集资，迄今仅百数十万两，且此数尚未全部缴齐。”邮传部立即以此为理由，对鄂省拒款人士的请愿活动进行打压。1910 年 2 月 19 日，邮传部尚书徐世昌于私宅召见鄂省绅商代表刘心源、张伯烈以及鄂籍京官黎大钧（大清银行副监督）等，对其拒款行动加以训斥。

但清政府的打压即刻遭到代表们的严厉驳辩，张伯烈等不肯退出徐世昌私宅，慷慨激昂，哀哭痛骂，踞坐徐门前数日。在代表们与徐世昌交涉的同时，黎大钧还联合鄂籍京官声援绅商拒款运动。令清政府更为恐惧的是湖北陆军将校冲破官方阻挠，争先恐后地承担路股，为拒款运动推波助澜。梁士诒为防止事态失控，提出了一个折中之策：一方面举借外资，一方面允许湖北绅商民众筹款投资干线，且将此意告知黎大均。但鄂省拒款代表闻知此事后，共同表示绝对反对此策，声言无论邮传部举借外债与否，湖北父老决不许可外资参与此路，对梁士诒之折中案决不听从。清政府高官极为惊恐，即

① 《中国社会科学院经济研究所藏日文档案》，转引自宓汝成编《中国近代铁路史资料（1863—1911）》（第三册），第 1205 页。

② 《中国社会科学院经济研究所藏日文档案》，转引自宓汝成编《中国近代铁路史资料（1863—1911）》（第三册），第 1206 页。

便是徐世昌、梁士诒等人，由于顾虑到自身安危，不得不加强了安保措施。

1910 年 2 月 23 日，鄂省在京拒款派人士于湖广会馆召开大会，通过了旨在拒绝外债的“自由行动”宣言，“宣言”内容如下：一、明日通电汉口拒款会本部，取消拒款会名义，自即日起，正式开办铁路公司。二、通知承担募集股金者，在鄂在京，各就所在地于三日内缴足股金。三、铁路公司代表将一切情况禀告邮传部，但不必俟其批准，即进行正式开办分司。

对于日趋激烈的拒款活动，清政府深知强力压制，必然酿成地方大乱，遂不得不暂时向鄂省绅商妥协。徐世昌接见了盘坐门前数日、“效秦廷之哭，不饮不食，不遂其志不止”的张伯烈，允许其“另草禀帖，述明旨趣”。黎大钧立即拟出鄂路商办的禀帖，呈递邮传部。1910 年 2 月 23 日，邮传部乃正式批准鄂路商办。消息传出之后，鄂省绅商拍手称快，招纳商股的势头迅速攀升，与由官府招股时应者寥寥的情形大为迥异：“既蒙批准，拒款代表等目的已达，欣欢雀跃。今日代表又接电报，云所募金额合计已达一千万元。”①

与此同时，湘省掀起的以“排拒外债”、“募集商股”为中心的保路运动也在张之洞去世之后继续高涨。

1909 年湘路公司致电邮传部，请求取消借款。电文论述了湘路商办的可行性和必要性：湘路工程共需款 2 000 万，每年所须款项约 300 万；而目前长株段工程已经开工，且所收股款尚可敷用；公司全年可收银 130 万两左右，除每年拨付 60 万两偿付合兴赎路英债及金元小票之外，每年仍有银 70 万两作为筑路款项；长株段工程开通之后，源头盘活，招股必旺，所缺款项就可以多种方式从国内筹集。但如果举借外债，亦系作三次分出债票，并非一次拨付，以虚数而酿实害实乃不智；更为危险的是现在湘省父老将外债视为切肤之痛，无人无日不以筹款招股为事，处置不慎必将引发地方动荡。因此，无论是为清朝江山还是为湘省父老切身利益计，邮传部都应该给予湘路公司完全权限，“俾得一意规划，征信股东”②。

为了安抚湘省绅商民众的情绪，邮传部尚书徐世昌亲自致电绅商代表谭延闿等人，电文中表示如果湘路公司的确筹集足够款项以保证干线工程正常开展，邮传部当然乐观其成，但是目前干线商办久无成效，邮传部方才筹议借款；张之洞所拟的借款草合同究竟如何处置国家利权问题，现在能否修正、如何修正，都非空言所能解决问题的，希望湘省父老理解政府举措，“一俟接

① 《中国社会科学院经济研究所藏日文档案》，转引自宓汝成编《中国近代铁路史资料（1863—1911）》（第三册），第 1207 页。

② 《湘路危言》，转引自中国史学会主编《中国近代史资料丛刊·辛亥革命（四）》，上海人民出版社 1957 年版，第 538 页。

收后体察情形，再妥商酌定”[①]。但湘路公司代表坚持己见，认为现筹款项已经能够勉强保证长株段工程正常开工，以后所需款项，完全有把握从湘省和全国范围内筹足，“均系实在情形，不敢稍作空言”，希望邮传部体恤民意。

1909 年 11 月，湖南留日学生联络湖北留学生成立两湖铁道协会，其宗旨以联络内地绅商学各界，拒绝外债，自筹路款，以达完全之商办。他们表示：当前湖北父老排拒外债的慷慨热情已经百倍于湖南，……倘若湖南人精神中道而衰，则事必失败；今日留日两湖协会已经成立，“愿吾内地同胞，贾其余勇，联络湖北人以同舟共济”，共同争取排拒外债运动的成功[②]。

1909 年 12 月 2 日，湖南谘议局议员通过了湘境粤汉铁路修筑计划之各项决议，详细论证了商办铁路的可行性，并得到了湖南巡抚的通过，日本驻长沙副领事村山正隆将该计划详录原文如下：

（甲）办法

一、拒借外债　已故张之洞虑湖南铁路资金缺乏，故拟举借外债。然湘省株洲、韶山间铁路工程早经着手，是非资金不足也。若赖外债，损失实多，例二百万镑外债二十年偿还，其损失可当四千华里铁路的敷设费。是以本会议员与全省绅士，决持拒债主义，舆论一致主张奏请政府，宣布该外债草约为无效，以安人心。

二、实行商办　铁路若归官办，则与商人意见疏隔，资金募集亦将困难。根据日前已呈禀抚台之方针，拟请公司即速召开股东会，选举理事会、监事会等人选，以符商办宗旨。拟将此意奏请政府，以坚股东信心。

三、用人　……劝铁路公司善于任用铁路学生。

四、育材　……某议员去岁访问浙江铁路公司总理时，问及技术办事人员，答以浙江铁路自力培养技术人员，无雇用外人之必要。本省应仿行此策。……既为乡土尽育材之义务，且可节省薪资不少。

（乙）资金

一、累进租股　应地租收入多寡分给铁路股票之办法，实行已久，并无障碍。今年外债问题起，人心愈益奋发。可仿各国累进租股法，自明年起实行。即收入满五十石者认股一元；百石至二百石者，每五十石加五十分；二百石至千石者，每百石再加五十分；千石以上不再累加。规定以额另认股者听。依此计算，五年后股金收入可达原数二倍以上，每年可得三百万元。待

---

① 《湘路危言》，转引自中国史学会主编《中国近代史资料丛刊·辛亥革命（四）》，上海人民出版社 1957 年版，第 539 页。

② 《湘路危言》，转引自中国史学会主编《中国近代史资料丛刊·辛亥革命（四）》，上海人民出版社 1957 年版，第 548 页。

资金充足时，此办法即可停止。

二、改定盐价 ……拟向抚台与盐务总督交涉，期湖南盐税监督局随时将此金额扣除，给予铁路公司以充湖南铁路之股金。此项每年约计银二十三万余两，可折洋银三十五万余元。

三、铁路银行 ……应仿四川之例，开办铁路银行。利用现在资金，由铁路公司发行票据。如经理得宜，可得融通之效；若准备金不足，可自大清、交通两银行借用资金。

四、分区劝股 本局议员力认股票外，应广为劝募，自省城以及各属；应制定劝募章程努力劝募，以地方富豪之家做劝募股金之所。……仿河南例，以收入之五分作为报酬开销。劝募员以各县议员、初选当选人、劝学所、警务局、地方自治筹办团防局、商务分会、农会、教育分会等董事，及地方上有信用之人当之。……［并］拟申请抚台明白晓谕各地方长官，协同劝募之士绅，在该管区内广为推动，努力募集。

五、在外集股 外省湘籍人士目下已设股金劝募会者，不一而足。未设之地，除绅商自由应募外，凡仕宦于外之湘籍人士，谘议局与铁路公司集股总会，应以公文促其劝募。

六、集股便通办法 地主可以土地，山主可以木材，公司被聘诸人可以薪俸入股。

七、官吏入股便通办法 凡湘籍仕为本省之幕僚，或任学校主教职者，以及兵营之武官，皆可按月薪出十分之一认购股票。年在百元以上至五百元者，可酌量加多。

八、官有股票 ［仿］滇蜀铁路集股……规定，宜申告巡抚与布政使，尽力所能，认购股票。

九、铁路债券 由铁路银行以一分利发行债券。

十、各地公有股 可调查各地公有财产，除不动产及备荒贮谷外，有积金生利者，酌定数额，认购股票。

（丙）计划

一、工事年限 ……以五年为期。湖南铁路全长一千三百七里，每年若筑成二百七十四里，则限期内工事可以完成。

二、筑路费 据专家计算，若能归商办，加以万事节约，则一里之路平均约费一万八千元，每年修二百七十四里，须款四百九十三万二千元[①]。

---

① 《日本驻长沙副领事村山正隆致日本外务相及驻华公使的报告》，见宓汝成《中国近代铁路史资料（1863—1911）》（第三册），第1204页。

进入1910年，随着清政府与英、法、德、美四国的借款谈判进入紧锣密鼓阶段，湘省绅商民众的拒款运动规模更加扩大。湘路公司余肇康、议员谭延闿致电邮传部尚书徐世昌，重申了筹款筑路的可行性：“查公司径电已详晰声明，长株一段明冬后春，一准开车，经费勉可敷用。以后每岁除已筹常款外，不过须另筹二百数十万金，尽可分年设法，无须将此二千万金巨款，必向各国预行全数借成，致生种种妨碍云云。均系实在情形，不敢稍作空言，谅邀钧鉴。”[①] 1910年8月，湖南京官亦与湘路总公司互通消息，共商保路大计：“探闻四国银行代表来京，催外部签约，乞准备力拒；如情形紧急，再行电闻。”[②] 同月，邮传部委派陈毅、司员苏舆及章华等三人签草约。湘人闻知大愤，认为此举乃拒款前途之障碍，并特开会集议，公举代表十余人，先至苏、章二处，迫令辞退，“谓如不自请取消，湘路即断送汝手；决将以对付某路贼之手段相对待”。苏、章二人无奈，乃承诺辞；代表又往见陈，陈只得避之不见[③]。

与应对咄咄逼人的列强一样，清政府应对保路心切的绅商民众也只能采取躲避、拖延或者一味满足的措施，其威信下跌和外强中干的实质已暴露无遗。其时两湖父老还将政府当做一个民意申诉和协调的机构，故而抗议活动的热度还是有所节制的。但随着事态的发展，官民双方的隔阂和分歧愈发扩大。待到绅商民众不把政府当做民意申诉机构而当做不共戴天的敌人之时，抗议活动必将是另外一种情形，这是后文将要阐述的。

---

① 《湘路危言》，转引自中国史学会主编《中国近代史资料丛刊·辛亥革命（四）》，上海人民出版社1957年版，第546页。

② 《湖南京官致总公司电》，《申报》，宣统二年七月八日（1910年8月12日）。

③ 《湘人拒款纪事》，《申报》，宣统二年七月八日（1910年8月12日）。

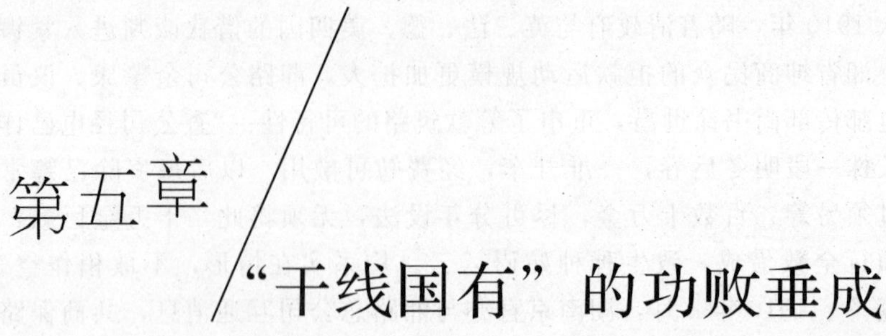

第五章 “干线国有”的功败垂成

随着国内外局势的发展以及自身的摸索论证，尤其是为了配合满洲权贵揽权的行动，清政府越来越把“干线国有”和“借款筑路”视为挽救危亡的不二法门，并不顾万夫所指而勉强推行。但在政府威信继续下跌、绅商阶层急欲借承办铁路干线之机增强政治影响和经济力量的历史背景之下，清政府所推出的“干线国有”、“借款筑路”政策无疑使各种潜伏的社会矛盾激化：绅商民众普遍认为“官方主持”虽然代表清政府权利却并不完全代表中国权利，尤其不能代表民众权利，故而即使干线商办再困难也不言放弃；地方官僚也清醒地认识到清朝气数将尽，加之当时清政府的一系列措施已经损伤地方政府权益，故而对民众的反对活动并不热心弹压，甚至联合民众向清政府施压。最终，“保路运动”成为了压垮清政府的最后一根稻草。

第一节 《四国借款合同》的正式签订

张之洞去世之后，鉴于川、鄂、湘、粤四省绅商民众排拒铁路外债运动已经蔚然成风，湖广铁路借款谈判一度搁浅。但不久之后，清政府仍然重启谈判之门并最终于1911年与英、法、德、美四国签订了正式的借款合同。推动清政府顶住舆论压力而签订正式借款协议的动力主要来自两方面：其一是为平息民变、集权中央以维持清朝国祚，必须迅速敷峻南北铁路干线，而浩大的工程非举借外债不可；其二是资本主义列强正急切地输出资本，故而强烈地要求清政府借债筑路，即便是降低借债门槛也在所不惜。

我们先来看看铁路“干线国有”、“借款筑路”缘何成为挽救统治危机的重要举措。

首先，面对民变浪潮，清政府中央必须迅速筑就贯通南北的铁路干线为调兵戡乱、维护皇朝统治服务。

清朝当权者早就担忧“不改革亡中国、改革亡大清”，无论是“家天下”还是“族天下”专制都必将伴随着改革而丧失合法性。当国者无从应付列强、疆吏、绅商和国内舆论界的敦促而开启新政之后，发现“亡大清”的步伐远远超出了先前的预料。其中，民众自发反抗政府的行动渐成燎原之势，就使统治者有如坐于冰山火海之上。

今天的史学研究者不应该把眼光局限于当权者的谕旨或奏折之上，宫廷署衙之外的世界其实并不狭小。同样，评论政治改革不能再贴上所谓“现代化”的学术标签，然后再带着学术有色眼镜去评价，更要以实际的社会效应亦即国民的生存和发展状况以验证之。按照这一标准评价的话，无论晚清新政在某些角度看来是多么的“现代化”，但它施行中侵犯了人民的切身利益，严重侵犯了他们的最低生存权，或者是与其价值观严重冲突，这必然是引起广泛的不解与对抗。其中，以下两方面尤为民众抵触。其一是赋税的加派：新政改革“无事不需款，新法新器日多，非巨款不能集事”①。在这种情形之下清政府只得盘剥于民：“自举新政以来，捐款加繁，其重复者，因劝学所或警费不足，如猪肉鸡鸭铺捐、砖瓦捐、烟酒捐、铺房最小之应免者，复令起捐”②。百姓怨声载道自不可避免：“以前不办新政，百姓尚可安身，今办自治巡警学堂，无一不在百姓身上设法。”③ 其二则是政府腐败在新政推行的过程中越演越烈，百姓很容易对这样的“现代化”失去信心：“凡立一学堂，则经费甚巨，初以公款充其费，继则搜刮民财，不肖官吏籍此渔利”④。作为旁观者的外国人也说：“他们总是假借地方自治的名义征税，并把税款落入腰包。”⑤

横征暴敛、官场腐败再加上天灾不断，晚清新政期间出现了民变高峰：“官乱于上，民变于下，海外党徒，长江会匪，东三省马贼，环伺而起。”⑥ 从繁华城镇到穷乡僻壤，民变“几乎无地无之，无时无之”，其范围之广，频率

---

① 《宣统元年八月二十二日农工商部奏请试办京畿公债票奉旨依议》，《东方杂志》第6卷，第10期。

② 《民呼日报》，1909年6月18日。

③ 《东方杂志》，1910年11月，第12期，《中国大事记》。

④ 刘大鹏：《退想斋日记》，山西人民出版社1980年版，第158页。

⑤ ［日］市古宙三：《绅士的作用：一个假说》，转引自［美］周锡良《改良与革命——辛亥革命在两湖》（杨慎之译），中华书局1982年版，第133页。

⑥ 《中华民国开国五十年文献》（第1编第16册），（台北）正中书局1964年版，第341页。

之快，类别之多，为历史所罕见。从1910年的长沙抢米风暴中，我们可以看到清政府的民心基础已经丧失殆尽。清季，有“天下粮仓”之称的湖南灾难深重，“扶老携幼，男号女啼，遍野沿门，鸠形鹄面，食树皮、草根、观音土及糟糠而毙者，所在皆是”，甚至“生人相食”，惨相环生：“或杀同伴，或杀己孩，或易子相食。”[①] 清政府中央和湖南地方当局的筹款赈灾举措无法落实，反而给地方官绅提供了大饱私囊的机会，加剧了社会矛盾。面对聚集省城饥肠辘辘、嗷嗷待哺的饥民，应对无策的巡抚岑春蓂（岑春煊之弟）情急之下欲施以高压平息事态，结果导致了无法控制情绪的饥民焚毁了抚署及各教堂、学堂、码头。晚清绅商地位的提高本是清政府为了重新收拢天下之民心、制衡日益坐大的督抚以及平息海内外共和革命浪潮之策。但面对着清政府一再要求“官绅合作”的旨意，湖南地方绅商非但不予理睬，还立即加入并领导了攻击政府的行动，列举湖南巡岑春蓂的种种过失，敦促清政府将其撤换，并联名上书指责湖广总督瑞澂袒护地方官员[②]。

当时天下糜烂的局势很大程度上是由体制运转失灵造成的，清政府也确实很想从体制改革上入手以挽救危局，但效果却适得其反。无奈之下，清政府只得采用更简单更直接也更残酷的办法，那就是让反对者尤其是揭竿而起的民众从肉体上消失。正如载沣所言：“有兵在”，无惧民变。然而，对于一个疆域辽阔的国度而言，镇压此起彼伏的民变，必须辅以纵横南北的铁路干线；与之相比，“借债筑路”所造成的利权损失是次要的，更是可以设法弥补的。

直至清亡，酷刑依然用于镇压与恐吓反对者，然而民间反抗浪潮也依然一浪高于一浪

① 政协长沙文史委员会：《长沙文史资料》1990年第6期，第51页。

② 《致铁路代表、同乡京官》，《湖南谘议局第一届报告书》卷五，湖南省图书馆藏，第23页。

其次，迅速敷竣铁路干线也是当时清政府集权于满洲权贵的必要辅助举措。

清政府欲延长国祚，首先要强化国家机器效率，强化中央集权，而至为关键的一步就是确保八旗集团尤其是满洲权贵的统治核心地位不可动摇。为此，慈禧在1906年官制改革和1907年丁未政潮中戮力打压督抚势力。1908年载沣登上摄政王宝座之后，继续推行排汉用满，集权满洲权贵之策：1908年，北洋派系首脑袁世凯被放逐；1909年2月，邮传部尚书陈璧先是革职“永不叙用”，旋即严辞乞休；接着，东三省总督徐世昌内调邮传部尚书，继任总督锡良到任后，立即抓住黑龙江布政使倪嗣冲贪污案，“即行革职，并勒追赃款”[①]；3月，民政部侍郎赵秉钧被迫致休，北京的警权转到亲贵手中；6月，直隶总督杨士骧病死，亲贵端方继任其职；1910年初，唐绍仪被迫乞休，铁路总局局长梁士诒被撤职，江北提督王士珍被迫“染病”自请开缺。

在人事变动的同时，满洲权贵收揽天下财权军权的步伐也紧锣密鼓。疆吏抗衡中央之所恃，一为军权，一为财权，当国者为此而捶胸顿脚：“督抚大权，无过兵、财两政，将事裁抑，此为最先。”[②]在财权方面，由于疆吏截留财税，新政开始的1901年中央财政赤字即达3 000余万两，到了1911年更是高达8 439余万两（据资政院的财政预算）[③]。

为收揽财权，1909年1月11日，载沣主导颁布了《清理财政章程》：中央设清理财政处，各省设立清理财政局，由度支部派专任监理官赴各省清理财政；从本年起，各省清理财政局必须按季度详报本省财政收支数字。财政大臣理所当然地由载泽担任，“清末政府谋中央集权，度支部尚书载泽尤主之，于是宣统元年有各省清理财政正副监理官之设”[④]。“载泽既管度支，建两大策：一设各省监理财政官，尽夺藩司之权；一设盐政处于京师，尽夺盐政盐运使之权，即所谓中央集权是也”[⑤]。在收揽兵权方面，1909年5月，载沣成立了陆海军联合机构——军谘处，“代理统率陆海军大元帅”以控制全国海陆军的调动之权。随后，任命他的两个胞弟载洵、载涛分管海军和军谘处，形成弟兄三人分揽军政大权的局面。醇王府一门三王，威加海内，“以全国军

---

① 中国科学院历史研究所第三所整理：《锡良遗稿·奏稿》（第2册），中华书局1959年版，第943页。

② 故宫博物院明清档案部编：《清末筹备立宪档案史料》（上册），中华书局1979年版，第413页。

③ 彭雨新：《辛亥革命前清王朝财政的崩溃》，转引自《辛亥革命论文集》，湖北人民出版社1981年版，第173页。

④ 陈惟彦：《宦游偶记·记宣统末年之清理财政》，民国八年（1917）线装本，第79页。

⑤ 胡思敬：《国闻备乘》卷四，上海书店出版社1997年版，第96页。

政委之于三二人”[①]。载沣等人还根据自己的喜好，对满洲权贵委以重任：“摄政王监国，亲贵用事，某掌军权，某专财柄，某握用人，某操行政，以参预政务为名，遇事擅专，不复能制；各引私人，在争私利，某某为监国所倚恃，某某为太后所信宠，间有一二差明事理者为所牵率，亦不免逢君之恶。”[②] 1910年春，军谘处出面通告各省督抚，拟派参谋官到各省督理军务，统一整合全国军事力量。海军处也电令驻各省兵舰没有海军处命令，不得擅离驻地。

由于清政府中央戡乱和集权计划过急，天下局势更加难以收拾。怨声载道的群众风传：“不用掐不用算，宣统不过两年半。”惧怕革命的绅商代表容忍满洲权贵“保大清”的行动，但前提是权贵也必须以“保中国”为任，但在看清权贵集权的真实动机之后失望至极：“清政府政治绝望，吾辈公决秘密革命。”[③] 在官场方面，疆吏们私下碰头时指出中央“自取灭亡之道”，“设有大故，而欲督抚效命，岂可得耶?”[④] 湖广总督以“督抚若失军事实权，即将无从负疆圻任”为由反对中央决策[⑤]。两江、两广、陕甘总督及山东、河南、陕西、安徽、江西、贵州等省巡抚，“因同病之故，乃相怜相亲”，以“一人之力不足与中央抗，思互相联合，以为与中央争持之基础”，联合电驳，抵制了中央的集权计划[⑥]。

在“晚清新政”越演越乱的历史大环境之下，粤汉干线的“国有”抑或“商办”必然由一个经济上的经办体制问题演变成为尖锐的政治矛盾。对于广大绅商民众而言，自然是“大清负天下”、“权贵负天下”；但对于权贵集团而言，那就是“天下负大清”。为了“平定天下”，“干线国有”、“借款筑路”虽遭遇极大的社会阻力，慌不择策的当国者也不得不勉强推行。因为节制地方势力，收揽天下财权与兵权，恢复清初“大小省开府持节之吏，畏惧凛凛，殿陛如咫尺”的政局，当然必须有贯通南北的铁路干线等客观条件加以配合。

大清龙旗虽摇摇欲坠，但对其抱以幻想者仍然不乏其人，故而“干线国有”还是有其支持者。

首先，外派到各地担任督抚的满洲权贵是“干线国有”、“借款筑路”强烈支持者。

---

① 佛掌：《中央集权发微》，转引自张楠、王忍之主编《辛亥革命前十年时论选集》（第3卷），生活·读书·新知三联书店1960年版，第844页。

② 金梁：《光宣小记》，上海书店出版社1998年版，第30页。

③ 《张季直传记资料》，（台北）天一出版社1985年版，第145页。

④ 佛掌：《中央集权发微》，转引自张楠、王忍之主编《辛亥革命前十年时论选集》（第3卷），生活·读书·新知三联书店1960年版，第844页。

⑤ 《清实录宣统政纪》卷二，中华书局1986年影印版，第70页。

⑥ 于民：《社说》，《东方杂志》第七年，第12期。

当时清政府为了收揽地方权力，外派了一批满洲权贵以作为镇守一方的督抚，他们目睹天下民心思变的局势之后，接连上折要求尽快借款敷峻干线。其中以满洲权贵、东三省总督锡良之奏折最具代表性，他在奏折中详尽阐述了“干线国有”方能挽救危局：“中国交通不便，凡政令之宣布，军事之征调，障阻既多，缓急难恃。所有森林矿产，因运输不便，亦多弃利于地。果十年以外铁路尽通，御中控外，势增百倍。斯时采用各国行政之法，决无难行之虑。”“借债筑路”乃忍短痛而治长痛之策：“财政日窘，外祸日迫，惟有实行借债可为第一救亡政策。借债乃十年以内救亡之要着，……造路乃十年以外救亡之要着。……拟请速定大计，指明我国亟应兴筑之粤汉、川藏、张恰、伊黑四段干路，准以本铁路抵押募借外债，以十万万为度。即由度支部、邮传部主持，一面议定借款，一面议定包工，限期十年完竣。……更征诸古今中外之历史，国家之盛衰，实视财政为消息。可分为四时代：曰本国财力完全之时代，曰借债维持之时代，曰债主代为维持之时代，曰债主监督财政之时代。我国今日所处之阶级，即由借债时代，渐入于债主代为维持时代。利用此策，乃可复还其财政完全之时代。”①

中央言官也纷纷上折推动清政府中央签订湖广铁路借款正式合同。1911年5月，给事中石长信上折，援引列强的一贯做法以论证铁路国有的必要性：“在德、奥、法、日本、墨西哥诸国，其铁路均归国有，而我分枝路与民，已为优异；……今我粤汉直贯桂、滇，川汉远控西藏，实为国家应有之两大干路。万一有事，缓急可恃。故无论衺延数千里之干路，断非民间零星凑集之款所能图成。即使迟以十年或二十年，造成之后，而各分畛域，倘于有事之际，命令不行，仍必如东西洋之议归国家收买。”② 郑孝胥也于1911年5月上折认为中国目前“救亡之要着”是吸引外资造路：“时事急矣，欲以兵力自强，非五十年不能收效；欲以政治自振，非三十年不能见功；欲以穷困闭塞之国而为治兵修政之举，则又非三五十年所能成就。故为今日之中国计，十年之内，惟以吸收外资为救亡之要着，十年以后，惟以铁道尽通为图存之要着。约而言之，则借债造路而已。”说得更确切一点借债十万万赶造张恰、伊黑、川藏、粤汉四大干路。借债包工筑路除了弥补国资不足之外，还有如下好处：其一，包工与借债并议，则所借之债悉入包工之手，而无挪移吞蚀之患；其二，包工公司为盈利起见，用人购料，必就近购于中国，工程亦必求

① 《东三省总督锡良拟借外债折》，《清实录·宣统政纪》卷四〇，中华书局1986年影印版，第11～14页。

② 《交通史路政编》(第2册)，第882、883页。

迅速，“是借债十万万，外人得其三，而中国得其七也。中国既藉大工以活民力，而列国之甘于发难者，又怀毒而不得发，此诚釜底抽薪之策，所谓十年之内，以吸收外资为救亡之要着者，此也。”①

其次，一些对清政府还抱着幻想的社会名流也撰文赞成干线国有，借款筑路。孙宝暄在日记中对铁路国有持明确的肯定态度，他认为关于国家命脉的事业必须控制在国家手中：“若矿、若路、若森林、若邮电、惟公家专之。”② 曾极力支持铁路商办的杨度此时也开始对商办铁路政策进行反省，他公开向邮传部上书，认为粤汉商办后，三省各自为政，不仅没有修成铁路，反而陷入更多的纠葛。这样下去耽误的不仅是铁路建设本身，更是错失发展机遇。奉天提学使卢靖也曾发文赞成借债筑路，批评了拒债论。他称：“今犹不输入外资，非束手待毙之道乎……而谓赤手空拳，能转贫弱为富强，不自取灭亡者，异日抉吾眼拔吾舌也。”③

这些社会名流之所以赞成干线国有，当然是经过深思熟虑之后得出的见解，但更主要的原因是由于他们已经成为清政权的既得利益者。比如杨度1905年时候曾经被推举为留美、留日学生维护粤汉铁路代表团总代表，其时的地位与立场当然促使他带头请愿，要求废除1900年中美粤汉铁路借款续约，主张收回路权官绅筹款自办。1907年之后，自幼跟随名士王闿运熟习“帝王之术”的杨度步入官场，一路青云直上：清政府关于“立宪”的文件多出于杨度之手，并出入颐和园为王公大臣作宪法讲座；在1911年成立的“皇族内阁”中，杨度是统计局局长，并与北洋首领袁世凯关系非同一般。地位与立场的改变，自然促成了杨度等名流办路主张的改变。

岌岌可危的统治危机以及对清政府尚抱幻想的言官、部臣的支持，使得清政府下定决心将“干线国有”、“借款筑路”定为国策。1911年5月9日，清政府中央颁布上谕，宣布将粤汉铁路等干线收归国有：“国家必得有纵横四境诸大干路……从前规划未善……不分枝干，不量民力，一纸呈请，辄行批准商办。乃数年以来，粤则收股及半，造路无多，川则倒帐甚巨，参追无着，湘鄂则设局多年，徒资坐耗。……用特明白晓谕，昭示天下，干路均归国有，定为政策。所有宣统三年以前各省分设公司集股商办之干路，延误已久，应即由国家收回，赶紧兴筑。除枝路仍准商民量力酌行外，其从前批准干线各案，一律取消。”④

---

① 汪诒年整理：《汪穰卿遗着》卷五，1920版，第39页。

② 孙宝暄：《望山庐日记》（下册），上海古籍出版社1983年版，第1001页。

③ 《卢提学使抉眼之言》，《民呼日报》，1909年7月7日。

④ 《中国近代铁路史资料（1863—1911）》（第三册），第1236页。

列强对清政府中央施加的压力则大大加速了借款合同正式签订的步伐。

列强自然洞悉中国当时的局势相当严峻，敦促清政府推行“干线国有”和“借款筑路”之策，必然会在政府与民众、中央与地方白热化的矛盾上再烧上一把火。日本情报人员在给本国的报告中曾这样描述当时群众的情绪：“如果向一个愚昧无知的人问及国家大事，他会说：‘要改朝换代了’。”[①] 美国观察家也指出：“中国情势已经败坏到无以复加，政府和宫廷都忙于阴谋，而各党派则极力争夺权势。”[②]

但是，列强自身同样陷于重重矛盾之中难以自拔，为了转嫁自身矛盾，自然不再顾及中国的承受能力而一再敦促清政府推行“干线国有”、“借款筑路”之策。其时，英、德、法、美、日诸强正在向帝国主义阶段过渡，大量过剩的资本和产品急需向殖民地和半殖民地输出。清政府欲通过谈判的方式将借款门槛一再降低，这并不是列强所担忧的，他们真正担忧的反而是清政府忌惮于社会舆论的压力而在借款筑路问题上一再犹豫不决，从而使其丧失了缓解生产过剩压力的最佳时机。为了使清政府就范，列强联合起来软硬兼施：一方面通过外交压力强迫清政府将已经承诺准许商办的铁路“干线收归国有”，一方面则以主动降低借款门槛以鼓动清政府签订正式的借款合同。

1910 年 2 月至 11 月，英、德、法、美公使连续照会清政府外务部，措辞严厉，责备清政府既然已经签订借款合同在先，就不应该因为湖广绅商的反对而准予鄂境铁路商办，导致签约诸方权利受损。列强在 1911 年 2 月的照会中指出：“邮传部宣示批准鄂绅设立铁路公司，筹款招股，仿照湘、粤等省各公司办法办理等因。……似含侵妨对于已允数国银行关于湖广境内铁路之筑造情象，为此本署大臣照请贵亲王查照示复贵国政府是何意向。”[③] 清政府深感理亏，不敢对列强的照会予以回复。为此，美、德、英、法四国公使指出：“英、法、德各银行代表人等，与奉旨授权代中国政府行事之张中堂，订立合同，借款筑造湖广境内粤汉及湖北境内川汉各铁路。该合同由两造签字，视同正式合同。”但合同订立足足一载有余，清政府不但没有执行合同，且对各国公使的复文迟迟不予答复，故而四国公使“兹遵本国政府命令，照请贵亲王请旨批准以上所提议之合同，画押施行，以资振兴中国商务，而敦邦交，

---

① ［美］周锡良：《改良与革命——辛亥革命在两湖》，中华书局 1982 年版，第 199 页。

② ［美］李约翰：《清帝逊位与列强》（孙瑞芹、陈泽宪译），中华书局 1982 年版，第 36 页。

③ 《邮传部接办粤川汉铁路借欵及分别接收各路股款始末记》，宓汝成编《中国近代铁路史资料（1863—1911）》（第三册），第 1216 页。

实本国政府之所深愿。为此请贵亲王迅速照复，俾得转报本国政府，是所感荷”①。

外务部将此事诿诸邮传部主持处理，邮传部对四国公使之照会亦不肯作明确之回答，将难题踢给度支部：“而将张之洞前与四国银行家间成立之借款契约草案移咨度支部，请其表示意见”；② 度支部尚书载泽对邮传部推诿卸责态度深为不满，又因无从应对列强的质问，只得将难题回踢给邮传部：“查此次借款合同，固应妥慎斟酌，以期无弊，而是否募借外债，尤为兹事第一要键。……贵部如何办理，来函未经提及，想系尚待筹商。且检阅该合同条约后开，俟督办大臣奏奉谕旨交度支部复准后再签立正合同，如度支部有驳改之处，即再予商办法等语。此时一切既未议定，应俟贵部体查情形，将如何办法，奏明请旨后，如有应由敝部复核者，再行详议。”③

清政府各部之间的推诿自然使列强按捺不住。1910 年 9 月美、英、法、德四国公使再次照会外务部，指责清政府逃避责任的行为，并督促其立即与四国银行商议借款事宜：“如此延缓，其咎不能归四国使馆及四国银行矣。是以不得不请贵爵注意，并希贵国政府设法饬催邮传部按照贵爵中历六月二十六日所云各节，与该四国银行直接开议可也。”④ 为了进一步给清政府施加压力。列强还根据 1907 年间中、英、德、法、美达成的协议正式组建四国银行团，以既成事实给清政府施加压力。1910 年 5 月 23 日，中英公司和华中铁路公司代表英国银团、德华银行代表德国银团、东方汇理银行代表法国银团、摩根和格林斐尔公司代表美国银团，于巴黎东方汇理银行订立协议。该协议精神为英法德美四国共同组建四国银行团参与对粤汉铁路的借款，先前所议定的各项责任与权利如款项、材料、佣金、指派工程师及铁路运营收入，四国一体均沾⑤。

最终，无以应对列强指责的清政府外务部、度支部和邮传部对从速完成借款谈判达成了共识。作为“干线国有”、“借债筑路”国策拟订者之一的盛宣怀，就在这一关头重新站到风口浪尖之上。

盛宣怀在 1905 年的拒美保路风潮中坚持认为清政府若想速成干线，舍“官方主持”、“借款筑路”之外别无长策，故而一再袒护美方以图维持原约。

① 《邮传部接办粤川汉铁路借欵及分别接收各路股欵始末记》，宓汝成编《中国近代铁路史资料（1863—1911）》（第三册），第 1217 页。

② 《中国近代铁路史资料（1863—1911）》（第三册），第 1206 页。

③ 《顺天时报》，宣统二年三月十三日（1910 年 4 月 22 日）。

④ 《邮传部接办粤川汉铁路借款及分别接收各路股款始末记》，宓汝成编《中国近代铁路史资料（1863—1911）》（第三册），第 1218 页。

⑤ 黄月波等编：《中外条约汇编》卷一，商务印书馆 1935 年版，第 886、887 页。

盛宣怀力主“干线国有”，被满洲权贵视为救命草并被赐予紫禁城骑马的殊荣

即便他在朝野舆论指责之下失却粤汉铁路督办权之后，仍然坚持己见，指出商办铁路本身有着一系列无法自我克服的困难：其一，“路工濡滞，耗费浩繁，皆出意料之外”；其二，铁路不能完工，则所入必不能敷所出，亏损反过来又使民众受苦，“是欲利地方，而适所以害地方也”；其三，铁路建设的资金缺口数目是如此之大，但是民办铁路公司又纷纷出台拒绝外债的规定，以致任何一家外国银行或公司都不敢冒风险把巨资借给民有公司，这就决定了铁路建设必定进入恶性循环。以上这些问题的妥善解决必须由政府出面[①]。清政府在筑路问题上经过一段波折和反思之后，基本上肯定了盛宣怀的倡议。当时清政府缺少一个有魄力有经验的大臣主持借债筑路适宜，尤其是面对着鄂、湘、粤三省绅商民众的抗议以及列强的催迫之时，主持借债事宜的度支部尚书载泽和邮传部尚书徐世昌举棋不定，并互相推诿责任，令清政府在外交上陷入了非常尴尬的局面[②]。虽然盛宣怀不如久镇湖广的张之洞有魄力、有经验、能平衡各种关系，但长于与列强交涉，朝中大臣无出其右，继张之后全面主持路款谈判者当然非其莫属。

1910年8月，摄政王载沣召见盛宣怀，咨询借款筑路事宜。盛宣怀先是坚持认为借款筑路利大于弊，如果防护措施得当于国家利权并无大碍：“借债固非所宜。然以中国财政之困难，如修路、开矿与兴利皆不妨借债兴办。惟须严定限制，权操于我，外人只有投资得息之利，无干预造路、用人之权。如此办理，未尝不可。”继而，盛宣怀贬斥鄂、湘、粤三省绅商民众排拒外债的行动名义上是保国护权，实则失机误国：“现在湘、鄂两省设立拒款会，不借外债，筹款自办云云，不过徒托空言，于实事毫无补救。粤汉铁路赎回三

① 盛宣怀：《复陈铁路明定干路支路办法折》，《愚斋存稿》卷一七、奏疏一七。
② 《顺天时报》，宣统二年三月十三日（1910年4月22日）。

年之久，而迄今一无成效。热心路事，保护利权，忠君爱国者，固如是乎？当此国家百废待举之时，不但不知赞成，反固执己见，鼓动风潮，此等无意识之举动，殊不可取。并闻其中常有暗受他人指使。苟如彼辈所云，恐再迟三十年，款亦不足，路亦不能兴办。盖其所谓集款若干者，实不可靠之数耳。”① 载沣听取盛宣怀的奏对之后，大为动容，马上与军机处及外、度两部妥商办理借款筑路之事。

1910 年 10 月，邮传部将盛宣怀等人拟定的借款办路说帖刊发在《申报》上，意图争取清政府最高决策层以及社会各界对借款筑路行为的认可。在文中，邮传部对国人排拒外债之情深表了解：“（借债筑路）一曰伤权，二曰损利；伤权起于抵押，损利起于折扣，是为两害；因抵押侵及用人，而权更伤，因折扣并及购料，而利更损，是为两害，复成为四害，毋怪上下之惊疑也。”② 但同时也强调在当前条件之下，中国筑路舍举借外债、慎重修约、监理得当之外实无长策：“然以各国铁路相衡，我国路线之待修者正复不少。此其故不在路政之不发达，实在财政之不足挹注也。欲救其弊，舍借款办法，目前实无良图。……苟于契约中去其伤权、损利两弊端，则借款未始非救时之策。故借款办法，在首慎择所筑之路，尤在慎选用款之人。”③

1911 年 1 月，盛宣怀在掌权的满洲权贵支持下接任邮传部尚书一职（5 月改称大臣），从而更加快了“干线国有”和“借款筑路”国策的正式出台。

他在与载沣面谈时指出：在中国当前的社会资本条件下，单纯的筹款自办是“与实事毫无补救”的“徒托空言”，铁路建设事业是国家经济领域中投资规模最大的产业，也是现时能够获得大量财政支持而有利可图的事业，对国家财政、金融运行与发展影响至巨，为大清江山社稷计，不可不由政府掌握，借款筑路之谈判亦实不可再拖延。1911 年 5 月 3 日，盛宣怀再次上折，请求最高决策层尽快将“干线国有”付诸行动。奏折中盛宣怀结合国内实际，旁引国际大势，陈说“干线国有”的必要性：“环球大势，昔以赶造铁路为治内御外之惟一政策。我国幅员广阔，欲谋行政之统一，必须路线之交通。又况天富中原，饶于地利，若无铁路之风驰电掣，朝发夕至，则数万里之膏腴沃壤，何以保全利益，巩固邦基。然欲路之纵横四达，则非国家出以全力，断难办到。闻德国于数十年前，民间亦欲造路，而聚讼多年，一路不成。该政府洞见国家如此重大要政，将为民间牵掣所误，于是毅然定策，悉归国有。

---

① 《申报》，宣统二年七月二十日（1910 年 8 月 24 日）。

② 《邮传部主张借款办路》，《申报》，宣统二年九月八日（1910 年 10 月 10 日）。

③ 《申报》，宣统二年九月八日（1910 年 10 月 10 日）。

不久即四通八达，棋布星罗，今日德国饷源之最大者，即铁路进款是也。此诚可为中国前事之师矣。……查各省商办铁路，自批准之后，苟能随时集款，随时兴工，则六七年来，亦必已有成就。虽终不能化门户乡土之见，他年再援日本之例，买归国有，亦何不可？而无如经理之人，或植党以营私，或蹈虚不务实。集兹巨款，已由闾阎搜括而来，乃犹不免虚糜坐耗，甚至侵挪倒帐，失之于董司之手者，仍必索之于小民。此皆苦于当局者程度不足副其责成，以致路工濡滞，耗费浩繁，皆出于意料之外。”奏折的最后，盛宣怀指出，“干线国有”政策的施行不必等待万事俱备之时，要以雷厉风行之势采取快刀斩乱麻的方式推行：“（石长信奏折）其要尤在干路收归国有，迅速筹办，枝路则仍可由商民量力办理，此为要领。……惟从前批准商办各案，并不分别干路枝路，且已有定官办而又续准商办，又有已定商办而又续改官办，更有一干路而使官商错杂其间，不特将来路政无以收统一之效，即目前驭下亦未免轩轾攸分，实不足以成政策。如该给事中所奏，国计民生兼筹，明定统一办法，似不可再事因循。应请圣明裁断，并恳明降谕旨，晓示天下，俾臣民共知遵守。”① 盛的提议自然得到正急欲集权中央的载沣大力支持，由此而有 1911 年 5 月 9 日，清政府“铁路国有”上谕的发布。

同时，盛宣怀在政府最高决策层的支持之下与列强就借款筑路问题展开了反复谈判：“磋商数月，会晤将及二十次，辩论不止数万言，于原约稍可力争者，舌敝唇焦，始得挽回数事，实已无可再争。”② 由于清政府急需敷峻干线，而列强又急切需要输出产品和资本，故而盛宣怀等人所争取到的条件也比张之洞所争取的要优厚，兹将所争取到的条件罗列如下：双方承诺在合同画押后六个月内在武昌、长沙、广水、宜昌四处同时开工，以符干路速成之宗旨；张之洞所签的草合同之中议定“建造工程，如有不敷，则向银行续借洋款，其利息条款仍照现时合同，而价值须九四五扣，且须另加抵押之饷源”，盛经过磋商后将其修改为“如不敷续借，照本合同条款续售第二批债票，毋庸多扣，亦毋庸再加饷源抵押，其数不逾四百万镑。惟因不加抵押，年限须改四十年。仍订明十年后，无论何时，均可还清，第十七年以后，仍无须加二镑半，则虽称四十年之限，仍与二十五年之限毫无分别”；草合同第二款议定“将来或以为有益，或以为须造枝路，如须用外国资本，则先尽银行等商办”，盛将其改议为“如欲展长（铁路），先以中国款项自行建造，如须借外国资本，倘银行等所给之条款利益不少于别家，则先尽银行等商办”；

① 盛宣怀：《愚斋存稿》卷一七，第 1、2 页。

② 盛宣怀：《愚斋存稿》卷一七，第 5 页。

草合同议定“或在中国或在外国所存铁路款项，皆须存于汇丰、德华、汇理各银行”，盛将其改订为“照净数一半存于邮传部所指之交通银行或大清银行”；草合同中议定在购买材料注重从国外购入，“即钢轨大宗，亦言明一半购买承办借款之国”，盛将其改议为“钢轨及附件皆应自行制造供用，以及购买中国材料，皆不给用钱，其外洋材料，须由邮传部选聘专门工程司验看此项货物”；草合同附件中允准酌情仿照津浦铁路借款合同办理，盛认为用语过于涉笼统，故将此附件删除[①]。

盛宣怀的借款谈判很顺利地得到了最高决策层的批准。1911 年 5 月 20 日，邮传部代表清政府在北京与四国银行团商订《湖北、湖南两省境内粤汉铁路、湖北境内川汉铁路借款合同》。借款条约共有 25 款，其基本内容如下：

一、清政府向德、法、英、美四国银行借款 1 000 万英镑，年利息为 5 厘。用于建造 1 800 华里的铁路以及车辆设备，铁路将在 3 年内完工，贷款则须在 40 年内还清。

二、贷款方则以两省的百货厘金、盐厘金等合计 520 万两作为抵押。此项贷款本利，如能按期偿还，则贷款方不得干预各省之厘捐。

三、铁路建造与管理的全部权力归中方所有，并由中方自行选派 3 名洋人总工程师，外国银行对所聘总工程师有否决权，但须说明否决理由。总工程师听命于中方督办大臣。其委任、辞退有关人员须经中方总办同意，如有分歧，由中国邮传部作最终裁决，对此裁决，不得提出异议。

四、所用铁轨，必须使用中国汉阳铁工厂自行制造的产品。价格则由邮传部比较他路欧美产品价格而定。所需从外国购入的重要原材料与产品，须通过招标方式进行，经理之人须通过公共市场，择价格最廉者或货料最佳者购买，定购材料及支取费用，须由中方督办大臣或总办核准签字。进货时须由中方所聘者验看后才能进货。如中国的原料或产品与各国原料或产品相比，质同价低，或价同质高，则应优先购买中国原料或产品，以鼓励中国工艺[②]。

清政府最高决策层对此合同也表示满意，5 月 20 日即颁布谕旨批准湖广铁路借款正式合同的签订：“监国摄政王钤章钦奉四月二十二日谕旨，邮传部会奏，粤汉、川汉铁路接议英、德、美、法各银行借款合同，磋商定议，缮单呈览，并请旨签字盖印一折，着邮传部大臣签字，余依议。钦此。”[③]

作为帝国主义列强中的新贵，日本同样急欲对华输出资本和剩余产品，

---

① 盛宣怀：《愚斋存稿》卷一七，第 6 页、第 7 页。

② 王彦威辑、王亮编：《宣统朝外交史料》（第 20 卷），（北平）外交史料编纂处民国二十二年（1933 年）版，第 38～51 页。

③ 《北京日报》，1911 年 5 月 20 日。

加之张之洞曾聘用日本工程师勘测鄂境粤汉、川汉两路，日本认为有恩于中国，故而强烈地向清政府提出要求参加四国银行团对华借款。其时日俄为争夺东北而燃起的战火甫经熄灭，新仇加上旧恨，非但普通民众排拒，即便是朝中同僚也难以接受。但盛宣怀又无从拒绝日本，只得另向日本正金银行签订邮传部借款一千万日元合同，年息五厘，本息由京汉铁路支付，以使日本获得所谓的“补偿”①。

1911 年发行的湖广铁路借款债券

关于该借款合同，我们应该一分为二地看待。一方面，湖广铁路借款合同是清政府经过对筑路方针长期酝酿以及对干线自办的经验教训进行深刻总结之后作出的决策，是“铁路国有”、“借债筑路”和“官方主持”的筑路政策付诸实践的必然结果。单单从条文本身来考察，该合同有诸多值得肯定的地方。其一，利息为 5％的贷款属于较低利率的贷款。当时中国国内钱庄的平均利息高达 12.5％至 14.8％，与之相比照，湖广铁路借款利率是相当低的。其二，该条约确实也争取到了有利于中国的让步，不致因为借款而丧失过多利权。其三，一些颇具争议的条件实质上是西方银行为保证贷款不受损失的

① 张心澂总纂：《交通史总务编》（第 2 章），财政，交通铁道两部交通史编纂委员会 1936 年版，第 642 页。

惯有条件，不关国家主权问题[①]。

另一方面，我们在肯定借款条约的进步性的同时，也不容忽视其消极的方面。其一，这份铁路借款合同与以前的相比并没有本质的区别。虽然还款期、利率、抵押物有所不同，但由于中外双方在实力上处于不对等的地位，故而合同改变不了侵犯、损害中国主权和国家民族具体权益的实质，因此，同样属于不平等条约。其二，借款条约的实施，真正受益者是中外财阀和政治寡头。"至于规定钢轨由汉阳铁厂自行制造使用，不言自明的原因是盛宣怀本身是汉冶萍（含汉阳铁厂）的老板"；"干线国有"政策真正推行成功，政治上最大的受益者也主要是满洲亲贵集团；当然，对于外国财团的财阀们而言，他们搞的是强权政治，"把你捆住之后，再来一步步附加条件，而他们则不会规规矩矩地履行合同"；而对于广大民众而言，从长远和客观看，他们或许以后是"现代化"的受益者，但首先是受害者和牺牲品，"大型工程的兴建对于他们而言，往往意味着利益上的牺牲"[②]。其三，清政府并没有认真考虑如何偿还商民股款，甚至在借款谈判中没有专列款项作为偿还商股的基金(后来迫于商民的压力才加以考虑，只是为时已晚)。显然，清政府想重演"官督商办"企业的故伎，采取"空手套狼"的惯用手段，通过"拖"、"赖"的方式使商股变成死账赖账，并最终不了了之。"为了未来的幸福，请先牺牲当前的利益"，中国历史上不少当政者都曾对治下的百姓许下这样难以兑现的诺言，百姓一般也都无奈地接受，但偶尔也有不接受的时候，"晚清新政"时期的百姓就是典型一例。

正因为湖广铁路借款正式合同利弊同时存在，史学界对这段历史的评价分歧很大。一部分学者根据合同条文的积极方面因素，肯定了清政府"干线国有"以及"晚清新政"的进步作用，否定了"保路运动"乃至"辛亥革命"的意义。当然，更有学者坚持认为借款合同有积极作用的同时消极作用也不容小觑，而且在当时的历史大环境之下，消极作用所起的影响更为明显。

诚然，大凡借款合同必有其利弊两方面，我们不能空洞地、纯粹地根据合同条文对其进行评价，还应该结合社会环境看该合同有没有推行的可能性。正如"凡药三分害"一样，对于一位垂危体弱的病人，即便是对症下药，药的"三分害"也会引发并发症并致病人于死地。清政府于财政濒临破产、民心已然丧失的情形之下依然推行"干线国有"和"借款筑路"政策，毫无疑义的是该政策不但推行不开，而且激化了潜伏已久的矛盾，引发了多种"并

① 陈廷湘：《1911年清政府处理铁路国有事件的失误与失败》，《四川大学学报（哲学社会科学版）》2007年第1期。

② 章玉钧：《关于保路运动若干问题的辩证》，《社会科学研究》2001年第6期

发症”，并最终导致了清政府的垮台，这正是下文要阐述的。

第二节 保路运动与干线国有政策的失败

清政府对于借款速修湖广铁路之事是下了相当大的决心，并且也自认为做了相当充足的准备。考诸上文，今天我们也可以心平气和地认识到，就加快干线建设而言，在当时的国家经济条件之下，“官方主持”、“借款筑路”实是无奈之选择；而且，借款谈判的主持者如张之洞和盛宣怀等人为了维护国家利权也在外交上做出了许多努力。但是理论上的演绎和推论未必一定经受得起实践的检验一样。当时中央政府集权能力已极为微弱，其存在的合法性已经遭到广泛的质疑；社会力量已然崛起并借助谘议局与政府分庭抗礼。在如是情形之下强行推进铁路国有、借债筑路的政策，非但社会力量反对，即连地方官员也出于各种顾虑而不予响应，该方略的可操作性无疑是微乎其微的。外国观察家就曾一针见血地指出清政府在威信已然大为下跌的情况下举借湖广铁路款项，无疑将“导致一场空前的民族运动”[①]。

一、商民的发难与政府的初步退让

1911年5月9日清政府中央发布干路国有上谕后，湖南率先奋起反对。5月13日，湖南各团体散发传单，向民众呼吁“湘省粤汉干路为全省命脉所关，将来借债修筑，湘人财产生命均操外人之手，若不极力收回，后患何堪设想？”[②] 5月14日，湘省各界人士在教育总会开万人大会，齐声声讨铁路国有政策，“主张恪遵宣统二年上谕，完全商办，实力进行，……如不得请，将来或外人或督办到湘强事修筑，定即集全力抵抗，无论酿成如何巨案，在所不顾”[③]。5月16日，各社团前往抚衙请求电奏中央收回成命，“喧哗扰乱，声势汹汹”。铁路公司长株一带工人万余名，一概停工，进城游行抗议。6月，省城学校师生罢课，商人罢市，谘议局议员辞职响应者甚众，副议长胡璧亦托故出走，民众更是抗交粮税以示抵制。《申报》也将湘路公司咨湖南巡抚杨文鼎文刊布于众，文中诉说了该公司成绩显著，与湘省人民一道，“同心戮力，日促进行，同筹股款”，仅一年余，长株百余里即已通工程车，正拟继续

① ［美］查尔斯·威维尔：《1906—1913美国与中国财政和外交研究》，社会科学文献出版社1990年版，第152页。

② 《国风报》，第2年（1911年）第9期，第94页。

③ 《国风报》，第2年第9期，第94页。

兴筑以联鄂通粤，而朝廷不考察筑路进展实情，不考虑财政枯竭、外债层累的境况，舍数省民人甘认之股金而借四国增益之国债，“熟得熟失，不辨自明”[①]。《中国报》更是提出民有即国有，政府不必强行与民夺路：“普天之下，莫非王土，率土之滨，莫非王臣。财产属之人民，人民属之国家，所谓国有、民有者，为名义上之分别，而于事实上究不必强为分离也。……况湘人竭诚尽力以赴路工，原为国家保守路权，实与国家同其休戚，……请命朝廷，明降上谕，收回成命。”[②]

当时日本间谍、驻长沙代理领事山崎壮重发回国内的电报里面描述了反对湘省铁路国有者的三种心态，其一为绝对否认铁路借款、铁路国有者，其众以谘议局议员、学生为主；其二为反对借款、欲将湖南铁路移交官民共同经营者，其众在官场、商界极有背景，湘省商务会总办龙璋、谘议局议长谭延闿和前军机大臣瞿鸿禨均属彼党；第三种人认为清政府气数已尽，不愿赔本殉葬，欲独自借款经营铁路，其众多为商人及部分谘议局议员[③]。但无论反对者如何派系林立，都揭露了一个共同的现实，即积贫积弱、合法性已经遭到普遍质疑的晚清政府已经无法整合各种社会力量以推行其施政方略了。面对如此情形，清政府只得责令湖南地方官员“严旨申饬”，“行政官防备甚周，每日巡防队、警察队及加募之侦探队，沿街穿巷，四处巡逻，前往后继，昼夜不辍，手擎枪械，如防匪寇”[④]。湘省各社团则以秘密集会的形式以对抗，“于是遂各各暗中增组机关，而谋进行革命愈力”[⑤]，形势极为紧张。

建设中的湘路（右）和已然运营的粤路（左）

① 《湘路公司咨湖南巡抚杨文鼎文》，《申报》，宣统三年五月一日（1911 年 5 月 28 日）。

② 《湖南谘议局咨杨文鼎文》，《中国报》，宣统三年五月五日（1911 年 6 月 1 日）。

③ 《中国近代铁路史资料（1863—1911）》（第三册），第 1260 页。

④ 《湘省争路再志》，《国风报》，第 2 年（1911 年）第 12 期，第 101 页。

⑤ 粟戡时：《湖南反正追纪》，《湖南文献汇编》（第 2 辑），湖南文献委员会 1948 年印行，第 374 页。

最令地方官员头疼的是保路代表的如下言论：“而民人全体之产业，皆圣朝万世之丕基。诚以普天率土，莫非国有，藏富于民，百姓足，君孰与不足？”[①] 保路代表所言民有即国有，民富即君富，这其实是照顾双方面子的言论。地方官员相当了解如果清政府中央继续一意孤行的话，商民们会把这层关系挑明的：大清政府不一定代表中国人民，保中国重于保大清。

其实这一点也是当时地方官员之间普遍谈论的。晚清期间，随着思想文化枷锁的放松，王夫之、黄宗羲和顾炎武等思想家因文字狱而被湮没已久的朴素民主思想被重新发掘，尤其是顾炎武“天下兴亡、匹夫有责”之思辨更为士庶所折服：“有亡国，有亡天下。亡国与亡天下奚辨？曰：易姓改号，谓之亡国。仁义充塞，而至于率兽食人，人将相食，谓之亡天下。……知保天下然后知保国。保国者，其君其臣，肉食者谋之；保天下，匹夫之贱与有责焉耳矣。”[②] 保清朝江山，此乃保“国”也，保天下人之江山，此乃保“天下”也。清政府借款筑路的根本目标是保其一家一姓的社稷，值此天下思变之际该政策顺利推行的可能性已是微乎其微，即便是侥幸推行成功，清政府必然以铁路为集权工具而导致地方官僚权利受损，舍命保其皇家而损自家对地方官僚而言是为不智之一；“欲亡人之国，必先夺人之路”，在朝廷懦弱之际借款筑路，是以牺牲全民族利益为前提的，而中国者是中国人之中国也，非止爱新觉罗氏之中国也，以牺牲国人之利益换其一家一姓之江山社稷是为不智之二。

地方官僚既不愿叛君又不愿背民，在“天下”、“皇家”和“自家”之间艰难地徘徊，使得清政府陷入了更加被动的局面。湖南巡抚杨文鼎允诺为民请命，“代为电奏乞恩”，并上书清政府：“湘人反对干路国有，请一切照旧办理。”[③] 把难题直接踢给清政府中央。

地方官员的思想动态自然瞒不过清政府，满洲权贵瑞澂、端方等人就在这种时候被委以处置地方路事风潮的大权。瑞澂出任鄂督，本来就是清政府压制两湖非旗籍官僚对中央的离心倾向的举措。1911 年 5 月 18 日，清政府中央命令端方以候补侍郎充督办粤汉、川汉大臣，会同瑞澂等相关督抚办理相关事宜：“着邮传部、督办铁路大臣会同该省督抚，详细查明，妥拟办法奏明。……倘地方官有隐匿不报者，一经发觉，立即严参不贷。”[④] 瑞澂、端方是当时满洲权贵中为数不多的能人，清政府对他们委以此任，说明清政府中

① 《中国报》，宣统三年五月五日（1910 年 6 月 1 日）。

② 顾炎武：《日知录》卷一三，“正始”条，北方妇女儿童出版社 2002 年版，第 57 页。

③ 盛宣怀：《愚斋存稿》卷七七，第 8 页。

④ 《清实录·宣统政纪》卷五三，中华书局 1986 年影印版，第 8 页。

央已将处理湖广铁路事宜提升到挽救统治危机的层面上。

邮传部大臣盛宣怀担心瑞澂难以驾驭地方局势，遂通电授计，吩咐他将以下几点向湘省商民说明：其一，借款系深孚民心的前湖广总督张之洞与四国签订，现在中央不过照议办理，不欲更改张之洞之成议；其二，川粤两省本可暂缓收归国有，但政府恐湘鄂民众不满，故作一次颁布；其三，湘省援办田捐，名曰租股，又收通省房捐，名曰房股，现在政府拟先停收川湘租股以恤民艰，暂准收米捐盐捐则为了兴办实业、变困民而为裕民之策；其四，商民均准附股，与国家同受利益[①]。瑞澂一边采取强力手段弹压绅商民众，他表示“如有暴动，即遵煽惑抵抗，以违旨论之，严重对付覆之”，一边严责地方官僚，敦促他们认真将盛宣怀指示传达：“湘抚以不拂舆情为宗旨，亦是急脉缓受办法。澂现以尊电揭明四端，转电湘抚，并电藩学两司关道，责成商承湘抚，妥密布置，以免再有煽惑抗违之举。”[②]

对于清政府中央的严责和敦促，地方官僚继续采取推诿之策，湖南巡抚杨文鼎更是干脆请端方等权贵直接与商民对话：“窃念此事当风潮剧烈之时，若遽用强硬手段，必先与抚臣为难，立刻变乱。是以不得不允为代奏，以平其气，而懈其心。迨解散之后，相机操纵，委曲求全，或能于事有济。今幸地方绥靖，弭患无形，路事得以就绪，措置尚未乖方。应请督办大臣早日莅临，俾得秉承训示，冀免愆尤。”[③] 要求各省停收租股和各种捐股，既是推行“干线国有”政策的重要步骤，又能体现清政府中央体民恤、纾民力的姿态，还能达到分化各省绅离与一般民众的目的。因此，清政府中央不断地施出此招。湘籍京官、署大理院少卿王世琪等人也上书清政府建议说：“该省路股除田租外，尚有米捐、盐捐、房捐各名目，似此层层剥削，不惟取之富户，且至扰及贫民，倘不一律停收，仍不足以示体恤。”[④] 清政府遂宣布：“前因铁路干路改归国有，曾经降旨停收川、湘两省租股，并饬将此外另立名目捐作修路之款，查明请旨办理。诚以闾阎困苦，日甚一日，铁路既归官办，凡因办路累民之举，应即悉数蠲除，俾得稍轻担负。……着即将湖南所有因路抽收米捐、盐捐、房捐各股，与前项租股概行停止。……毋任隐匿迟延，以广仁施而纾民力。”[⑤]

湘省风波未平，粤省民间抗拒干线国有的风潮再度卷起。

---

① 盛宣怀：《愚斋存稿》卷七七，第 8 页。

② 盛宣怀：《愚斋存稿》卷七七，第 11 页。

③ 盛宣怀：《愚斋存稿》卷七七，第 29 页。

④ 《清实录·宣统政纪》卷五四，中华书局 1986 年影印版，第 2 页。

⑤ 《清实录，宣统政纪》卷五四，中华书局 1986 年影印版，第 3 页。

1911年5月17日，盛宣怀致电两广总督张鸣岐，认为粤路虽先成，但倘无湘鄂两路相接，则亏损必巨，现在朝廷计划于三年内赶造完竣湘鄂路，粤省已然大占便宜；川、湘两省租股朝廷决定停止征收，而粤省全系商股，故朝廷决定如下处理方案：粤路公司股票允许更换为国家铁路股票，六厘保息，并定归还期限，准分派余利，由大清银行、交通银行抵押；粤路公司股票如愿换领国家保息股票，则该公司历年虚糜之款，除倒账外，准不折扣股本，俟将来得有余利，再行分别弥补，以示体恤；该公司股票如愿向国家领回资本，则必动用洋债，应由督办大臣所用之总工程师估价归还，听其禀请自造枝路及开矿实业[①]。

从条文层面上看，清政府中央许诺的条件并非刻薄。但同湘省一样，粤省地方官僚和民众并不相信财政上濒临破产的清政府能够兑现诺言。两广总督张鸣岐刚刚经历了同盟会发动的广州黄花岗起义，惊魂尚且未定，故而接到盛宣怀电文之后立即委婉地建议中央缓行“干线国有”之策：“粤路迭酿风潮，股东各怀意见。自定归国有后，舆论颇多反对，商股益滋疑虑，三期股款，续收有无把握，此时尚难预决。”[②]

1911年6月6日，粤省股东于广州召开大会筹议对策。董事提出如下处置方案：（一）更换国家铁路股票，（二）换领国家公债票；（三）愿领回资本者国家估价归还，准其自筑枝路，或营矿务及他项实业，（四）续缴二三期股银，换国家息债票，（五）仍援原案，坚请商办。其中前四条是“概遵部电”，与政府合作，第五条则是拒绝合作。与会股东千余人均不认可前四条，但宣布到第五条时，“人人起立，哄然激应，声震会场”。董事会主席朱伯干及各地代表于是定出如下议案：万众一心，保持商办之局，联合湘、鄂、川三省商民，“坚持至竟”；如果清政府强行将粤路收归国有，粤人齐心协力，共同抗拒；在粤路公司内部设立机关部以部署保路事宜[③]。会后，粤路公司号召海内外股东联合起来抵制“干线国有”：“铁路国有，失信天下，十日决议，一致反对；现议决在公司内设立机关部，望各地股东协力，向政府致电力争。”[④]

南洋各埠粤侨股东纷纷通电支持保路运动，抨击干路国有，直称国有上谕为“乱命”，并表示粤民断难从命：“路亡国亡，政府虽欲卖国，我粤人断不能卖路。”[⑤] 其中海防华商会馆更是列出了众多理由，申诉商办弊端虽大，

---

① 盛宣怀：《愚斋存稿》卷七七，第9页。

② 盛宣怀：《愚斋存稿》卷七七，第12页。

③ 佚名辑：《满清野史·铁路国有案》，成都昌福公司民国六年（1917）版，第30页。

④ 《中国近代铁路史资料（1863—1911）》（第三册），第1263页。

⑤ 《交通史路政编》（第14册），第130页。

但仍可凭借商力维持，万万不可信任政府而让与官办。其电文略谓：一、各省商民在向美国力争而收回粤汉路利权中居功至伟，其意愿理应得到尊重；二、粤省款足无须再借外债。三、由于政府失责而造成粤路工程靡费迁宕，商民应向政府诘责；四、商民历尽千辛万苦方才使得路工告成在迩，政府坐享其成，“横暴之极”；五、干线国有的前提是政府具备筑路能力，但现在政府以国有为名大借外债，其结果不外是“直为各国所有，自弃其人民以与各国”；六、朝廷曾于光绪年间制订有“劫夺商路者，格杀勿论”的成案；七、粤路商办不外是政府间接借内债，而如果借外债，是自愿授人以柄。电文的最后呼吁：“商办性质，营业自由，我办我路，政府虽至暴横，亦难强我。”①

与此同时，香港和粤省的铁路股东拒绝使用官方纸币，并掀起持票挤兑现银之风，使清政府为之惊慌失措，“（商民）纷纷持票领银，一日达数十万，以致市场危险，不可终日。”②

粤省地方官员唯恐局面失控，不但没有强力镇压民间保路运动，反而替商民向中央争取条件。1911 年 6 月 10 日，两广总督张鸣岐上奏朝廷，再次委婉地提出干线国有政策的推行应该慎之又慎，尤其是许诺给粤路股东的补偿条件一定要兑现，不可再自失信用：“查粤路收归国有，国家既定为政策，断无变更，本可无庸集议。所待取决股东者，只归还股本之办法耳。……恭绎迭次谕旨，朝廷于川、湘租股历经宣示，不恢人民有丝毫亏损，体恤民隐，……粤路事同一律，果能从速决定归还股本办法，务使商股资本丝毫无损，则异议不禁自息。”③ 为了消弭粤省商民的对抗情绪，张鸣岐还对股东明察暗访，拟出了如下让步举措：不再强行追缴股银；用过资本全数不作折扣地归还股东；公司历年应派官息照数发给股东；股本用银兑现，或者一半给银一半给票；股本兑银之策，如果因为数目过大而一时难于筹措的话，可由大清、交通两银行抵押，并将抵押数目先行规定（至少亦须五成），凡有持票向银行抵押的股东，不得借词推诿，综计粤路股本共二千余万元。奏折的最后，张鸣岐告诫朝中重臣必须取信于民方可统筹大局：“此次干路收归国有，实为国家第一政策。正宜乘此确立信用，昭示人民，不宜规规于目前路政之盈亏，过事计较，致滋商民疑虑。”④

面对粤省民众的抗议和地方官员的推诿，清政府也只得做出让步姿态，并向列强寻求援助。如粤路股东不用官发纸币，纷纷持票领银，使得粤省市

① 佚名辑：《满清野史·铁路国有案》，成都昌福公司民国六年（1917）版，第 31 页。

② 《清实录·宣统政纪》卷五四，中华书局 1986 年影印版，第 23 页。

③ 《交通史路政编》（第 14 册），页 129 页。

④ 《交通史路政编》（第 14 册），页 130 页。

面为之动摇，清政府中央大为震动，马上命令度支、邮传二部先行拨借三百万两以救危急，并两次向日本"台湾银行"商借债款，第一次订借日金六十万元，第二次订借日金一百万元，同时又向英国汇丰、法国汇理、德国德华三银行订借港币五百万元，"以上综计约合华银五百万两之数"。自知无法压服民众的清政府只得责令粤省地方官员"随时防范，认真弹压，或有不法行为，立予拿办"①。

即便是督办大臣端方坐镇的武汉也被民间保路浪潮所震撼。1911 年 6 月，湖北谘议局谘议员，教育会、宪政筹备会以及武昌和汉口的总商会等机构的代表，还有为此事而从日本赶回来的留日学生，一起在谘议局通电争路。汉口商人、工人纷纷罢市罢工以示对保路运动的响应。当时在华中地区筹划革命的宋教仁也发表文章支持绅商民众的保路运动，认为当国者所颁布的"干线国有"和"统一路政"国策是"颠倒政治方针，阻遏人民企业"②。

就这样，湖广铁路借款正式合同签订之后不到一个月，清政府陷入了进退维谷的境地：一方面，各债权国纷纷指责其无能，敦促其尽快解决国内矛盾以保证款项的发放和干线工程的尽快开工；另一方面，社会力量的抗议和地方官员的推诿使其感到了空前的孤立。

清政府当然无法应对列强的指责和敦促，只得硬着头皮来解决棘手的国内矛盾，于是新一轮的策略商讨与论证紧急地展开了。

1911 年 6 月，御史黄瑞麟在奏折中指出：收回干路，而不将所收股款返还民间，固为失信，但如果只返还股款，而不使民间享有修路之利，同样为失信；如果能将粤汉铁路以前所抽所招各商股，换为官办股票，按照原定官利而给息，路成之后再分给红利；不愿领换官股者，照原股如数给还；如是作法，一则体恤民间，二则可将全国富商招至③。

黄瑞麟的奏折引起了清政府中央的高度关注。同月，邮传部、度支部、督办铁路大臣聚议商讨黄的奏折以及川、湘、鄂、粤四省局势。与以往一样，众臣工首先"论证"了干线商办的不实际，收归国有乃是必行之策：湘、鄂方面款项难以为继，"鄂路并无尺土寸料，湘路虽有米捐、盐捐、田租、房租，然路线甚长，民计甚窘，竭力搜索，告成无期"；粤路方面尽管款项不缺，但商民终究无从统筹各方面力量，以致干线工程久拖不决，"六、七年来果能切实进行，粤路自黄沙至坪石不过六百里，……已可观成，将谋接线；

---

① 《清实录·宣统政纪》卷五四，中华书局 1986 年影印版，第 23 页。

② 宋教仁：《论今日政府之倒行逆施》，《民立报》，宣统三年五月（1911 年 6 月）。

③ 盛宣怀：《愚斋存稿》卷一七，第 29 页。

乃六年之久，粤路仅造成一百七十里，……造路如此之少，用款如此之多，且岁月迁延，恐新路未成，而一百七十里之枕木已朽烂矣”；川路工程进展不大，但款项损耗惊人，“自光绪三十二年七月设局起至宣统元年十月止，支开办费约计三十三万余两；自元年十一月开工起至三年四月止，共支出银四百十余万两，……又据四川护督王人文电称，存款仅七百余万，与宜昌所报合而计之，共计一千一百数十万。其余施典章上海倒帐约计三百万，前经四川京官甘大璋等严劾在案”。论及商办艰难情形，诸大臣不由得感慨：“不惜巨资赎销美国借款合同，实系张之洞主之，宣统元年又与四国订立借款合同，亦系张之洞主之。岂好为其难哉，亦实见商办之难见成效。……朝廷毅然收归国有，销除商办各案，实亦出于万不得已之办法。”①

由于粤、湘、鄂、川的情形各不相同，邮传部、度支部和督办铁路大臣分别拟出了如下处置方案：

其一，粤路全系商股，其中第一批每股 1 元，第二批 1 元 5 角，曾因为路工迟滞，靡费过多，票价每 1 元跌至 2 角，如今因有人收买，每 1 元又涨至 4、5 角；政府现在拟每股从优先行发还六成，即每 2 元 5 角先发现银 1 元 5 角；路工及材料支款 1470 余万，按里摊算，实不止每里费银 5 万 7 千余元之数，虚糜至极，其余每股四成，久在亏耗之列，这都是管理者及股东查账员应责其咎，但出股者所举非人，漫无觉察，亦属自失股东权利；政府现在从宽处理，将四成 1 元之数，另发国家无利股票，俟路成获利之日，准在本路余利项下分 10 年摊给，以示体恤。

其二，湘路所收 500 多万两内，有米捐、盐捐、租股、房股各项 400 多万两，商股约 100 万左右，支款内开修路购料约 200 余万两，仅筑成株洲至长沙 100 余里及码头等配套设施，耗费无多；政府先拟定将实在商股 100 万两照本发还，其余米捐、盐捐、租股、房股，除扣除美国赎约经费 300 余万两外，其余另发国家保利股票，长年息 6 厘，5 年后分作 15 年摊还，以充本省实业公用。

其三，鄂路所收商股共分粤汉、川汉两项，共 114.5 万余元，除已支用外，尚存现银 32 万余元，该款项一直由官钱局保管；另外，该省设商办铁路公司之后共收新股 97 万余元，现尚有存银 91 万余元，是实实在在的商股，政府准予筹足以归还现银；至于川汉彩票股，则另发国家无利股票，等到路成获利之日，准在本路余利项下分 10 年摊还；所动用的赈粜捐，除美国赎约经费不计外，其余如有动用部分，准照湖南米捐一律办理。

---

① 盛宣怀：《愚斋存稿》卷一七，第 28 页。

其四，川路现存款700余万，如果愿意入股，政府准予悉数更换国家保利股票，5年后仍分作15年还本，亦可随时抵押，并可分得余利；除倒账案的损失之外，宜昌段所用之款已达400多万，准给发国家保利股票；另外宜昌段开办经费33万、成渝各局亦用费若干，都可以发给国家无利股票，与粤股一样全归本省兴办实业之用。

此外，粤汉铁路尚欠美国和比利时款项22.22万金元，在此次借款内拨还；所借英国的赎路款项尚有本息57万余镑未还，既然粤汉全线收回官办，自然应由邮传部查照原约，按期另行筹还①。

邮传部、度支部和督办铁路大臣筹议妥当之后，立即联名上奏，并很快得到了清政府最高决策层的首肯。1911年6月17日，清政府中央发布谕旨，认为朝廷的处置方案已经仁至义尽，粤、鄂、湘、川四省官员和绅商民众应该配合朝廷“干线国有”行动，不可再起风浪：“度支部会奏遵旨筹划川粤汉干路收回详细办法各折片，……筹划尚属妥协，着督办粤汉、川汉铁路大臣迅速前往，会同各该省督抚，遵照所拟办法，将所有收款，分别查明细数，实力奉行。朝廷于此事审慎周详，仁至义尽。经此次规定后，倘有不逞之徒，仍藉路事为名，希图煽惑，滋生事端，应由该督抚严拿首要，尽法惩办，毋稍宽徇，以保治安。”②

二、地方官僚联合社会力量对抗朝廷

清政府中央诸臣工论证出了“干线商办”的不切实际，也拟出了自认为体恤民众利益的处置方案，以致今天有些学者也认为清政府对于川、湘、鄂、粤四省绅商民众已经是仁至义尽，社会各界掀起的保路运动实属无理之举。但纸面上的筹划毕竟要放诸实际方能检验出其是否行之有效。当年清政府中央诸臣工和今天一些史学工作者疏于论证的正是当时清政府推行的“干线国有”政策是否与其财政实力和当时社会大环境相匹配。在此，我们不妨以相当的篇幅对“干线国有”的可行性进行“补充论证”。

其一，清政府根本不具备起码的财政能力以保证“干线国有”和“借款筑路”国策的推行。从财政方面而言，无论是举借外债还是从商民手中赎回干线，政府都必须有一定的准备基金以应对风险；但财政上濒临破产的清政府根本拿不出这笔资金，只得采取惯用的“空手套狼”（列强的债款）和“拆东墙补西墙”（用套来的债款处理国内危机）等手段来应付，这种惯用招数虽

① 盛宣怀：《愚斋存稿》卷一七，第28～33页。

② 《清实录·宣统政纪》卷五四，中华书局1986年影印版，第27、28页。

然曾经奏效，但并不是永远奏效，尤其是清政府外强中干的实质原形毕露之后更是如此。无怪乎非但地方官员和各界民众不相信清政府不能兑现诺言，即便是居于权力中心的满洲权贵也发出了“既无金穴，何来巨款”的感慨。

其二，“借债筑路”国策碰上了高昂的民族主义浪潮，其推行的可能性就难免微乎其微了。今天为列强借款活动辩护的学者们不应该忽视这一点：那就是强迫清政府借款的国家正是侵我国土、夺我财富的强盗；为能对华输出巨款，它们即便是降低借款门槛也在所不惜，岂能不是包藏祸心哉。远离历史现场的我们当然可以从纯理论上“论证”出“如果”款项能够按时到位并妥善应用，粤汉铁路一定会按时敷峻，民众排拒外债的运动实在是导致干线工程功败垂成的祸根。既然很多学者都能够接受“一战”后英法等国对德国过于苛刻的惩罚性行为对引发德国民族情绪难辞其咎这一观点的话，那么我们又何尝不能承认，当时大多数国人难以在情感上接受强盗不怀好意的施舍也是一种正常思潮呢？受害者抗暴过激，施暴者也难辞其咎。

其三，作为“干线国有”和“借款筑路”主持者的清政府也丧失了必备的社会号召力。推行“干线国有”政策，必定涉及川、鄂、湘、粤四省数以千万计的民众利益。要想让千千万万人心悦诚服地相信“干线国有”和“借款筑路”是舍长痛取短痛策略，绝不是一蹴而就之事，这除了必须花费大量时间来做细致的说服工作之外，政府还必须具备良好的威信，而这一必备条件恰恰是清政府所缺乏的。当时的清政府对外一味的妥协退让，出让国家利权以换其一家一姓的江山社稷；对内，随着“新政”的推行，清政府横征暴敛、腐败没落的形象不但没有改变，反而越演越烈，民心由此丧失殆尽。“干线国有”不但是一项经济措施，更是一项社会措施，若想让一个名声扫地的政府顺利主持完成一项艰巨的社会工作，无疑是痴人说梦。其实何止是“干线国有”，与此同时清政府所进行的“新政”中的很多举措从长远观之都有其可圈可点之处，但推行开来之后在社会上尤其是底层社会中引来的却是浪潮般的喊打之声。

其实，“干线国有”政策的倡议者和借款合同草拟者张之洞在临终之前就深刻明白，虽然该国策在理论上演绎相当完善，但在实际上并不具备可操作性。张的遗折中担忧“干线国有”和“借款筑路”贸然出台，其结果必然是“此议一出，三省全路绅民，必至哗然骇怪，訾议沸腾，群相抵抗，断不遵从”①。所以张之洞在世之时，尽管已经谈妥了借款框架，但其仍然顶住列强以及部分同僚的压力，迟迟不肯签订正式的借款合同。

---

① 《张文襄公全集》卷二二一，第10页。

然而，“箭在弦上，不得不发”，主持粤汉、川汉路事的诸臣工无心也无暇顾及客观情况的制约，一心想借款筑路以速成干线，从而确保摇摇欲坠的清朝江山社稷。结果自然是适得其反，“干线国有”、“借款筑路”国策乃至清朝本身都由此加快了败亡的步伐，这是我们下文将要述及的。

揭露清政府的腐朽以及列强抢夺中国路权野心的漫画

尽管清政府一再敦促地方官员执行“干线国有”之策，但地方官员却推诿如故。1911 年 6 月 20 日，两广总督张鸣岐致电盛宣怀和度支部，申说粤省官方难以执行朝廷成议，如果强硬推行的话，粤省官方实在难以应对民众再次掀起的抗议波澜，故而请中央干脆直接派员来执行干线国有：“粤路股票，时价诚不过五成有奇。近因收回国有，股东观望，票涨所加，仍不及六成之数。现奉上谕，不愿换领国家股票者，先行给还六成。就粤论粤，凡明白事理股东，必均乐从。惟鄂、湘路股既奉谕旨照本发给，而粤路股本则只先发六成，其余几成，须俟获利后分年摊给，且无股息可领，商人惟利是视，计及锱铢，既知鄂、湘照本给还，粤似相形见绌；难保不援案求请。现巳遵照大部电示，招集正绅，切实开导，惟粤路股东众多，非少数绅商所能定议，将来公司仍须招集股东开会议决。届期能否不起波澜，尚难预料，拟请大部务令龙参议迅即来粤，以便会商办理。”[①] 与两广总督张鸣岐一样，川、鄂、湘三省地方官员纷纷以无法贯彻执行中央决策为由推卸责任，将难题回踢给中央政府。

自觉孤掌难鸣的中央政府只得再度修改对四省商民的补偿条件。1911 年

① 盛宣怀：《愚斋存稿》卷七〇，第 6 页。

7月，代表清政府在一线处置路事风波的满洲权贵端方致电邮传部大臣盛宣怀及度支部大臣载泽，陈述了对四省民众补偿政策的修改意见，端方特地指出湘省民风刚劲，若处理不善则最易酿就大变，故对湘省商民的请求更要高度重视以消弭动乱：“湘人此番争执各节，均在路款范围以内。但能明晰解释，明达士绅，自当谓然，其借路造谣生事之徒，亦必无从鼓煽。”在具体处置方案中，端方认为湘人所争者一为“租房股之不愿附股者，请改照商股一律办理”，二为“米盐各款，均请给公积股票，不抵除赎路之款”。对于前者，端方的处置意见是接受民意，将租股与商股一视同仁：“于租房之愿附股者，权利与商股同。惟于其不愿附股者，稍示区别，予以分年划还之保利股票。然分年而仍年息分摊，归本虽较迟于商股，而本利毫无亏损。湘公司若以迟归为歉，尽可径行入股，则各种疑难，自不烦书面解。”至于后者，端方的处置意见是将米盐各款分门别类的处置，一方面可节省经费以利于路工，一方面则使商民心服口服：“一曰盐觔加价之款，为数无多。此专以铁道名义征收者，可以归入公积股者也。一曰赈粜米捐之款。……此出于补助之意，并非以铁路名义征收，可以不归入公积股者也。一曰衡宝盐引溢销之款。部准留办本省新政，湘公司呈请借用，由岑抚（岑春蓂）批准，然以后本利，路成后均须归还，不能以归公积股者也。三种性质既各不同，则米捐、盐溢二种，自当抵除赎路款，而以盐觔加价一种，指归公积，其湘公司之以他项垫拨者，亦均不舍抵除，以折湘公司之心。”①

盛宣怀和载泽商议之后，立即回电端方，陈说善待湘省商民当然无可厚非，但一定要有全局观念，要兼顾川、鄂、粤三省民众的感受，否则顾此失彼，满盘皆乱。盛宣怀和载泽的处置意见如下：其一，湘省租房股改照商股之法，断不可行，“查湘省商股，因其仅有百万，故全给现款，粤且引为口舌，更何以对川省”，“租房股转卖改票，必由贱值得来，换给保利股票，已极宽厚。此必有底册可稽，岂能含混”；至于米盐各款“不抵除赎路之款”的做法，盛宣怀和载泽认为尚属可行，“米捐、盐溢两项，直系公款抵除赎约，系属以公济公，分开界限，尊论极是”。在电文的最后，盛宣怀和载泽寄希望于四省民众理解朝廷用心之良苦：“总之，国与民本无畛域，惟多出一分国民股票，便可少出一分洋债股票。”②

但经过修订之后重新颁布执行的干线国有方案不但没有得到民众的认可，反而引发了更大的抗议浪潮。

---

① 盛宣怀：《愚斋存稿》卷七八，第17页。

② 盛宣怀：《愚斋存稿》卷七八，第18页。

粤省开埠最早，风气开化，粤商足迹遍布海内外各埠，粤籍官员更是在“新政”之中纷纷脱颖而出，掌控众多枢要部门。是故此次路事风潮，粤省虽发难于后，但商民齐心协力，官员和海外侨胞从旁襄助，故而更具地动山摇之势。

“干线国有”之策颁布之后，广州各报纸纷纷刊文登载粤省绅商民众和海内外侨胞的保路言论和事迹，自知无法妥善处置抗议浪潮的张鸣岐请求中央政府派员来处置。1911 年 8 月，应张鸣岐的邀请，龙建章代表中央政府赴粤处置粤路事宜。在召集股东代表之后，龙建章发表演讲，言及此次收铁路为国有，实是朝廷洞审各省商民无此修路巨资，“故体恤群情，舒缓物力”，希望各股东戒急用忍，毋误会朝廷用意。但在会场上股东代表大愤，当面诘问龙建章：“修路之资为数须若干?”龙建章说估计要三千万元。股东代表们立即回答：“三千万元，三日之中，粤人可应声而集。”会后，股东代表电告海外华侨，三日之内，海外侨商纷纷认缴股款。“然股款虽经认定，实未悉数缴足”。广州和香港报章亦极力为绅商代表助威呐喊。

面对粤省民众的抗议，龙建章清晰地洞察到清政府在地方上威信甚至不如善堂等社会机构，已然动摇的统治根基实在难以重新安稳：“惟目下最难解决，足以制我死命者，则善堂盘踞，票根不交一事。不交无从下手，而善堂恃股东为护符，又为商民所信仰。政界畏之如虎，莫敢谁何。动称只认股东，不认部官，甚难与之争论。”为此，龙建章于 1911 年 9 月拟出了一些应对方案：其一，强力压制广州舆论界，“檄巡警道传示各报馆，遇有反对铁路国有言论，一律不得登载”[①]；其二，翻挖善堂和公司负责人不光彩的旧案，以此敲山震虎、控制九大善堂及粤路公司管理者，“查（九善堂）前因串举总理，有滥发空票三十余万之事，拟一面严词电饬公司责成总、协理、董事，调取票根，会同九善堂在公司公共核对，以昭实在，不得含糊造册了事。此后如有伪票发现，惟该总、协理、董事是问。造作伪票，律有明条，该总理等懔之。一面以和平之语电粤督，札饬九善堂将经手收股票据册籍送公司，公同核算，该善堂等信用素著，亦当公同披露，以明心迹，而绝谣言。如有各处经手人一时偶误，亦当分别免议等语，以安其心”[②]。龙建章所倡议的强力压制社会舆论是故伎重演，在当时情形之下根本无法奏效；而翻挖善堂及公司负责人的污点则有泼妇骂街的味道。显而易见，龙建章对于粤省局势的处置已是黔驴技穷。

---

① 佚名辑：《满清野史·铁路国有案》，成都昌福公司民国六年（1917）版，第 11 页。

② 盛宣怀：《愚斋存稿》卷八〇，第 27、28 页。

由于中央政府的特派员龙建章未能拿出更有建设性的解决方案，两广总督张鸣岐更加坚持自己的处置方案：一方面为了确保自己政治前途，表面上仍旧遵照朝廷旨意办事；但另一方面，为了确保其治下的粤省波澜早息，强烈地建议朝廷作出更大让步，并对粤省绅商给予更大的经济补偿，甚至不惜为商民争取利益。

1911年9月1日（宣统三年七月初九日），张鸣岐致电盛宣怀、度支部及端方。在电文中，张鸣岐首先申诉了粤省商民怨愤之情绪难以平息："……而外洋华侨，不明内国情形，既有乱党煽惑，复为川路激刺，反对国有之函电，纷至沓来。一旦招集开会，必至收股办法未能解决，而国有问题，转将起哄。"所谓"乱党煽惑"即指张鸣岐最为担心的革命党人借助路事风潮再举义旗。在辛亥年间，粤省接连发生了高官被革命党人刺杀的事件，"黄花岗起义"更使张鸣岐本人夺路潜逃。心有余悸的张鸣岐显然不愿看到官民对立的情形继续激化以危及自身安危。

其次，张还重点强调朝廷必须改变缺乏公平与诚信的形象方能妥善地处置官民对立情绪，避免粤省局势走向激变。张认为兑换国家股票与否，纯粹是个人营业自由，"只可劝导，断难抑勒"，也就是只能通过说服方式使民众心悦诚服的接受，迫令其勉强就范实是下下策；邮传部对于民间附股者许诺与各种各样的利益，但对于还银者又令其遭受各种亏损，其目的不外是强迫股东全部走附股之途，其结果自然是"愈强迫则愈疑惧、愈抵抗"。中央政府与其对商民强压欺骗，倒不如实实在在地进行推心置腹的沟通交流，并给予股东实实在在的利益："何如将给还股东一层，示以至公至允之办法，俾人民咸知国家非与争利，转可以坚其信用，或幡然归于附股之一途之为愈乎。粤路股本，并无虚糜情形，昨已详电奉达。既无虚糜，何能迫其减成？如谓时价不过五成，而股价涨落无定，从前粤路股票，亦有涨至加一零者。此民间自由贸易，与国家收回商股，关系朝廷政体，情事大有不同。在未宣示国有政策以前，大部如暗中照时价买收，民人自无从议其后。此时大部若欲以股票低落之价值为标准，人民亦得以股票大涨时之价值反唇相稽。何况粤路现在物产，本足以抵股本而有余，何况有湘、鄂商股十足发还之案，相形见绌。"

再次，张鸣岐强调了与失却粤省民心而言，百万帑银实在是不足挂齿，中央政府必须放低身段，虚心接纳民间意见。当时民间拟出了如下处置意见："一、三期股本不愿再缴，二、用过资本意在全还，三、历年应派官息照数补给。"张鸣岐认为这是唯一可行的处置方案："实均征诸众论，为止息反对国有扼要之法，舍此无可转圜。"对于中央政府为节省百万银两而失却粤省民心，张鸣岐认为是得小失大的短视行为：“明知国家财政困难，大部或定减成给发，原非得已。第以暂为国家减省数百万帑银，与立为国家失去数千万人心比较，两害相权，宁取轻者。”张鸣岐还一针见血地指出中央所谓“所余四成，将来仍须发给股票，并无亏损”的做法，根本上就是欺人之谈，退一万步而言，即便是中央确实筹有巨款，操作起来也不切合实际：“然待路咸获利以后，茫无定期。且粤路小股多，现时每股仅交到二元五角，先给六成，下余尚有一元，分十年摊还。每年只还一角。似此琐碎办法，微论人民不愿，将来经理亦实不胜其繁。”

最后，张鸣岐向中央政府提交了认真核实价值，切实兑现款银的处置方案：“现就粤路产切实估计，如黄沙地皮，原购地价仅数万金，现在时价已值四十余万。此外公司所置物业，按之时价，较原价增涨者颇多。公家即照股本一千四百余万之数收回两路，亦断不致有亏国帑。鸣岐熟虑焦思，为大局计，为粤省计，敢请大部于粤路还股一层，务与湘鄂十成现银一律。并请于愿附股、愿还款两项，听各股东自由，不必执一还股。办法既定，即可定期接收，股东无可借口，纵有奸人煽惑，自可以强权制之。”

为了使中央政府接纳自己的处置方案，张鸣岐不惜以辞职相要挟：“倘不蒙鉴察，鸣岐自问才力万不足以奉宣德意，制服粤民。惟有恳大部奏参，请朝廷另拣贤员，当能有济。”[①] 广东地方官员崇龄筱、颜世清等也致电邮传部，要求其接纳张鸣岐意见，暂缓粤路收回国有。

三、局势的失控与清政府的败亡

地方官僚敦促清政府中央妥协让步，其根本目的只是让双方矛盾缓和下来以确保切身利益，并没有改朝换代之意。但路事风潮发展的烈度却很快超出了张鸣岐等地方官僚的预想，并成为鼎旧革新的重要动力。

在粤省方面，1911 年 9 月 3 日（宣统三年七月十一日），广东保路会在香港召开成立大会，谘议局、商务总会、九大善堂、七十二行、自治会，自治研究社、宏仁演说会、报界公会，暨全省各团体，咸派代表冒狂风暴雨赴会，人数达上万人之多，参加会议者接受四川代表龚焕辰的建议，以文明保路为宗旨：“四川代表龚焕辰，献议四条，登台道达意见，痛哭失声，众大感动。焕辰勖以坚持宗旨，万勿暴动，致为政府借口。四川人虽罢市停课，仍守文明举动，为正当要求。”与会代表一致决议联合川、湘、鄂三省绅商民众破债约，保路权，维持完全商办为己任，并宣布保路章程二十八条。是日，代表

① 盛宣怀：《愚斋存稿》卷八一，第 4～6 页。

们拟定了以下行动计划：一、派遣代表进京，向朝廷表达粤省商民保路决心、宗旨及行动方案；二、由深孚众望者领衔撰拟请愿书，公呈两广总督，请其为粤民代奏；三、派人赴南洋各埠联络华侨，设立分会，互为声应，限制铁路公司总协理，不得将商办之权私自转让；四、将大会情形宣告中外，以免清政府以“粤人毫无异议，而以少年喜事”为借口诬蔑四省保路运动。刘少云、梁楚三两人在会上被公推为粤省争路代表，保路会员将于他们北上之日白衣相送，以示不保路权誓不罢休之意，并誓言“路在人在，路失人亡，政府杀刘、梁即杀全体代表，即与杀我全体无异”。会议气氛由此达到了高潮，与会代表“涕不可抑，众皆哭，呜咽不能成声”。同时，粤省各民间传媒机构也纷纷站到商民立场上声讨政府，“报章极力鼓吹，以为之助”[①]。

张鸣岐闻知粤省绅商于香港聚会之后，惊慌失措，立即于次日催促中央政府接纳其处置方案，否则大局不堪设想：“自路归国有，数月以来，防范煽惑之事，智尽能竭，仅免纷扰。若收股办法，不能早决，煽惑之辈，正喜得间。倘声势已成，和之者众，必致枝节丛生，再欲强制，愈难为力。”[②] 同时，张鸣岐致电端方，要求其以满洲权贵、督办大臣的身份劝说清政府勿再一意孤行，以致局势不可收拾：“若更借款，风潮必烈，势将不可收拾。且川粤联合，大局之忧。公宜切劝大部，为大局计安危，不可与人民争意气。”[③]

与此同时，其他地方官员也纷纷上折要求满足商民所请。如沈秉堃上折请求“散还零星民股”，岑春煊也电奏对于各省商民一律给还现银。

地方官员与商民站在同一立场向朝廷施压，令中央大员气急败坏。端方指责张鸣岐起初与朝廷一道主张发给商民半股，如今却要挟朝廷给还全股。令端方更难接受的是朝廷委派的另一官员罗道辅助中央特派员龙建章处置路事风潮，而如今罗道却与龙建章商议对商民妥协，“以鄂派收路之人，反对收路，其中情节，诚属不可思议。致派出查办路事之人，转与争路者联为一气。以川比粤，觉川乱虽剧，犹系为名；粤势似缓，专属为利；愈趋愈下，令人齿冷”[④]。

当然，端方本人在处理这些棘手问题的时候同样左右为难。张鸣岐既要求朝廷全股返还给商民，又复劝阻朝廷不可大举借用外资，这对朝廷而言实在是难以容忍：“邮部既无金穴，此款将从何出？”但如果以朝廷继续

① 佚名辑：《满清野史·铁路国有案》，成都昌福公司民国六年（1917）版，第11页。
② 盛宣怀：《愚斋存稿》卷八一，第13、14页。
③ 盛宣怀：《愚斋存稿》卷八二，第8页。
④ 盛宣怀：《愚斋存稿》卷八二，第9页。

原定干线国有及借款筑路计划，其结果又“必至潜煽变乱”。若仍用缓兵之计姑置不理，张鸣岐等地方官员又不体谅朝廷正当用人之际，纷纷以辞官威胁朝廷。由于当时局势已经混乱不堪，“川波未平，粤乱又作，……鄂与督办均为众矢之的”，端方权衡利弊之后也不得不同样采取妥协退让之策：因为湖广铁路借款合同里不包含粤路，不如顺乎粤省绅商之意，将粤路推归粤办，但须责以三年告成，不得妨碍粤汉全线贯通，倘若逾限则全路损失由粤路公司赔偿[①]。

既然作为亲临第一线的满洲权贵端方已经许诺对商民退让妥协，盛宣怀也不得不于1911年9月28日再次上折要求对“干线国有”的具体实施措施进行修正。盛宣怀收路举措，得到了中央最高决策层的批准，其内容主要如下：朝廷将川粤汉铁路收归国有，实为顾全大局起见，并无排除民股之见，仍准民间自愿附股；提出了对于四省各公司股票根簿为凭的3 000万两民股，尤其是2 000多万两私股，盛认为如愿附股，一律发给国家铁路股票，分红分利；不愿附股者，按照粤省成法，一律实发六成现银，其余四成，另给国家印票，分作两年，每年给还二成，或归两年后一气全还，其未还以前，仍发给六厘利息。盛宣怀本人认为如此处置，朝廷对商民已经是仁至义尽了：“如此变通酌剂，实与历次准商附股听其自愿，以及给还股本，总不使有丝毫亏损，以失信吾民之谕旨，均属相符。各股东当益晓然于朝廷公溥之用心，不复以歧视为借口。”[②]

清政府最高决策层很快在1911年9月30日将盛的建议以谕旨形式传达下去，并委派另一满洲权贵瑞澂接替统兵入川的端方统筹粤汉路事，“会同度支部、邮传部按照筹拟各节，分别清理”[③]。但承诺归承诺，度支部、邮传部库空如洗，又何来巨额现银？皇亲贵戚尽管“财货寄顿外国银行者数千百万”[④]，但在大厦将倾之际，又有哪一个权贵在此时愿意从私囊中拿出分毫以为朝廷分忧？无奈之下，盛宣怀只能商议借债以补偿商民：“似此数端（补偿商民款项），皆属万不能缓，不得不一并预筹。统而计之，至少三千万两，方能应目前之急。度支部、邮传部库空如洗，除借款实无他法。”但是，在民族情绪高涨的情形之下举借外债，即便是能够一定程度上偿还商民经济损失，政府的形象也只能越抹越黑，到头来里外都不是人，这点盛宣怀是心知肚明的：“倘即以川粤铁路明借外债，该会党必借口鼓惑。”为此，盛宣怀和载泽

① 盛宣怀：《愚斋存稿》卷八二，第9页。

② 盛宣怀：《愚斋存稿》卷一八，第31～35页。

③ 《清实录·宣统政纪》卷六一，中华书局1986年影印版，第16页。

④ 尚秉和编纂：《辛壬春秋》卷二六，《清室禅政记》，辛壬历史编辑社1924年版，第18页。

召集邮传部和度支部臣工会商之后，拟出了“明修栈道、暗度陈仓”之策：暂时不对外明指是用于川粤铁路借款，只以邮传部出名，向日本“台湾银行”、英国汇丰、法国汇理、德国德华银行借款华银500万两作为应付四省路事风潮之用[①]。这次借款折扣是仿照湖广铁路正式合同成议“五厘、九五扣”，以京奉路余利为实抵，并由度支部另指进项为虚抵。对于借款偿股之策，盛宣怀自鸣得意：得到此项巨款之后，即便是各省商民不愿领国家股票而皆索现银，朝廷也能从容应对；而综计借款五厘、九五扣后，仅及五厘半，比较朝廷偿还商民的国家股票每年应给六厘利息而言，尚且属于有盈无绌，且朝廷不用承担分红负担。总而言之，如此拆东墙补西墙是当前唯一可行之策：“是将此借款对抵商股，并不吃亏。”[②]

事到如今，商场骄子盛宣怀深刻地认识到经营国家这一超级综合公司与经营企业有着诸多共同之处。其一，在政府毫无准备资金的情况之下贸然向民间收回干线经办权，这灾难性结果与毫无准备金而滥发纸币并无二致。其二，与企业一样，政府信用的建立是长期积累而非一蹴而就的，既然清政府已经在数十年间一再透支自己的信用，并且很多透支行为都是不顾及民众的忍耐极限的，那么待到政府需要用信用行事之时，会发现“库”中空空如也。

通过上文的考察和分析，我们必须承认清政府最后修正制订的借款偿股策略和计划起码在理论上有其可取之处，而且清政府对商民的妥协让步也并不完全是欺人之谈，但这些哀言善语并不可能挽救一个垂死的政权。过去学者们因受“左”的意识形态影响而对清政府“干线国有”举措进行全盘否定确实也有过激之处。但是，近来一些学者片面地根据官方文件条文进行演绎论证，并结合一些亲政府的绅商举措来考察，从而极力为清政府辩护，全盘地否定保路运动和辛亥革命，这同样有失偏颇。如鄂路方面一度出现了“官绅会商意见相同”，收归国有工作比较顺利，以致清政府于武昌起义的前一天即1911年10月9日颁旨嘉奖湖广总督瑞澂“办事明敏，不负委任”、鄂绅“深明大义”[③]。有的学者甚至据此认为借款偿股策略和计划是相当完善可行的，武昌首义爆发于鄂省士绅“复能仰体朝廷德意，率先遵办”的次日，是历史给清政府所开的玩笑。这一论断恐怕就有以管窥豹之嫌了，真实的场景如下文所述。

川、湘、鄂、粤官民对立情绪继续高涨，已经不让清政府再有任何回旋

---

① 金士宣、徐文述：《中国铁路发展史》，中国铁道出版社1986年版，第267页。

② 盛宣怀：《愚斋存稿》卷一八，第37～39页。

③ 《清实录·宣统政纪》卷六一，中华书局1986年版，第15、16页。

的余地了。因为此时，“满清政府已丧失人心，就是行好政策，人民都不信任”[①]；日后的北洋政府财政总长熊希龄则称“满清政府违背人民之意志，签订湖广铁路借款合同，致有辛亥革命”[②]。蒋廷黻和熊希龄作为保路运动和清政府垮台经过的目击者，他们认为清政府已经分崩离析、回天无力的评论应该是相当中肯的。四川保路风潮首先升级为革命行动。1911 年 7 月 21 日，态度偏向商民的川督王人文上奏，表示谕旨难以执行：“收路国有谕旨，并盛、端两大臣会同度支部酌定办法，不敢从命。”[③] 8 月 24 日，川路全体股东大集会，声讨盛宣怀、端方“夺路劫款，行同盗贼”，罢课、罢市、抗税以与朝廷抗争。巴蜀大地一时“人无乐生之心，士怀必死之志，愁惨萧条，如经大劫”，气氛俨若易水饯别。9 月 7 日，护理川督赵尔丰诱捕保路同志会骨干并制造“成都血案”，激起成都附近十余州县 20 多万群众起事围攻成都。9 月 25 日，同盟会员吴玉章、王天杰等在荣县举义，宣布独立。

由于四川清军不愿意接受命令继续镇压民众，清政府于是免去赵尔丰四川总督一职，委派岑春煊接替川督，同时由端方率湖北新军入川平定动乱。“九省通衢”的武汉由此而防备空虚。1911 年 10 月 10 日，革命军武昌起义成功。武昌首义，得到了曾经参与粤汉保路运动的鄂、湘、粤三省绅商民众的热烈响应。在光复后的武汉，以黎元洪为首的军政府得到了三镇绅商的热烈拥护：商界不但给予军政府资金和物质上的大力支持，还为之维持治安，解除后顾之忧；商团战士在战事激烈之时，“奋不顾身，出应箪壶，或荷枪助战，或赍送军实，或帮运炮弹，或侦探敌情，破产亡家者有之，饮弹丧身者有之”[④]；“无数工人、农民乃至一些知识分子，都纷纷参加起义军队，并且在战争中表示非常勇敢。当民军和清军作战的时候，广大人民更是极力支援民军，打击清军”[⑤]。武昌首义之后不久的 10 月 22 日，湖南也宣布光复，这得到了参加过保路运动的湖南绅商民众的热烈响应。湖南军政府成立后就部署增援武昌义军的行动，三湘子弟热烈响应，仅仅在阳夏战役期间，湖南总共向武汉派出援军 16 营，计达 8000 余人[⑥]。10 月 31 日革命志士焦达峰殉难之后，保路运动的活跃分子谭延闿继任都督，继续响应反清革命，使湖南变成湖北的坚强后盾。在广东方面，武昌首义之后，粤省民众纷纷起而响应。12

---

① 蒋廷黻：《中国近代史》，上海世纪出版集团 2006 年版，第 74 页.

② 刘秉麟：《近代中国外债史稿》，三联书店 1962 年版，第 102 页。

③ 《清实录·宣统政纪》卷五六，中华书局 1986 年版，第 23 页。

④ 政协湖北省暨武汉市委员会编：《武昌起义档案资料选编》（上卷），湖北人民出版社 1981 年版，第 34 页。

⑤ 吴玉章：《辛亥革命》，人民出版社 1961 年版，第 152 页。

⑥ 霍修勇：《湘籍志士与两湖革命运动》，《湖南师范大学社会科学学报》2001 年第 11 期。

月 9 日广州绅商们在谘议局集会，决定宣布广东“和平独立”。“半年前，同盟会曾经用武力夺取这个城市，遭到惨败，现在却由绅商们打开城门向革命派举起欢迎的旗帜了”[①]。李剑农曾有如此评论：“还有一件大可注意的事，就是各省的响应独立，虽由革命党人运动发难，而各省谘议局的立宪党人，无不加入革命动作。……国内立宪派的人物，或任革命政府的民政长（如汤化龙），或任革命政府的都督（如谭延闿），或任其他职务，竟没有一省的立宪党人与革命党作敌对行动的。”[②] 这个评论用在鄂湘粤三省最合适不过了，而这种情形的出现，跟粤汉铁路保路运动有着密不可分的联系。换而言之，铁路风潮是川鄂湘粤四省辛亥革命的预演。

1911 年 11 月，赵尔丰被四川军政府擒杀，夹道围观的民众拍手称快。11 月 27 日，入川戡乱的湖北新军在行至资州时发生哗变，端方乞活未成，死于军中。发誓要竭力为大清朝看家的岑春煊见势不妙，在入川路上驻足观望，等待下一次政治投机。“干线国有”的主持者盛宣怀本为集权于满洲权贵、挽救清朝江山，不意既被川鄂湘粤诸省民众所唾骂，又复被权贵当做替罪羊：“侵权违法，罔上欺君，涂附政策，酿成祸乱，实为误国首恶。”[③] 最终，盛宣怀在朝野一片喊打声中被免职逃亡日本神户。

1912 年，正如 267 年前在万夫所指之中入主中原一样，清政府也在万夫所指之中黯然走下了历史舞台，留下了说不尽道不完的是非功过由后人评说。

对于清政府“铁路国有”政策的失败以及清政府的败亡，我们一方面必须看到其必然性：该政策的失败，“应是进入近代以来中国经济、政治及社会矛盾发展的综合结果”[④]。政策的能否推行，不仅仅在于它在理论层面的“合理性”和“可行性”，还必须取决于政策的操作者——政府的自身条件和社会客观实际。作为“干线国有”政策的推行者，清政府在辛丑之后已近油尽灯枯，不但国家财政枯竭、政府存在的合法性遭受民间的普遍质疑，而且清政府内部腐化成风、行政效率急剧下跌、中央集权衰微、地方主义抬头，这都使得清政府无法整合国民力量以进行粤汉铁路建设这种巨大的工程，相反还由此引发了各种矛盾，使得铁路风波能以超常规的方式戏剧性地充当了鼎旧革新的历史工具。换而言之，路事风潮确实是引发辛亥革命并最终导致清政府败亡的重要导火线，但即使没有路事风潮，腐朽透顶的清政府也会因在另一个事件上的处置失当而引发革命风暴。

---

① 胡绳：《从鸦片战争到五四运动》，上海人民出版社 1982 年版，第 1062 页。

② 李剑农：《最近三十年中国政治史》，太平洋书店 1933 年版，第 188 页、189 页。

③ 赵尔巽等撰：《清史稿》卷四七一，列传二五八“盛宣怀、瑞澂传”，中华书局 1977 年版。

④ 王致中：《中国铁路外债研究》，经济科学出版社 2003 年版，第 389 页。

但另一方面，我们在看到“干线国有”、“借款筑路”政策由于清政府的腐朽、没落和反动而无法推行开来的同时，也必须承认这一政策是符合近代中国“国贫民困”的实际情况的，“干线国有”、“借款筑路”政策的拟订者，尤其是张之洞和盛宣怀等人在这方面做出了很有借鉴意义的论证和实践。而且，“干线国有”之策也是符合当时国际发展大潮的。当时大多数拥有铁路的国家都是有步骤地采取铁路干线国有的方式，并且也取得了富国强兵的预期效果。作为后发展国家，日本更是其中成功转型的代表。日本在 19 世纪 70 年代就开始铁路私有化的高潮，至 1905 年，私有铁路开业线路达到314 751英里，而官办铁路仅占一半，为 153 158 英里。但是，私有铁路公司带有投机性质的缺点逐渐暴露出来之后，一遇到经济振荡，商办铁路公司的股票就立即下跌，甚至纷纷倒闭，直接影响交通运输业功能的发挥。日俄战争之后，为了统一管理全国铁路，以达到军事、经济上统筹的目的，明治政府发放 48 亿日元的公债，将 17 条主要的私营铁路干线以及朝鲜半岛的京釜铁路收归国有。到 1906 年 3 月更是正式颁布了《铁道国有法》，这对日本垄断资本主义的金融基础和市场基础的确立起了很大的作用[①]。后发展国家若想奋起直追，政府操纵国家命脉、整合民族力量确实是一个不可或缺的环节。清政府垮台之后，中国国贫民困的局面并没有根本的改变，北洋政府和国民政府在兴筑粤汉等铁路干线的时候还是延续着“干线国有”、“借款筑路”的筑路方针，这是我们在后文要继续论述的。

① 祝曙光：《近代中日两国铁路发展比较研究》，《贵州师范大学学报》2000 年第 1 期。

第六章 工程的延伸与“国有化”工作的完成

辛亥鼎革，中国政局发生了巨大转变。油尽灯枯的清政府在辛亥年间迅速垮台，保路运动所针对的对象已经不复存在，因此该运动的销声匿迹也势在必然。民国历届政府对国有铁路和商办铁路修筑经营的历史和现状进行反复权衡之后，认为从维护国权、振兴国本起见，必先速成干线，若要速成干线，则必先将其收归国有。绅商民众对于“干线国有”、“速成干线”逐渐达成了共识，对干线国有工作给予了精神和物质上的很大支持。在此背景之下，两湖境内的粤汉铁路（湘鄂段）顺利地收归国有。但是，复杂的国内形势却使得举国上下速成干线的愿望无法付诸实践：民初承晚清之积弊，各地方实力派公开割据称雄，同样由地方实力派摇身变成的中央政府无法有效地统驭各派系势力，从而使许多重大决策不能见诸实效。在这一背景之下，湘鄂段名归国有而在实际兴筑上毫无进展。

与此同时，粤路公司在商办名义下艰难运营，中国近代民族资产阶级力量的薄弱暴露无遗。从振兴国本大局出发，粤路在适当时候收归国有也势在必行。开府广州的大元帅府和国民革命政府直接参与了粤路的整修和运营，使粤路国有工作水到渠成地完成。另一方面我们必须承认，粤路公司在政局不稳的情况下维持运转，在开发华南地方经济中功不可没。

第一节 湘鄂段收归国有

1912年，经过短暂的动荡和争执之后，由北洋派系控制的北京政府最终接替了众叛亲离的清政府以及起过渡作用的南京临时政府，行使中央政府的权力。同年，北京政府成立交通部。交通部成立之后，立即将商办铁路收归国有作为举足轻重的任务。交通总长朱启钤为此呈文大总统，文中指出：“窃维民国肇兴，百端经始，统一政治，首重交通；铁路为国家气脉，所关干路为路线经纬所系。各国干路多归国家经营；盖一由政治上之作用当属之国家，一由财力上之负担，不能责之人民也。”[①] 亲历此段历史的叶恭绰事后亦指出，北京政府主政之初即将铁路收归国有定为国策：“各省商办铁路，自鼎革以还，元气未复，金融停滞，已成者无从继续，未成者益难进行……自民国元年后以次收回，是亦我国铁路界中一重要事件也。”[②]

与此同时，孙中山等辛亥革命的元勋们也撰文号召人民正确对待保路运动对辛亥鼎革的功劳以及中国当前“速成干路”、“借款筑路”、“干线国有”的必要性，消除绅商民众对“干线国有”的心理芥蒂。孙中山 1912 年 6 月 26 日在上海与《民立报》记者谈话时，着重提出了速成干线的必要性：“惟吾有求于一般国民之注意者，先当知振兴实业，当先以交通为重要。计划交通，当先以铁道为重要。建筑铁道，应先以干路为重要。”[③] 同年 10 月 14 至 16 日，孙中山又在上海发表演讲，再次强调了铁路国有的重要性：“……美国铁道全公司所有，即为少数资本家所有，故利皆为私人垄断。我国铁道应提倡归为公有，则公家于铁道一项，每年顿增 6 万万之收入；再以之兴办生产事业，利仍归公，则大公司、大资本尽为公有之社会事业，可免为少数资本家所垄断专制矣。”[④] 1912 年 9 月 2 日，在北京中华民国铁道协会的欢迎会演说上孙中山指出了中国借款筑路的必要性和可行性：“但今日之铁路问题，实为中国生死存亡之问题。今日修筑铁路之困难问题，即借债问题。今日若能修筑铁路，惟有欢迎外债，不能反对外债。若反对外债而欲修铁路，则铁路必无修成之望。鄙人深信外债之不足以祸国，且深信借债修路与中国有百利而无一害。即现在所有已修之铁路，无不获利。即如京奉铁路尚不十分发达，每年所获之利已属不赀。京张铁路为其余利所修，此可概见。……故今日我国，如欲立足于世界，惟有速修铁路，以立富强之基。不然，外人之势力日益伸张，而铁路政策，实足以亡人家国。铁道协会之组织。即以鼓吹提倡为

---

① 《议定川汉铁路接收办法并合约草案》，宓汝成编《中华民国铁路史资料（1912—1949）》，第 3 页。

② 叶恭绰：《五十年来中国之交通》，叶恭绰《遐庵汇稿》（中编），诗文，上海书店 1946 年影印版，第 228 页。

③ 孙中山：《在上海与（民立报）记者的谈话》，中国社会科学院近代史研究所中华民国史研究室等编《孙中山全集》（第 2 卷），中华书局 1982 年版，第 384 页。以下简称“《孙中山全集》（第 2 卷）”。

④ 孙中山：《在上海对中国社会党的演说》，《孙中山全集》（第 2 卷），第 521 页。

宗旨，想诸君亦必以鄙言为然。”[1]

1912年8月，孙中山正式访问北京并拜会民国总统袁世凯，商谈组建中国铁路总公司，以公司名义借外债六十万万，拟于十年内建筑铁路二十万里等事宜[2]。孙中山解释组织铁路总公司的原因是：“盖因现在我政府实无资本可办铁路，不得已而借外资。然以政府之名义借债，动辄牵起国际交涉。鄙人拟以私人资格，与该国资本家直接交涉，不与我政府相干，即外国政府亦不能过问。……若不如此，必不能免国际交涉，故自信此种办法，最为稳当。”[3] 孙中山等人从中国实际出发，强调“速成干路”、“借款筑路”、“干线国有”的必要性和可行性，并且身体力行之。由于他们特殊的地位以及社会影响力，这使得社会各界对于“速成干路”、“借款筑路”、“铁路国有”有了新的认识，有助于日后路权的顺利交接。

为了专门处理粤汉铁路事宜，交通部特设粤汉铁路督办，专管粤汉路务[4]。1912年5月，把精力转移到国家实业建设的孙中山到广州视察商办粤汉铁路公司时指出：“粤汉干路，关系民国建设前途盛大，且大利所在，并为振兴实业之首务。……望速图之。”同月，北京政府任命谭人凤担任汉粤川铁路督办，7月任命詹天佑为会办，并设总公司于汉口[5]，着手进行粤汉干线收归国有事宜。1913年3月，北京政府临时参议院通过中国铁路总公司条例，由大总统令公布施行[6]。不久，另一辛亥革命元老黄兴也担任了粤汉铁路督办。由于广东绅商财力雄厚、粤路商办已有相当成绩，北京政府为了稳定地方局势，照顾地方商民利益，决定对粤路暂缓收归国有。而湘鄂段的商办事宜由于款项无着，技术人才缺乏，路事不但毫无进展，而且因为失于养护，已筑成的少数路段耗损严重。此诚如叶恭绰所记载：“湘省路股名目繁杂，收集维艰，且又为收赎路款所挪用，故开工三载，仅成长沙至株洲铁路一百余里。识者多以为忧！……自粤汉干线争回自办以后，鄂境之粤汉、川汉两路亦归鄂省商办，未及兴工，而武昌义师已起。自时厥后，公私困竭，较他省为尤甚。”[7] 为此，北京政府决定沿用清政府的政策，着手将湘鄂段尤其是湘

① 孙中山：《在北京中华民国铁道协会欢迎会的演说》，《孙中山全集》（第2卷），第436页。

② 《东方杂志》（第9卷），第4号，第7页，“中国大事记”，1912年10月1日。

③ 《在北京招待报界同人时的演说和谈话》，《孙中山全集》（第2卷），第456～459页。

④ 《交通史路政编》（第16册），第60页。

⑤ 汉粤川铁路总公所呈：《汉粤川铁路沿革·民国元年条》，1918年10月，宓汝成编《中华民国铁路史资料（1912—1949）》，社会科学文献出版社2002年版，第3页。（以下称《中华民国铁路史资料（1912—1949）》）。

⑥ 《政府公报》（第324号），“法律”，第1、2页，1913年4月1日。

⑦ 叶恭绰：《五十年来中国之交通》，叶恭绰《遐庵汇稿》（中编），“诗文”，上海书店1946年影印版，第228页。

段收归国有，由国家统筹干线兴筑。

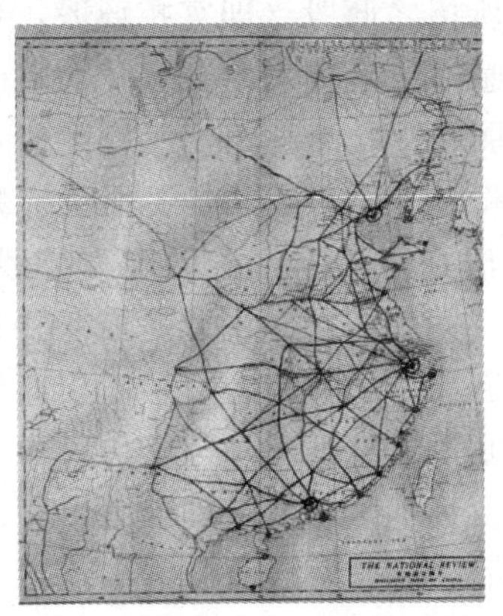

孙中山民国初年手绘的全国铁路规划网和在粤路工地与詹天佑等人的合影

平心而论，民初的铁路国有措施与晚清并无太多差别，甚至民国政府承诺的条件尚且不如清政府的优厚，但由于民心向背不同，效果当然也迥异。众所周知，兴建重大工程是一个国家综合实力的彰显，它不但需要经济实力和科技实力作为基石，而且由于它的利益牵涉面广，作为主导者的政府必须具备相应的社会号召力。晚清铁路国有政策之所以失败是因为招致广大绅商民众的强烈反对，而参加保路运动的绅商民众所反对的很大程度上并非是铁路国有政策，而是封建专制政府本身；民初政府尽管在经济实力和科技实力上同样欠缺，但民众对其一改晚清颓势是抱有很大希望的；加之在社会名流的宣传之下，绅商民众很快就清楚地认识到干线国有是大势所趋。1912 年 11 月 6 日，交通总长朱启钤呈大总统文中就一针见血地道出这一点：“前清末造规划及此，徒以国情不协，政治不良，遂至以国有问题，激动风潮，演成革命。然人民心理，不过借此推翻专制，而于反对国有之说，并非绝对的主张。”[①] 民国肇始，举国民众寄希望其一改晚清颓势，故而对其举措多表赞同、理解和谅解：“国家人民，合为一体，锐志建设，……同心一致，拱翼国权，乃能翕然定议。”[②]

粤汉铁路湘段、鄂段和粤段中，以鄂段收归国有的进程最为顺利。该路股款、债款早于宣统三年（1911）已清理完毕。当时，清政府督办粤汉、川

① 《议定川汉铁路接收办法并合约草案》，见宓汝成编《中华民国铁路史资料（1912—1949）》，第 3 页。

② 《议定川汉铁路接收办法并合约草案》，见宓汝成编《中华民国铁路史资料（1912—1949）》，第 3 页。

汉铁路大臣端方考虑到商办鄂路公司成立的时间比较短，所招的股款也少，而且大多尚未用于铁路建设[①]，故而湖北官钱局所招之商股（即官招商股，包括川汉彩票股），愿意附股者发给铁路股票，不愿附股者则发给现银；而对于湖北商办铁路公司所招之商股（即商招商股）原则上发给现银，愿意附股者则发给铁路股票；对于赈粜捐，由于原系湘鄂米捐，经湖广总督奏明拨充赎路及铁路局经费，与股本性质不同，经士绅吁请查照成案，拨做地方公股，以做地方公共事业之用[②]。民国政府对鄂路股款、债款的措施主要是沿袭并补充完善清政府的成法，大要如下：其官招商股专因办路所用者，及商招商股向由鄂省铁路协会经管而用途正当者，皆由交通部分期拨还；至于川汉彩票股一项，由部发给民国元年六厘公债票，以资结束；其余赈粜捐款则由交通部将民国元年六厘公债票如数拨交财政部专案存储，永为湖北公共事业之不动基金，即以其息充地方公共事业之用[③]。与此同时，经过反复核算，交通部罗列应偿付的鄂路股款详细清单如下：（1）官招商股，共发证券合洋459 049.94元，已付洋214 358.12元，尚欠洋24 4691.82元；（2）彩票股，洋44 1282.30元，已经付清（元年公债）；（3）赈粜捐，洋1159 970.267元，已经付清（元年公债）；（4）商招商股，股款由原经手清理经费洋60 382.50元，由部认付，已经付清。以上四项交通部结欠三省股款合洋35 296 110.911元[④]。对于政府罗列的债款清单及偿还的具体办法，鄂省商民持异议者甚少，鄂路比较顺利地晚成了交接。

而湘路收归国有则颇费周折，因为其情况较为复杂，谭人凤到任后，即刊印《致湘中父老并湘路股东书》，向湘省商民解释干线收归国有的现实意义，尽力消除商民对铁路国有所持的怀疑态度[⑤]。为了保证谭人凤等人的工作顺利开展，民国首任湖南督军谭延闿还进行了多方斡旋。当时，清政府已经垮台，湘省商民保路运动所针对的目标已经消失，他们也逐渐理性地反省干线商办与国有的利弊；而现实上，当时湘路的状况是路长款绌，开工数载，少有成就，商办湘路已然无法维持，而且继续虚耗下去，不但于路事无补反而徒增靡费。因此湘省商民对于国有政策并不反对，“查粤汉干路收归国有，

---

① 《交通史路政编》（第16册），第74页。

② 《中国近代铁路史资料（1863—1911）》（第三册），第1256页。

③ 叶恭绰：《五十年来中国之交通，1923年2月》，见叶恭绰《遐庵汇稿》（中编），诗文，第229页。

④ 陈承烈：《汉粤川铁路损失事略》，关赓麟《汉粤川铁路进行计划意见书》，北洋政府汉粤川铁路办事处1921石印本，第32页。

⑤ 谭人凤：《致湘中父老并湘路股东书》，1912年8月6日，宓汝成编《中华民国铁路史资料（1912—1949）》，第4页。

湘人初多疑虑；自督办函示宗旨办法，并刊印宣布，乃晓然于国有即民有，路界内外人民，均无反对之意；即借款筑路，亦极赞成”[1]。湘路公司愿意将湖南境内的粤汉干路及湖南所有的广东三佛支线七分之三路权改归国有[2]，只是主张已用于造路、维路、养路的款项，都是地方商民所出，湘路公司要求交通部全数发还现金，公司总理陈文玮申诉说：“夫公股为米、盐两项，直接于商家，间接于人民，本为吾湘一省之脂膏，非全国公共之款。虽无股东主名，究本境义务，应否调换国路股票，抑或收回现金，留办支路及其他实业或公益事业，湘人自有全权，中央难以侵越，都督难以独断。不惟公司不能代为承认、文玮不敢率意解决而已。此款应俟省议会成立，由都督府提交省议会议决，后方生实施之效力。至商股及租股、房薪股股东，各持票据，各有主权，尤非他人所能强制。总额虽止四百余万，丝毫皆系血赀；或愿换领股票，或愿退还本息，既系任听自便，即应预先筹备。以局势论，路归国有，商民无参预路事之权；股东即无愿附股本之理。此时若不先备现金，转瞬公商各股，纷纷索退，彼时路已交出，款尚无着，公司将成不了之局。文玮等岂能负此重大之责任与不良之结果。拟一面饬令公司职员，清缮股款数目册单咨请贵督办查阅，照数备齐现金，汇兑到湘；一面由公司清厘现办工程，现用车路及一切材料款项地亩产业，统俟现金汇到，照股交清，即行遵照来文开具单册，咨请验收接管，似此互换，庶几国有一无窒碍，股本一无损失，公司得为当然之消灭，文玮得副股东之初心。素仰贵督办洞达商情，度必鉴原格外也。”[3]

1912 年 10 月，湘路公司致电交通部，表达了湘省商民强烈要求政府兑现现金的愿望：“路归国有，湘人极表欢迎。公司移交手续，亦早准备。惟现金无着，股东深滋疑虑，应请大部速汇巨款来湘，以便股东自由领还。事关路政进行，恳速电示！”[4]

但是，在短时间内“全数发还现金”对于新生的民国政府而言是不可能的。因为民国政府几乎承揽了晚清所有外债，国家财政同样在虚库运行，根本不可能马上拨付干线收归国有的全部款项。1912 年 11 月 24 日，交通部致谭人凤和湘路公司总协理、董事的电文中陈说了国家财政所面临的真实困难，

---

① 《湘路公司咨复粤汉铁路督办谭人凤文（1912 年 10 月）》，宓汝成编《中华民国铁路史资料（1912—1949）》，第 5 页。

② 岑学吕：《三水梁燕孙先生年谱》，（台北）文星书局 1962 年版，第 146、147 页。

③ 《湘路公司咨复粤汉铁路督办谭人凤文（1912 年 10 月）》，宓汝成编《中华民国铁路史资料（1912—1949）》，第 15 页。

④ 《中华民国铁路史资料（1912—1949）》，第 16 页。

并希望得到湘省商民的谅解：“路归国有，原有公私股本，应由国家筹还，自属正理。惟中央财政困难至极！筹还股本，纯恃借款挹注。……此次竭蹶情形，诸君明达，必能共见。……财源涸竭，既达极点。惟有酌分缓急，以济事势之穷。垫款交付，尚无定期。私股发现，尚难遽定办法时日。若公股一律发现，实为国家目前财力所不能办到。湘省公私股款，总计八百余万元，用之美国赎款者若干，直接用之路工者若干，间接用之路工者若干，现在购存材料产业者若干，应请湘路公司开列清单报部，以便有所依据。一面切实规定筹还股本办法，一面计划工程进行事宜，并请将历年账册及公司产业存款存料移交谭督办接收，俾得表示已经履行合同第三条路线产业拨归官局管理之规定，得以催促垫款，免至彼方借口，延误进行。至公股拟作何项用途，及商民私股拟拨修支路各节，应由贵省诸公及股东切实议定，由都督核准报部。”[①]

由于政府与商民双方立场迥异，谈判一时没有取得实质性进展，黄兴、谭延闿等人倡议将湘路公司股款移修途经矿产丰富地区的支路：“其支路或由长、常、辰以达川、黔，或由潭、晃以通黔、滇，或由醴陵以达赣、闽，或由衡州以达全、桂，交通之利，实与干路无异。且路线所经，矿产最富；因路政而经营实业，美利尤为无穷。……似此办法，一方面可以促国有之干路早日兴筑告成，一方面可以就原有之股款接续开修支路，既不负股东投资之初心，兼可谋湘省绝大之利益，计无善于此者。”[②] 商民对此原则上并不表示反对，但希望政府方面首先发还现银，再由商民自愿投资支路：“今干路定归国有，议以前集公股移办支路，仍劝私家多投原有之股本，是支路开办之本金，全恃干路移来之股款。股款如能全数发现，支路自不难刻期兴修。……现经公司与董事会公同商议，拟恳都督电达交通部，商请将公私股款一律准予发还现款，并将还款办法日期，预为规定，先期宣示，庶几干路之交替得以早日实行，支路之计划亦得按期筹备。”[③] 商民关注的焦点依然是公私股款能否以现银返还，对新政府的信用度依然持怀疑态度。问题的焦点同样也为政府要员所认识：“故交通未受便益，而经济先蒙影响。湘中本富明达之士，能知此义者渐众，……但以股本有关公司信用，无论公股、私股必求有著为词，是为湘路国有之始基”；而这也恰好是政府之所难：“而本部（交通部）财力

---

① 《交通部致谭人凤和湘路公司总协理、董事等电》，宓汝成编《中华民国铁路史资料（1912—1949）》，第16、17页。

② 《中华民国铁路史资料（1912—1949）》，第17页。

③ 《中华民国铁路史资料（1912—1949）》，第17页。

竭蹶万分，无从罗掘。”[1]

当时川路收归国有，采取的是由交通部以发放有价证券的形式分年摊还股款的方法：凡川路公司直接、间接用于路工之款，均由交通部给予定期期票，自接收之日起年息六厘，每年付息一次[2]。鉴于这方法使川路较为顺利地收归国有，因此交通部斟酌再三之后建议：“惟有按照与川路公司所订接收合约，分年摊还，由部发给有利证券办法。”[3] 但湘路公司来电只要求索还现款，交通部引川路成案与之协商，“事阅多时，迄未解决”[4]。

为了避免重蹈前清之覆辙，民国政府决定采用说服的方法而非高压措施。1913 年初，交通部秘书张辑光赴任长沙关监督，政府方面令其就近代表交通部，与公司接议湘路国有事宜。临行前交通部再三叮嘱张辑光就近与湘省都督以及公司中人接洽，彼此推诚，各就事实详加研究，先收回国有，具体细则再由公司举员来京会商条件。张辑光在湖南督军谭延闿的协助之下，反复解释了交通部面临的实际困难，希望广大商民服从干线国有大局。经过多次磋商，双方逐渐在重大方向和重要问题上达成共识，1913 年 5 月，湘路公司同意公推总理陈文玮、董事傅定祥为代表到北京，与交通部会商湘路接收的详细合约。

在北京会商期间，交通部和湘路公司代表都摆出了自己的难处：交通部认为在国库亏虚的情况下，股款分年摊还对交通部而言负担实属不轻；陈文玮、傅定祥也陈说了保存商本、承担债务以体恤商民的必要性。由于双方互相体谅，很快达成了湘路国有、分年摊还股款的二十款合约。合约第 1 条声明湘路收归国有，“湖南境内原定之粤汉干路路线及三佛支路湖南所占七分之三，所有公司已成路线及材料、车辆、厂房、器具，未成铁路之已建工程、已购地段及本路全线内一切产业权利，一律改归国有，由部直辖，自由处理一切。所有以前给与该公司之权利，概行取消”；第 10 条规定“交路之后，公司应即改设一股款清理处，……股款清理处成立，公司即为消灭”；有关公司的债务问题，合约第 2 条声明自接收之日起，“所有公司债权债务属于该路者由部继承担任”；第 11 条规定“公司与洋行原订购料契约，在民国元年十二月底以前者由部接续管理，一律继续有效”；第 19 条又规定“所有湘路应摊还香港政府赎路本息七分之三，除第十二、第十四、第十五三期，业经由

---

① 《交通总长朱启钤呈大总统文（1913 年 6 月 23 日）》，见《交通部呈文类编·路政》，中华民国交通部参事厅 1918 年编印，第 29 页。

② 《交通史路政编》（第 16 册），第 23 页。

③ 《中华民国铁路史资料（1912—1949）》，第 5 页。

④ 《交通总长朱启钤呈大总统文（1913 年 6 月 23 日）》，见《交通部呈文类编．路政》，中华民国交通部参事厅 1918 年编印，第 29 页。

部垫给外，其自第十六至二十期五期湘路应还本息，仍继续由部付给”。对于商本分年摊还问题，合约第 4 条、第 5 条规定“公司入款，所有商股、房股、租股、薪股，赈粜米、捐、盐斤、配销捐一律认为公司资本”，“路归国有，公司所有资本，应一律发还现款。今将股款分两种办法，按照商、房、租、薪股本金额列为甲项，按照米、盐股本金额列为乙项，分别定期发还”；第 7 条规定“甲项资本于民国二年度摊还二百万元，余数于民国三、四两年分年摊还，其分年摊还之款，由部先期给与有期证券为凭；自民国二年元月起年息六厘（民国二年 1 月 1 日以后所交股之日起息），二年度付息四次，三四两年度每年度付息二次，已还之本即行止息”；第 8 条规定“乙项资本自接收后第三年起分十二年每年两期还清；按照该期还本之数，汇计历来应付之息，一并给付。息率及计息开始日期与甲项同”；第 9 条又规定：交通部如财力充裕时，可以提前一次或数次发还股本、收回证券”[①]。1913 年 6 月 27 日，北京政府发布第 410 号《政府公报》，公布湘路返还股款计划（见表 6－1，表 6－2）。

合约定议之后，湘路公司代表陈文玮、傅定祥即电商湘路公司董事局及股东大会，并很快取得了股东大会的同意。交通总长朱启钤将合约草案提交国务大会之后，也很快得到通过。1913 年 10 月 1 日，湘路交由交通部接收，由汉粤川铁路督办管辖的湘鄂段铁路工程局接管，并设立湘路股款清理处，湘路公司与董事会同意接收。与此同时，交通部派遣时任交通部主事的巢功赞、顾梓田接收湘路、清算账目，并列出债务详细清单。湘路收归国有至此告一段落。

表 6－1　湘路收归国有甲项分年还本付息表　　单位：元

年别及期别		还　本	付　息	本息共计
二年度	第一期	500 000	184 950	684 950
	第二期	500 000	54 150	554 150
	第三期	500 000	46 650	546 650
	第四期	500 000	39 150	539 150
三年度	第五期	527 500	31 650	559 150
	第六期	527 500	47 475	574 975
四年度	第七期	527 500	31 650	559 150
	第八期	527 500	15 825	543 325
总　计		4 110 000	451 500	4 561 500

资料来源：《政府公报》第 410 号，“公文”，第 13 页，1913 年 6 月 27 日

① 《交通史路政编》（第 16 册），第 63、64 页。

表 6-2　湘路收归国有乙项分年还本付息表　　单位：元

年别及期别		还本	付息	本息共计
五年度	第一期	196 775	44 274.37	241 049.37
	第二期	196 775	50 177.62	246 952.62
六年度	第三期	196 775	56 080.87	252 855.87
	第四期	196 775	61 984.12	258 759.12
七年度	第五期	196 775	67 887.37	264 662.37
	第六期	196 775	73 790.62	270 565.62
八年度	第七期	196 775	79 693.87	276 468.87
	第八期	196 775	85 597.12	282 372.12
九年度	第九期	196 775	91 500.37	288 275.37
	第十期	196 775	97 403.62	294 178.62
十年度	第十一期	196 775	103 306.87	300 081.87
	第十二期	196 775	109 210.12	305 985.12
十一年度	第十三期	196 775	115 113.37	311 888.37
	第十四期	196 775	121 016.62	317 791.62
十二年度	第十五期	196 775	126 919.87	323 694.87
	第十六期	196 775	132 823.12	329 598.12
十三年度	第十七期	196 775	138 726.37	335 501.37
	第十八期	196 775	144 629.62	341 404.62
十四年度	第十九期	196 775	150 532.87	347 307.87
	第二十期	196 775	156 436.12	353 211.12
十五年度	第二十一期	196 775	162 339.37	359 114.37
	第二十二期	196 775	168 242.62	365 017.62
十六年度	第二十三期	196 775	174 145.87	370 920.87
	第二十四期	196 775	180 049.12	376 824.12
总　　计		4 722 600	2 691 881.88	7 414 481.88

资料来源：《政府公报》第 410 号，“公义”，第 13 页、第 14 页，1913 年 6 月 27 日

对于湘路收归国有的措施及工作进展，政府方面表示很满意。在 1913 年 6 月 23 日交通总长朱启钤呈大总统文中毫不掩饰地表达了这一点："以十余年来纷纭纠葛之路，得此圆满解决，实由于湘人深识远虑，力顾大局；两代表准情酌理，不为意外之要求。本部以国家之款担任无形之亏累，但求事实有济，财力可以腾挪，亦未便稍从刻核。双方交让，因得此之良果。"①

北洋政府将干线收归国有是在湘鄂两省人民于经济上做出了很大的牺牲的前提下进行的。但湘鄂段收归国有之后，由于近代中国政府积贫积弱，加之干线不能按时竣工赢利，以致股金本息迟迟不能按时返还，最后不了了之。政府方面尽管制订了详尽的还款计划，但除了前三期是按照协议如期付清之外，过后便经常延期清偿；纵然清偿，既有用当时不能兑现的、市价降至六、五、四折不等的纸币却按票面额来计算的，更有用推销不掉、毫无债信的国内公债券来充数②。据 1925 年民国财政整理会编印的《交通债款说明书》所罗列，鄂路商股本息未能按时偿还者达 799 900.23 元，湘路达5 417 521.20元。而这只是政府单方面的解释而已，因为民间自始至终都拒受贬值的钞票和无信用可言的公债券，更不必说让他们同意按公债票和钞票的面值计数了。对于此项债款之所以长期拖而不还，政府方面的解释是："部内既无的款可筹，而所收赎之商路，复鲜已成之线，无收入可言，自无基金可指，……初议商路收回以后，借款续办，所欠商股即由借款项下拨还。乃以欧战之故，计划未行，至今延欠无法归偿。"③ 甚至后来主持粤汉路事的关赓麟认为湘鄂段收归国有之举操之过急、有失政府信誉，他说："民国成立，政府复袭行国有政策，则以为人心所向，必可竟成，恃外债之借入为来源，轻议尽数收买各省商路，负巨债而不惜，至今无法偿还，永为口实，此皆本无能力而自信太过之为患也。"④ 国民政府"统一"全国之后，更是对尚未清偿的商股只字不提，清偿股款之事也就由"不了"视为"已了"了。

由上观之，中国近代没有任何一个政府具备足够的财力将商办铁路公平地收归国有，而"干线国有"的最终实现是建立在绅商民众的巨大让步基础之上的。

---

① 《缕陈接收商办湘路情形》，见《交通部呈文类编·路政》，中华民国交通部参事厅 1918 年编印，第 30 页。

② 汪敬虞：《中国近代经济史（1895—1927）》，人民出版社 2000 年版，第 2010 页。

③ 中华民国财政整理会：《交通债款说明书》（第 1 编），"总论"，中华民国财政整理会 1927 年编印。

④ 关赓麟：《痛定思痛之粤汉路》，见杨裕芬等编《粤汉铁路株韶段通车纪念刊》，粤汉铁路株韶段工程局 1936 年编印，第 14 页。

第二节 湘鄂段工程的艰难进展

粤汉铁路湘鄂段尽管在商民作出巨大让步、蒙受巨额损失的情况下收归国有，但是却迟迟不能开工展线，深失民众之所望。造成这种情形的主要原因是国家贫弱、各政治派系纷争不息，从而造成中国国际声誉不佳、筑路款项无法按时发放，干线工程自然难以顺利进行。下文我们重点论述的即是粤汉铁路借款交涉所遭遇的波折。

一、湖广铁路借款在民初的遭遇

清政府曾与四国银行团订立粤汉川铁路借款合同。民国成立以后，湖广铁路借款合同的权利和义务由北洋政府承担，铁路建设款项本应按时发放。但是由于当时中国政局动荡，四国银行团考虑到资本投放的风险，利用各种借口迟迟不肯拨发粤汉川铁路借款；而北洋政府统治下的中国四分五裂，同样也不能将借到的款项用于实业上。

民国成立之后，北京政府曾与国际财团商借巨额款项以整顿国内事务，时称“善后大借款”。袁世凯利用列强希望“在中国建立一个强有力的中央政府”以维护其在华利益之机，向四国银行团代表司戴德提出“善后”借款，筹谋解决辛亥革命所产生的遗留问题和建立新的统治秩序所需的经费[①]。1912年2月26日，内阁总理大臣唐绍仪向四国银行团提出借款6 000万英镑，中方以盐税作为担保，以供今后五年内年需1 200万英镑的行政费用，设有敷余，以其80%用于生产性事业，20%用于陆海军及教育方面[②]。从1912年2月至1913年4月26日，四国银行团（因日俄的加入而改组为六国银团，后又因美国的退出而改为五国银团）经过与北京政府反复磋商谈判之后，最终达成了善后大借款协议，同意借款2 500万磅英金与中国，由银行发行债票，按八四扣交款，实借2 100万磅，借期47年，即以1960年为终借期；借款以中国全部盐税、关税之除了已提供作为外债担保后的余额以及河北、山东、河南、江苏四省中央税款作为担保。借款指定专供下述用途：(1) 交付中国政府业已到期应清还的外债本息，赎回各省现有全部借款，还清最近数次提

① 宓汝成：《国际银团和善后借款》，《中国经济史研究》1996年第4期。

② [美] 佛雷德里克·V. 斐尔德：《美国参加在华国际银行团》（F. V. Field. *American Participation in the China Consortiums*）（吕浦译），商务印书馆1965年版，第71页。

供的垫款和赔偿各国因辛亥革命所受的损失；（2）裁遣全国各省的军队；（3）行政费用；（4）整顿盐政经费；（5）中国政府与银行团互相商定的其他行政费[①]。其中“中国政府与银行团互相商定的其他行政费”一项中，用于改善中国实业建设，尤其是铁路干线建设曾占据了很大比重。在这一大环境之下，敦促四国银行团按时发放湖广铁路借款提上了日程。

1912年5月，粤汉铁路督办谭人凤多次与四国银行团交涉，促其照约交款。但是银行团辩称以前约所订的借款条约系粤汉川铁路名义，今仅粤汉，用途不合；况且前约指定以湘鄂两省厘金作抵，辛亥光复以后，各处厘金或裁或并，银行团认为借款难以担保，所以不肯交款[②]。稍后，交通部路政司司长叶恭绰与四国银行团磋商借款发放事宜，银行团乃于1912年7月11日致函交通部，提出欲想借款发放，中方必须满足四个条件：武昌、长沙、广水、宜昌四处必须同时开工，以符粤汉川借款之名；必须启动保证汇款收存的金融机构；用以抵押借款的湘鄂两省厘金每年关平银520万两必须复征或以铁路及其进款抵押；由于政局变动使得路事拖延而造成的损失甚巨，“借款利息亏耗已达9万镑，开办经费及工程司并不办公，所领薪水计共英金10万镑有余”，作为补偿，中方应该“令各局所洋人、富有经验之领袖司理其事”[③]。时人将这四个争执点归纳为赎路、担保品、存款、管账四大问题[④]。

交通部收函后立即邀请英、法、德、美四银行代表座谈。朱启钤、谭人凤对银行团提出的要求一一答复：川汉一带已聘定德国工程师视察路线，中方并无置川汉于不问之意，湘、粤商办之议，经政府劝说已逐渐平息；中国目前尚未能确定借款之存储机构，故汇款可暂时存储于信用具备的外国银行；借款抵押可以实行裁厘加税，并可以粤汉路上之材料作为厘税之担保，但不可违逆民意而用铁路作抵；允许“由公司聘请一外人专司簿记”，“惟聘用何国人氏，则主权宜属之督办”[⑤]。银行团对交通部的提议并无异言，但不肯马上交付600万镑工程启动资金以便着手开工，声称“惟此项借款，各有资本家担任之，需将贵总长所说明具一说帖，作为合同之附件，并使资本家晓解之，庶几日后按期之款项，先有预备，不至稽延时日云云”[⑥]。

与此同时，列强之间为了争夺对华贷款的优先权、对北京政府的控制权

---

① 宓汝成：《国际银团和善后借款》，《中国经济史研究》1996年第4期。
② 《交通史路政编》（第14册），第151页。
③ 《交通史路政编》（第14册），第151、152页。
④ 《川粤汉借款又有小争执》，《申报》，1913年3月8日。
⑤ 《粤汉借款纠葛之解释》，《申报》，1912年10月8日。
⑥ 《粤汉借款纠葛之解释》，《申报》，1912年10月8日。

以及贷款利益的分配，彼此之间的钩心斗角一直没有停止过，四国银行团也因此先演变为六国银行团，再演变成为五国银行团。俄日两国在地理上与中国毗连和邻近，因此更加迫切地希望通过借款方式来控制中国的内政和实业。俄国担心四国银行团的借款计划有碍于它当时正企图加紧蚕食、肢解中国北部边疆的行动，故而加紧指使俄亚银行张罗组成俄法比财团竞争对华贷款的权益，试图与四国银行团分庭抗礼①；日本自身国力尚且有限，既无力与四国银行团抗衡，又唯恐俄国的举动危及其在东北地区的既得利益，故而迫切希望加入四国银团。四国银团为避免在与俄国指使成立的俄法比财团的对华借款竞争中两败俱伤，同时也为了打破俄日在“满蒙”地区实际存在的垄断局面，加之势同水火的英法与德国两派势力皆欲拉拢俄日入伙为援，故而1912年初发出了日俄加入银行团的邀请。俄日接到邀请之后权衡利弊：“与四国财团组织相竞争并破坏它并无必胜把握，而加入财团组织可从内部来保护他们的特殊利益”，两国当然更加倾向于选择后者②；不久，俄亚银行代表俄国财团、横滨正金银行代表日本财团，与原先的四国银行团一起组成六国银团。但是银行团在对华政策、利益分配等方面产生的矛盾并不因为俄日两国的加入而有所缓和。1913年3月19日，美国财团由于与俄日两国矛盾难以调和以及不能在六国银团里把持关键职务而宣布退出，并冠冕堂皇地申述银团借款条件以特定的税项作为抵押，并由外国代理人来管理这些税收的行政，不但“非常接近于侵犯中国本身的行政独立”，而且背离了美方一向坚持的“门户开放”、“机会均等”原则③。其后，对华借款事务尽管由英、法、德、俄、日组成的五国银行团继续负责，但美国财团仍然宣布绝不放弃在参加期间所分享的权益如湖广铁路借款、币制实业借款上所获权益，并通知已授权花旗银行代表美国财团全权处理④。因此，美国在粤汉铁路上的借款“义务”和“权益”并不因其退出银行团而终止。

1913年3月1日，交通部再次致函国际银行团，认为“路工待款孔急，双方意见均不宜再有迁延”，并主动在借款条件上作出让步，以换取外方尽快落实借款筑路事宜。这四个条件是：当时川汉、粤汉鄂段与湘段收归国有工作已经渐见分晓，中方完全同意银行团提出的武昌、长沙、广水、宜昌四处

---

① Lo Hui-Min：*The Correspondence of G. E Morrison*，volume1. 1976，page78.

② ［美］佛雷德里克·V. 斐尔德：《美国参加在华国际银行团》（F. V. Field. *American Participation in the China Consortiums*）（吕浦译），商务印书馆1965年版，第60页。

③ 宓汝成：《国际银团和善后借款》，《中国经济史研究》1996年第4期，第57页。

④ 中国人民银行金融研究所编：《美国花旗银行在华史料》，中国金融出版社1990年版，第120、122页。（以下简称《美国花旗银行在华史料》）

同时开工的条件；提华工款暂存德华、汇丰、汇理及美国资本家所指定之花旗银行，俟交通或大清银行改组之中国国家银行信用具备并与外国银行照常互有往来时，再照第十四款提存交通银行或中国国家银行分任之经理办法办理；抵押一项，为避免外方蒙受损失，暂时放弃厘捐作抵而以本路财产材料担保，待“中国政府能指明使此项厘税确实有著，非但无损，且可由中央政府指拨或能觅他项相当之担保品，则此项担保上之担保，立行取消，亦无须另觅担保品。倘中国政府因免厘或另改新章时，仍按借款合同第九条办理”；中方同意增派外国查账员及驻厂工程师，但明文限制外国查账员及驻厂工程师之权限，“管账员办事权限以及分派铁路各段专归督办规定，该管账员任用去留，概由督办主持”，材料之损失虚耗由总办、总工程师而非外国工程师负责成；中方作出让步之后，立即督促国际银行团代表“迅速函复按照合同办理；俾免该路重受损失，是所至要”①。

列强投资中国实业的欲望相当强烈，他们对北京政府讨价还价不外是欲擒故纵的手段而已。法国驻日大使施阿兰在考察分析亚洲和中国政局之后，鼓动政府向中国提供财政援助，“以便中国能保持一个政府，一个基本行政机构，一个庞大、丰富的市场”。法国政府“号召其他国家政府，以财政援助作为列强协调巩固新政权的最妥善工具”②。在达到采用外交手段迫使中国让步的目的之后，列强同意贷款兴筑湖广铁路。1913 年 3 月 3 日，国际银行团复函交通部，除了提出查账员拟由银行职员暂充之外，对中方作出的让步表示满意，并同意拨付启动资金：“兹声明该路工程进行时，应需款项若干，业已预备，由借款内拨汇中国，以便测勘及或建筑之用。”③ 此后，粤汉铁路建设经费陆续发放，从 1911 年至 1921 年 10 年间，粤汉铁路建设经费共发放6 194 万元，其中英法德美四国银行团借款 5 434 万元，中英银公司 80 万元，政府垫款 680 万元。其他款项 4 232 万元④。

粤汉铁路对外借款谈判尽管进行得比较顺利，但是由于国内外政治因素影响，工程进展同样举步维艰。国际因素主要是指所举借的铁路建筑款项和进口的基建材料不能按时到位。国际银行团同意继续拨发湖广铁路借款的次年即 1914 年，主要成员国都卷入了残酷的世界大战，自顾尚且不暇，更毋庸说按时拨发兴筑湖广铁路的借款。战后，德国成为战败国，其财政困窘自不堪言；而成为战胜国、曾号称“日不落”帝国的英国也逐渐失去了资本主义

① 《交通史路政编》（第 14 册），第 153、154 页。

② ［美］李约翰：《清帝逊位与列强》（孙瑞芹、陈泽宽译），中华书局 1982 年版，第 329 页。

③ 《交通史路政编》（第 14 册），第 159 页。

④ 王晓华、李占才：《艰难延伸的民国铁路》，河南人民出版社 1993 年版，第 65 页。

世界霸主的地位，成为美国的债务国；曾号称“高利贷帝国”的法国在战后工业产值仅占资本主义世界的5%，而且背负美国债务38亿美元，英国债务6.4亿英镑，陷入了难以自拔的债务泥潭。经过战火蹂躏的欧洲大陆满目疮痍，本身还需要巨额的“善后”款项和基建材料。粤汉铁路主要建设资金来自列强借款，基建材料也来自于欧美诸国，但是列强因陷入了财政危机而导致建设资金和材料不能按时到位，干线工程进展维艰自是必然之中。

在这里值得重点提及的是国内政局动荡对路事的影响。晚清中央集权日益衰微，地方实力派日益崛起，中央内部、中央与地方、地方与地方之间明争暗斗，是为百业荒废的重要原因；民初政府承晚清之积弊，这些政治斗争更加公开化和白热化，由于各派势力把有限的财力、物力甚至铁路抵押所得的借款皆用于政治斗争中去，从而导致了粤汉铁路工程的一再耽搁。

首先，北京政府以牺牲巨大利权为代价而取得的外债主要用于政治斗争而非国家建设。袁世凯就任大总统之后，一方面信誓旦旦地表示效忠共和，散布和平统一南北的政治气氛；另一方面则暗中纠集力量铲除异己，特别是要消灭非北洋派系的、被其视为心腹之患的南方军队。当“善后借款”谈判即将达成之时，以为已经在国内政治斗争中稳操胜券的袁世凯急不可耐地向最大的政敌国民党下手了。1913年3月20日，距离国际银行团同意恢复湖广铁路借款不到20天，著名革命家宋教仁在上海被刺身亡。宋案引发了该年7月份“二次革命”的爆发，各政治派系表面上达成的妥协由此而被打破。袁世凯派系为了打压政敌则干脆撕下伪装，把谈妥的各项本来用于“善后”和实业建设的借款挪用于内战和帝制复辟准备。此诚如谢彬所指出的：袁世凯主持国政……为便帝制自为，积极筹措经费，遂利用舆论“路矿开放，利用外资”之语，借筑路美名，大举外债，以解除财政上之困难，以供军费、政费之挪用。袁之左右，更因借款有大宗回扣，足饱私囊。其时欧洲各国，正各预备世界大战，本无如许流动资金借与我国；由于袁仅需垫款，即得永据路权；袁以彼之饶有现金，可以速登宝座。坐令六千万元垫款尽化乌有，路工着手则茫茫无期①。亲历其事的唐在礼在其遗稿中也提到：“那时（1915年前后）袁（世凯）一条铁路一条铁路地押出去借外债，梁士诒和周学熙等分拿回扣，大发其财，数目很大，就很难计算了。”②

袁世凯死后，北洋军阀与其他政治派系以及北洋军阀内部的斗争此起彼

---

① 谢彬：《中国铁道史》，中华书局1929出版，第28页。

② 唐在礼遗稿：《辛亥以后的袁世凯》，见政协全国委员会文史资料研究委员会编《文史资料选辑》（第53辑），文史资料出版社1983版，第181、182页。

伏。受此影响，不但谈妥的各项借款不能很好地应用于铁路建设，即便是进行中的干线建设也往往因战事而中断。在挥霍债款方面，北洋军阀政府继承袁世凯衣钵，以路权作抵借款用于政治斗争。如当时的《民国日报》对军阀政府此举进行了贬斥：“三年之内，计借外债英金 3 100 万镑，法金 6 万万佛郎，日金 500 万元，俄金 5 000 万罗布；举安徽、江苏、河南、江西、湖南、湖北、山西、陕西、广东、广西、四川、云南、贵州、吉林、黑龙江十五省之铁路权，尽归于外人之手。……此款现做何用？无有一人能确实指明者。……今交通系又以供给袁世凯之手段，以供给段祺瑞，试展中国舆图观之，宁复再有一路线，以为借债之资乎！……夫铁路本为列强亡中国之政策，我既饮鸩于前，若图救于后，或有万一之希望。交通系不惜国家之危亡，以博一己之权利，举十五省之路线借款，以供袁世凯之用。幸而欧战方殷，债票未发，举而掷诸虚牝者，仅垫款数千万元耳；然而路线建筑权之损失，已无可挽也。夫借款未成之路，记者诚不知如何结局。若夫已成之路，虽极力整顿，尚不能维持现状而保出入之相符？……借款用诸政治，还款取诸铁路，在交通系以此为固宠计，未为非得计，而中华民国之亡，即肇于此矣。”①

The Chinese Government Reorganization Loan Agreement

中國政府善後借款合同

签订《善后借款合同》的各国代表合影及合同文本

其次，兵荒马乱的国内政局使得粤汉铁路工程无法正常开展，或者失于维护而荒废前功。

1913—1914 年世界大战爆发之前，国际银行团拨发了部分湖广铁路款项。为了使粤汉铁路速成以迅速调兵控制南方局势，北京政府于 1914 年委派詹天

① 颂民：《交通系复活后中国之前途》，《民国日报》，“社论”，1917 年 8 月 3 日。

佑担任粤汉铁路会办（后升为川粤汉铁路督办）。詹天佑集中有限的财力，顶住“一战”爆发后款项无从提取、镑价下跌和料价上涨等诸多困难，与广大铁路员工以及中外工程师一起齐心协力，在1918年将武（昌）长（沙）段全长480余公里工程修建完竣，接着对长株段进行了全面修缮，两段于1920年成功对接[①]。这在事实上证明，尽管国外政治和经济局势变幻不定，但是只要国人上下齐心，还是有望克服各种困难而完成干线兴筑和运营工作的。

但是，民初的中国恰恰不具备良好的政治环境。粤汉线所经过之鄂湘粤三省由不同的政治势力所占据，各派政治势力出于维护自身利益的诉求，或主张或反对速成粤汉铁路，莫衷一是，甚至还摧毁已经建成的铁路以保全自己的武力控制区。此诚如关赓麟所云：“民国八九年后，武人专政，各据地盘，已成未成铁路，咸认为政争上伸张势力之工具，故一路线之完成，必计及其关系个人之利害若何，以为与拒之准备，主统一者以为路成之后，中央之武力，足以压迫地方，则以筑路速成为利，主割据者以为路成之前，革命之势力，尚不能进取中原，则以筑路速成为害，故路之进行与否，一以当事之利害为转移，而本党统一全国之前，却以此故而成为僵局。”[②] 有关国内战争对路工进展的直接破坏，我们则可从以下描述中管窥其貌。由于受到国内外政治局势的影响，武（昌）长（沙）段工程本来已是屡建屡绌：“旋因欧战爆发，金融阻滞，……民国七年始将武长间竣工并与长株衔接焉。”[③] 在资金和技术都极其短缺的情况下筑成的工程质量自是差强人意：“长沙株洲间有些地段路堤定得过低，每遇洪水即遭淹没”，“工程未完即已沉陷，留下严重病害。”[④] 武长段通车后不久，以亲日派皖系军阀段祺瑞为总理的北洋政府立即发动对倾向国民党的湖南军队的进攻，铁路在攻防战中被毁。此后十多年，该路一直不能恢复通车，失于养护的铁路破败不堪、满目凄凉，“历年缺乏维修，以致枕木腐朽不堪，已不能维持行车”[⑤]，以致日后国民政府对粤汉铁路湘鄂段的整顿工作无异于对该路段的重修。1920年，广东军政府交通部拟设立八省铁路督办公署，联合与之政见相同和相近的政治派系共同修建粤汉等铁路线路，遗憾的是各派系已将有限的资金挪为军费，缺乏资金注入的干线工程自然无从进展，以致倡议者不得不感慨：“概自护国护法，一再兴师，元

---

① 陈先枢：《长沙交通史纲》，《求索》2000年第6期。

② 关赓麟：《痛定思痛之粤汉路》，《粤汉铁路株韶段通车纪念刊》，第16页。

③ 叶恭绰：《对于粤汉铁路完成之感想》，《粤汉铁路株韶段通车纪念刊》，粤汉铁路株韶段工程局1936年版，第4页。

④ 刘统畏主编：《铁路修建史料》第1集（1976—1949），中国铁道出版社1991年版，第480页。

⑤ 刘统畏主编：《铁路修建史料》第1集（1976—1949），中国铁道出版社1991年版，第485页。

气凋残已甚，军队林立，饷需告竭，民财搜括无余。”[①]

政局不稳不但使干线工程建设受阻，而且使中国国际声誉大打折扣，国外资本或者不敢冒风险投向干线建设，或者将计划投向中国铁路建设的资金抽走。此诚如外国财团人士所云：“中国长期混乱的局势已发展到严重危害每一外国财团在华利益的地步”[②]，“粤汉路所以不能完成的主要障碍（除欧战对其有不可避免的影响外）是中国政府在该线通过的各省不能维持必要的和平与秩序。”[③] 关赓麟亦云：“（粤汉路事长期拖延）为国内战争不息之恶果，资本家无投资决心与诚意，半由于欧洲元气之末复，复不肯抛弃合同上之利益，乃心怀观望，故意迟延，半亦由于我国内战之不息，军阀互争地盘，利用路线，搜括路款，以为杀人之工具，无不感觉投资之危险，故国内一日不统一，一日无借债之可能，而当时国内之势力，又莫能相下，瞻望交通前途，真有俟河之清，人寿几何之叹。”[④] 由此可见，政局动荡、军阀割据对铁路干线建设所带来的负面影响之大。

以巨大代价而换取的湖广铁路借款不但没有如愿以偿地使粤汉等干线按时修竣，而且日后还引发了国际纠纷。南京国民政府成立之后，为了改善外交环境，着手整理偿还外债，宣布由“中华民国中央政府本身实欠或曾由中央之一部保证，或曾得中央政府之一部或机关正式核准或承认者，皆应包括于整理计划之内”[⑤]。德国部分借款自 1917 年中德断交后，中国本息停止付还[⑥]。对于英、法、美三国的借款，国民政府与列强在 1936 至 1937 年协商调整利息之后，同意分期偿还本息，并由海关总税务司、盐务稽核总所、中央银行和铁路管理局负责办理[⑦]。但是，抗日战争的全面爆发使得偿还湖广铁路债款的工作无法进行。

作为该项债款问题演变的“尾声”，1979 年，美国公民杰克逊等人通过集体诉讼的方式向阿拉巴马州伯明翰市法院提起对中华人民共和国政府的诉讼，要求中国政府赔偿到期未付的湖广铁路借款本金、利息及其他损失一亿多美

① 《西南八省之铁路计划》，《民国日报》1920 年 1 月 6 日。

② 《花旗银行档案》（第 3922 卷），中国人民银行金融研究所编《美国花旗银行在华史料》，第 327 页。

③ 《花旗银行档案》（第 6404 卷），中国人民银行金融研究所编《美国花旗银行在华史料》，第 297、298 页。

④ 关赓麟：《痛定思痛之粤汉路》，《粤汉铁路株韶段通车纪念刊》，第 12 页。

⑤ 《南京国民政府财政部档案（三）》（2）4542，财政科学研究所、中国第二历史档案馆主编：《民国外债档案史料》（第 2 卷），档案出版社 1991 年版，第 74～76 页。

⑥ 仇华飞：《南京政府与整理中美债务》，《中国经济史研究》2000 年第 2 期。

⑦ 中国第二历史档案馆：《中华民国史档案资料汇编》第 5 辑，第一编，“财政经济”（三），江苏古籍出版社 1979 年版，第 347～367 页。

元；在中国政府拒绝出庭“受审”后，该法院于1982年“缺席判决”中国政府赔偿原告损失4 131.303 8万美元，外加利息和诉讼费，并以扣押中国政府在美国的财产相威胁①。中国政府经过了有理、有利、有节的斗争，使得美方法院不得不于1984年撤销对中国政府作出的缺席判决，挫败了某些别有用心的人利用已不在市场流通、实际上已一文不值的旧中国债券向新中国政府发难的不耻图谋。

二、新银行团贷款计划的落空

随着“一战”的结束，国际财团尤其是美国财团再次把投资方向瞄准远东，粤汉铁路在理论上迎来了又一次“借款速修”的好机遇。但是由于种种原因，粤汉铁路工程与这次机遇再次失之交臂。

“一战”结束之后，一贯奉行“门户开放”政策的美国为了打破日本在华势力“一枝独秀”的局面，组建了新四国银行团，接替旧的国际银行团承担对华借款事宜。日本趁交战各国无暇东顾的有利时机积极进行政治经济渗透，甚至在欧洲战场白热化的1915年1月向袁世凯政府提出了旨在独占中国的“二十一条”；负责对华借款事宜的五国银行团也因德国和苏俄退出、英法的衰落而造成了日本独大的局面。为了“打破日本几乎垄断中国财政的状况”②，美国决定“由美、英、日、法各银行另外合组一新银行团”③，该银行团的基础是美国国内31家银行组成的美国银行团④。日本在欧美诸国压力之下被迫妥协，并于1919年5月与美、英、法在巴黎发表声明，“所有将来营业及现在已订之借款合同及取舍权，凡须向公众募集者，一律共同承办”，“各银行团将其所执有或掌管之此项合同及取舍权，均让予总银团”⑤。

和旧国际银行团一样，投资兴筑中国铁路是新四国银行团的重头戏，其大体计划如下：“除实业铁路借款之现已确有头绪者外，所有将来及现有借款合同与优先权，均归新银行团。如团外资本家订有借款合同或优先权，当设法劝其交出；实业及铁路，应统筹全局办理。新团内之各国银团，应饬其代

---

① 蔡晓燕：《湖广铁路债券案的历史由来》，载《社会科学研究》2001年第4期。

② United States, Dept of State. *The Foreign Relations of the United States*: 1917. Washington Government Printing Office, 1926, pp. 144.

③ 财政科学研究所、中国第二历史档案馆：《民国外债档案史料》（第1卷），档案出版社1991年版，第181页。

④ 仇华飞：《美国与国际银行团》，《南京大学学报》（哲学·人文科学·社会科学版）2000年第2期。

⑤ 财政科学研究所、中国第二历史档案馆：《民国外债档案史料》（第1卷），档案出版社1991年版，第204页。

表及工程师拟送通盘计划，预备实行；许日本银团平均担任湖广铁路借款。”[①]作为新四国银行团主导者的美国，其图谋再明显不过：在“利益共沾”的幌子下，分享日本在“一战”中取得的在华路矿特权。

湖广铁路借款是新银行团对华借款的重点计划。当时粤汉铁路株韶段400多公里由于资金问题无法开工，1918年2月，新银行团的发起者兰辛致函美国总统，称英法已无法承担完成该路段所需的3 000万英镑借款，如果美国借款承修，则可以控制这一条十分重要的铁路[②]。1920年10月，新银行团通过了题为《铁路政策》的决定，强调：“中国经济的振兴，有赖于广建铁路作为先导”，“最重要的是尽早恢复中国的铁路建设，第一个目标应该是完成湖广铁路中的汉口广州段。”[③]

新银行团借款兴筑中国铁路的条件之一是无差别地承受德发债券。德发债券案缘于1919年6月11日中国政府根据国际法宣布1896—1913年德华银行发行债券是“敌产”而作废，为尊重中立国和协约国人民利益起见，“中立国及协约国的债票持有人如果能够提出证据，表明所持有的债票系在中国对德宣战前购买的，则可以兑付利息，并在适当时间偿还本金；除此而外，所有德国发行的其他债票，一律不予兑付”[④]。如此一来，德发湖广铁路债券中无效者为110.92万英镑，有效者仅为39.08万英镑[⑤]，这对于为牟暴利而在战争期间低价购入大量德发债券的美国而言无疑是重大经济损失[⑥]。美国多次向中国政府强调必须无差别地对待湖广铁路借款，才能保证贷款的发放，而且这也是为了维护中国债券在国际金融市场的信用[⑦]。为此，1920年2月26日，贝诺德致函北洋政府财政总长李思浩：“在湖广铁路德发债票问题上，……美国银行团必须从中国政府得到这样保证：中国政府行将偿付所有无辜者所持有的债票的全部息票。美国银行团最强烈地建议：为了维护今后的债信，中国政府应同意兑付全部湖广铁路的息票和债票，而不管债票是在何地发行或现在归谁持有。”[⑧]

新银行团借款条件之二是中方必须同意对借款实行更为严格的监督，债

---

① 《驻英公使施肇基致外交部电》，《东方杂志》第16卷第8号（1919年8月）。
② *Paper Relating to the Foreign Relation of the Unite States*, 1918, pp. 171.
③ 《美国花旗银行在华史料》，第211、212页。
④ 《美国花旗银行在华史料》，第182页。
⑤ 夏良才主编：《近代中国对外关系》，四川人民出版社1985年版，第353页。
⑥ ［美］佛雷德里克·V. 裴尔德：《美国参加中国银行团的经过》（吕浦译），商务印书馆1965年版，第160页。
⑦ 夏良才主编：《近代中国对外关系》，四川人民出版社1985年版，第353页。
⑧ 《美国花旗银行在华史料》，第176页。

权人拥有更多对铁路的控制权[①]。在德发债券问题谈判难以取得进展的情况下，新银行团提出借款1.4亿以完成粤汉、川汉铁路建设，但鉴于中国内乱不止，投资风险很大，“在甘冒进一步的任何新的投资与贷款以前，必须对已有的投资采取保护措施”[②]。所以银行团借款除了以关税、盐税和铁路收入作抵外，还必须满足以下条件：中国银行团应在北京指派两名为三国银行团所接受的代表，中国人的局长、工程师、首席会计、运输经理等的提名应由银行团代表决定，必须明确地制订原则，即铁路管理局的所有官员对中国政府和债票持有人负有双重责任，铁路是军事力量禁犯之地，铁路警察应由一位中国路警总监在几位外国监督员协助下进行管理[③]。

在与中国政府谈判的同时，美方还利用公开讲演和报刊来制造舆论以图让中国民众接纳新银行团的贷款计划。如1920年，美方交涉代表就多次表示新银行团的目的是在破除势力范围的基础上使中国政局得以平定，工商业得以发展，人民安居乐业[④]；1921年3月5日，《北华捷报》发表评论：“成百万人只从事小生产的劳动，这不会使中国富裕起来。千百万公顷肥沃的土地只在为一小部分人服务。能给中国人民带来［富裕］……的工厂及其他大型工业活动，都正等待着铁路、公路的修建。……要修建粤汉铁路，它在商业上及政治上对中国都具有很大意义，但它需要三四千万美元。……中国本身能拿出这么多钱来吗？因此，需要大量举借外债。”[⑤] 新银行团代表拉门德还特地为美方提出的监督条款辩护，认为新银行团借款给中国，在承担道德责任的同时也应承担管理上的责任：“当他们（旧安福系的人）开始谈到对借款收入进行监督是侵犯中国的主权时，我不得不公开站出来，要他们说得更确切些。我反过来问他们是不是想把贷给中国六百万英镑修建湖广铁路借款的历史重演？据工程师估计，这条铁路一半的资金被浪费掉了。中国社会人士和学界领袖私人会晤我时说，不管怎样，一开始就得对借款支出进行正当的监督。”[⑥] 1921年美国财团代表史蒂芬接受《申报》采访时声称如果没有借款监督，“若凭乱用，使受资者永难清偿，然后处分其担保品，是侵略行为，新银团不为也”[⑦]。

新银行团提出的要求，得不到中国政府的首肯，其原因有三，其一，中

① 马陵合：《清末民初铁路外债观研究》，复旦大学出版社2004年版，第312页。

② 《美国花旗银行在华史料》，第326页。

③ 《美国花旗银行在华史料》，第285、286、287页。

④ 《西报说明新银团真相》，《民国日报》，1919年7月29日。

⑤ 《北华捷报》，1921年3月5日。

⑥ 《美国花旗银行在华史料》，第229、230页。

⑦ 《史蒂芬不谈银行团借款条件》，《申报》1921年1月5日。

国政府对于新银行团能否及时提供切实的借款表示质疑。1920 年 11 月 20 日，时任汉粤川督办的关赓麟致函美国银行团代表花旗银行说：“我认为，鉴于你们正利用目前不能解决的问题来作为你们不根据借款合同规定拖延考虑垫款的借口，并对于垫款一直不作出积极的回答，显然你们更不可能解决在借款合同中没有规定的铁路资金问题，因此，没有必要来讨论这些线路的延长问题。金融辛迪加经常取得了修筑某些铁路的特权，但是它们又不能为修筑这些铁路募集基金，结果只能使这些交通工具的发展受到耽误，中国曾长期受此束缚，因此必须保持警惕。”关还反复建议：“湖广铁路是中国最主要的一条干线，而且在过去十年内与三国银行团缔有借款协定。在这一时期，由于政治的影响，经济损失巨大。因此，如果贵银行团在此事上具有诚意，而且愿意这样去做的话，应迅速每月至少给予 30～40 万元的垫款，以作为修建这条铁路之用。……否则，湖广铁路也就不可能根据借款协定对已借之借款还本付息。”① 1936 年关赓麟回忆此事时仍然认为“美人好为高论，不切实际，而所谓各国联合之新银团，又本无投资之决心与诚意”②。其二，对于德发债券，中国政府自有维护自身利益的方式和立场。1920 年 4 月 20 日，北京政府财政总长周自齐答复拉门德，表白了中国对德发债券的处理方案是对中国对德宣战所应享有的权利的补偿：“湖广息票关系尚小，因湖广息票而牵涉其他问题关系甚大。中国对德宣战后未享权利，倘再偿付对德债务，殊不公允。”③ 5 月 6 日，交通总长曾毓隽亦答复拉门德，强调中国根据国际法而非债券信用来维护自身利益的立场：“非法之出售则决不能受法律之保障也，敝政府对于购票人虽无法律上受管辖之权，而对于购票人所执之债票，则固有取缔之权。”④ 11 月 20 日，关赓麟致函美国银行团代表花旗银行，声明中国处理德发债券的做法有理有据，并不会影响日后湖广铁路债券的发行及资金的筹措，“关于对湖广铁路德发债票加以限制的问题，必须承认，根据中国的安排，原来的债票持有人可以自由转让他们的债票。即使今后再发行债票，也不会受目前限制的影响，因此这一问题与目前的垫款毫不相关，因为垫款是只与银行团本身有关的一个问题，用不着在垫款前首先须要向那些想购买新债票的

---

① 《美国花旗银行在华史料》，第 288、289、290 页。

② 关赓麟：《痛定思痛之粤汉路》，载《粤汉铁路株韶段通车纪念刊》，第 12 页。

③ 财政科学研究所、中国第二历史档案馆编：《民国外债档案史料》（第 3 卷），档案出版社 1992 年版，第 654 页。

④ 财政科学研究所、中国第二历史档案馆编：《民国外债档案史料》（第 3 卷），档案出版社 1992 年版，第 656 页。

人进行解释”[①]。其三，由于国内的反帝思潮方兴未艾，以关税、盐税和铁路收入作抵，以及将借款监督权、铁路控制权拱手相让涉及敏感的主权问题，政府纵然急需借款也不可能轻易允诺。1921 年美国财团代表史蒂芬来华商谈湖广铁路借款事宜时，北洋政府财政当局“以银团借款条件苛酷，曾有决绝之表示，故对于史氏之来京，尚取冷淡态度”[②]。1918 年秋，孙中山预料“一战”结束之后欧美各国都将恢复工业生产，寻求外贸市场，于是在 1918—1920 年著成《实业计划》一书，阐明吸收外资振兴中国实业、发展交通的重要性：“利用外资，可以得外资之益，故余主张开放门户，吸收外国资本，以筑铁路。”[③] 1921 年，开府广州的孙中山还曾与新银行团代表拉门德商谈引入外资速成粤汉铁路事宜，但他最终还是放弃了对新银行团的幻想。因为孙中山尽管注重吸收外资注入铁路建设，但更加强调吸收外资不是没有条件的：“务期权操于我，而不妨利溥于人，所有条件及抵押，总求故胜于创，断不令启（彼）野心，以滋妨害”，否则“拒绝外援”[④]。新银行团借款的苛刻条件显然与之格格不入，得不到孙中山的首肯是在必然之中的。作为旁观者的英国外交部也认为“中国政府真正怨恨的是有关外国进一步控制的任何意见”[⑤]。

“一战”之后中国追求民族独立的反帝爱国思潮汹涌澎湃，民间对新银行团的湖广铁路借款计划几乎是一片反对之声。在质疑新银行团能否及时提供切实的借款，根据中国自身立场和利益对待德发债券，反对新银行团提出的借款监督权以及铁路控制权等方面，政府和民间都有许多相同之处。因为，“与晚清相比，民众尤其是工商阶层不再将借款筑路与亡国联系在一起，至少在民族主义理念中并不完全排斥中外间的经济合作。他们追求的目标并不是断绝同外国人的关系，而是加强合作，使这种合作更有利可图。接受门户开放，引进外国资本，是城市精英寻求民族经济更大发展空间的必然选择”。当然，这类呼吁也是有条件的，“合作不应以任何方式干预我国财政，更不能有碍我们的发展”，合作与监督无关，它的“最终目的是互利”[⑥]。“长期以来，外国对华投资所引发的中外经济对立使得中国方面对贷款条件十分敏感，担心外国资本的进入会带来主权的丧失。这种心理不仅存在于绅商的利权思想之中，其实在政府层面这种观念也十分浓烈”[⑦]。另外，民间舆论还蕴含着反

① 《美国花旗银行在华史料》，第 288、289、290 页。

② 《史蒂芬到京后之借款问题》，《申报》，1921 年 1 月 8 日。

③ 《孙中山全集》（第 2 卷），第 538 页。

④ 《实业计划》，见《孙中山全集》（第 6 卷），第 541 页。

⑤ 《美国花旗银行在华史料》，第 212 页。

⑥ 马陵合：《清末民初铁路外债观研究》，复旦大学出版社 2004 年版，第 301、302 页。

⑦ 马陵合；《清末民初铁路外债观研究》，复旦大学出版社 2004 年版，第 332 页。

对新银行团对在中国已经引起普遍反感的军阀政府进行政治借款，违逆了中国民意。1921年4月，全国各界联合会及学生联合会致函史氏称：“凡借款于北京政府者，均足招人民之恶感”，“应俟南北统一，政治革新之中央政府成立后，方可投资。”[①] 同时，《晨报》发表了《我对于监督铁路借款用途的意见》，该文认为史蒂芬要求借款监督权以及铁路控制权的理由只是源于诸如管理体制上滥侈，路线不合，或购买材料以及工程建筑的不当等属于“无经验的浪费”，这只涉及了问题的表面，而对于产生该弊端的根本原因即政府的“挪用”与“侵吞”却一字不提，所以作者提出解决问题的根本方法“最好是不借款给中国政府”，否则，“不是债权人的利益靠不住，就是债务人的痛苦增加；这两个方面，都不是中国国民所愿有的。史蒂芬终是代表资本家来的人，所以他的主张，不免偏重债权人，只想勉强在这种社会之中求利益，却把根本丢开了”。作者最后强调债权人进行借款监督权理所当然，但不应在军阀政府当政，国内政局混乱的“这个时期内的借款”[②]。

当然，社会上也不乏号召民众既要关注主权的维护又要冷静地看待外方借债所附加的监督权的声音。毋庸讳言，在当时中国经济尚不能自主独立，中外不平等条约没有废除的情况下，借款只会加重中国人民的负担，而且也更有利于美国等国控制中国交通、关税和行政，使中国不能摆脱半殖民地经济的依附性[③]。但问题的另一方面是，国贫民弱的近代中国根本无法独力完成粤汉铁路等干线的建设，借款筑路是没有选择的选择；而列强借款所附加的监督权既是其保证在华特权和利益的惯用手段，也是保证“专款专用”以及款项投放于实处的必要措施。最显著的一个例子就是袁世凯政府所举借的“善后”款项，由于没有严格施行的款项使用监督条例，结果款项被挪用于他处，造成中国政府、中国人民和国际银行团都蒙受了巨大的经济和信誉损失。1922年4月13日，蔡元培特地在《北京大学日刊》发表如此评论：“今日为铁路、实业而借外债，似已成不可逃之趋势，但此项借款，在银行家，则主张须有监督用途之权；而在国中，则时闻反对用途监督之说。此问题为今日最切要之问题，凡关心国事者，皆宜慎重研究。”[④] 但是，且不说蔡元培意见在当时环境下的可行性如何，单单是其所表达“尊重国际惯例、切身置地为外资银行团着想”的意思已足以使该意见在民族情绪高涨的当时和者寥寥。

① 《全国各界联合会史蒂芬暂勿投资》，《晨报》，1921年4月2日。

② M. T：《我对于监督铁路借款用途的意见》，《晨报》，1922年4月23日。

③ 仇华飞：《美国与国际银行团》，《南京大学学报》（哲学・人文科学・社会科学版）2000年第2期。

④ 高平叔编：《蔡元培全集》（第4卷），中华书局1984年版，第181页。

值得指出的是，除了中国政府和人民的质疑和排拒之外，新银行团本身对湖广铁路借款也缺乏足够的诚意与能力，这点往往被以往论者所忽视。美国组建新银行团的首要目的就是维护“门户开放”，打破“一战”期间日本在中国“一枝独秀”的局面，但借款给中国兴办实业却被美国放到了次要位置。在倡建新银行团之时，美方就有如此言论：“美国政府作此建议，并无作任何具体的贷款的打算，但力求为今后各方面可适合中国的财政需要和机会的活动订下一个一般规则。”[①] 这个“一般规则”就是维护“门户开放”，保证列强在华利益均沾。美方的用意当然不难为外界所窥破，英国外交部就此进行了评论：“在整个谈判过程中……美国人想通过宣传捞到好处……美国人想造成这样一种印象，即主要是他们才迫使日本屈服，换言之，即日本遭到了一次外交上的失败。更有进者，即美国人希望全世界，特别是中国能理解银行团是美国人抚育的小孩，是在华盛顿怀孕，在纽约分娩的。”[②] 当这一目的基本达到之后，美方已经深表满意，作为银行家的拉门德甚至公开说对中国进行投资还不是适当时候[③]。新银行团当然也没有能力承担庞大的筹集资金的任务。为了达到修建湖广铁路目标，新银行团必须提供如下的1.2亿元的资金，其中粤汉路完成到湖南广东边境的铁路需要3 000万元，完成广东境内的铁路1 000万元，川汉路需款8 000万元；在实际支出中，还要发行2 000万元的公债以赎回广东省铁路公司的股票，以使广东省境内铁路成为这一条铁路的组成部分和使该路能在广东、湖南两省同时开工[④]。参加新银行团的英法两国国内遭受战争的严重破坏，“非特远东投资无此力量，即国中机械材料，咸供给本国战后恢复之用”[⑤]；美国既然需要借款与欧洲诸国进行战后恢复建设，那当然无法腾出更多的款项注入中国铁路建设。这点西方各国已经心知肚明，巴黎和会上甚至将贷款中国铁路的事宜忽略[⑥]。

因此，在中国朝野的反对和质疑之下，加之新银行团缺乏足够的诚意与投资能力，湖广铁路借款事宜最终搁浅，粤汉铁路的建设因错失良机而再度耽搁。

---

① ［美］威罗贝：《外人在华特权和利益》(王绍坊译)，三联书店1957年版，第628页。

② 《美国花旗银行在华史料》，第211、212页。

③ 《申报》，1920年4月28日。

④ 《美国花旗银行在华史料》，第286页。

⑤ 关赓麟：《痛定思痛之粤汉路》，载《粤汉铁路株韶段通车纪念刊》，第12页。

⑥ George Bronson Rea：*The Inwardness of the New Consortium* . The Far Eastern Review，January，1920，p.48.

第三节　粤路的艰难营运及收归国有

在湘鄂段成功收归国有却又进展不大的同时，粤路却在商办的名义下艰难地运转，并为民国初年广东地方经济的发展作出了巨大贡献。但中国近代民族资产阶级力量的薄弱以及公司制度的稚嫩暴露无遗，粤路国有势在必然之中。

一、粤路公司在困境中营运

粤汉铁路所经过的三省中，以开埠最早、工商业发达的粤省绅商力量最为强劲。清末，粤省绅商民众是争取铁路自办和商办的中流砥柱，粤路兴筑和运营的成绩也可视为干线商办的典范。民初政府和新旧四国银行团亦忌惮于粤省绅商力量的强大而不得不允许粤路继续商办。民初粤路商办在一定程度上减少了国内政治派系斗争对铁路干线建设和运营的负面干预；但另一方面，由于体制不成熟以及技术落后等原因，民初粤路建设同样举步维艰，再次向世人证实近代中国民族资产阶级由于环境约束、力量薄弱以及与生俱来的各种缺陷的制约而难以独力承担干线建设和运营的繁重任务。

（一）粤路营运及其业绩

民国初年，百废待兴。粤汉铁路湘鄂段收归国有以及与四国银行团商借路债的活动正在紧锣密鼓地进行。与此同时，在势力强大的粤省绅商的殷切要求之下，中央政府决定仿照晚清成例继续允许粤路商办。

民初粤路工程建设同样面临着重重困难，但其进展仍然是有目共睹的。为了解决公司建设路款短缺问题，粤路公司建完一段通车一段，以运营效益来支持铁路建设的继续进行。在公司员工、股东的努力以及政府的大力支持之下，1918 年，粤汉铁路广州至韶关段全线通车，并于 1928 年改为粤汉铁路南段。

在本章节中重点提及的是粤路在民初的营运业绩。

由于"先天因素"的制约，粤路营业面临着诸多困难。这里所说的"先天因素"主要是指由于中国近代铁路建设技术的限制以及建设资金的短缺，粤路建设从设计和勘测开始，其线路就有意地与水路平行，以利用岭南地区便利的水运网络运送铁路建设原料，节省有限的建设资金，从而造成了相当线路不经过繁华市镇的情况，如此一来，粤路主要运输项目只能是货运而不是客运[①]，而且面临着岭南地区四通八达的水运网络的激烈竞争。

为了克服对铁路营运不利的客观条件，广大粤路股东和建设管理人员作出了许多可贵的努力。而这些努力之所以卓有成效，很大程度上得益于近代粤省开化的社会风气以及相对于当时国内其他地区较为雄厚的工程技术和管理人才储备。领风气之先的近代广东不但以政治人物和思想人物辈出而著称，同样也涌现出一大批深谙现代工程技术和管理的高级人才，如罗光廷、詹天佑、黄仲良、李敬宽、欧赓祥、黄崇龄、温良彝等等。这些杰出的工程师热爱故乡，心系粤路建设，并先后担任粤路总理，娴熟地主持和改善粤路经营管理。如1915年，经股东大会选举、交通部委任为粤路公司的总理欧赓祥，上任后在公司股东和广大员工的支持下励精图治，改革会计，购买机车，修建铁路颇有成效[②]，使得粤路营业成绩很好，日有盈余[③]。欧赓祥之后继任粤路总理者，尽管不乏因处理与官方、股东之间的关系失当而饱受指责者，但对主持粤路运营工作却很罕有不胜任的，故而粤路能够在民初正常运营并年年有盈余。

为了规范铁路运营，粤路公司经过一段时间的运营之后，逐步拟定了客货运输规章。对于客运，着重强调了乘客应该注意的各种事项、义务和权利：(1) 本路行车时刻悉依表列钟点在各站开到，此时刻表由本路随时订定刊印颁行，惟因天时人事之变或中途遇有意外事故以致迟误，使搭客有损失情事，本路不负责任。(2) 凡购客票，须于车开之前二十分钟预先到站购取，以免迟误。(3) 客票限于即日该次乘车，逾限作废票。(4) 搭客倘越过到达之站仍未下车，应照本路补票办法加五补缴票价 (5) 凡搭客务宜先行买票方可登车，一旦查出无票，应照本路补票办法，加倍罚缴车费，并得斟酌情形逐令下车。(6) 搭客购票须当场注意验明该票上所列起到站、日期、车次有无错误，找续余银是否相符，如有错误不符，当面立行换妥，否则系属自误，本路概不负责。(7) 各站卖票系于该次车将开之前头次鸣钟或车守头次响号，即行停止卖票，以免搭客忙迫登车致生意外。(8) 如搭客已购定某等客票，而车上已无该等座位，一听改座次等座位，即照次等票价收费，应将所交多余车费如数退还。(9) 搭客乘车除照章将票分别交验缴收外，如系长期免票，

---

① 铁道部铁道年鉴编纂委员会：《铁道年鉴》(第3卷)，1935年出版，第1325页。

② 中华全国铁路协会：《铁路协会年报》(第3卷)，第9期（总第24期），中华全国铁路协会1914年编印出版，第40～47页。

③ 中华全国铁路协会：《铁路协会年报》(第4卷)，第1期（总第28期），1915年编印出版，第76页。

届期满时，并应交回收票员收回。（10）搭客毁坏车上窗门什物者，须照修理价目赔偿，若系出于故意得倍罚之。（11）搭客乘车，务各自重，切勿任意睡卧及有种种不规则举动，致碍同车搭客①。

为了使铁路运营规范化，路局方面对本局员工的行为准则也进行了严格的规定，如客运规章第十二条就严肃规范了路局员工纪律：搭客对于本路夫役，切勿给予赏钱，若执事人等有无礼慢客及疏忽情事，可即报告车务处长立予查办②。

粤路从事旅客运输业务的时间比较早。1907 年，该路刚由黄沙修筑至江村时，路局方面就开始进行已修成路段的运营。由于粤路与水路平行，且罕有经过繁华市镇，故为了吸引顾客，路局方面“以利便平民为主旨”，收费相对便宜：其座位共分为三等，三等席每公里收费六厘九七，二等席位价格比三等加半倍，头等席位价格比三等加一倍③。粤路客运本来就不很繁忙，国内外政局的变幻更使其客运大受打击。1914 年后，受欧战影响，煤、钢铁、机油等铁路用品价格飞涨，客运成本大为提高；为了维持支出，路局方面不得不于 1919 年 7 月 1 日将客票价格提升 30%；1921 年 7 月 1 日，路局取消座位等级，“划一赁率”，将客票价格统一定位为每华里八厘（即每公里一分三厘八九）；1923 年 12 月起，国内战争的费用又摊派到粤路运营上，每客票附加军费三成；1925 年 1 月 2 日起，为了解决路局本身运转的开支，又于客票上附加薪费二成④。线路设计方面的先天不足加上国内外政局的影响，使得粤路客运营业举步维艰，1922 年，该路旅客乘车人数总共 135.4 万余人，1923 年起附加军费，其乘车人数总共 105.1198 万人。1924 年乘车人数总共 106.0824 万人，1925 年因附加军费，乘客人数逐渐减少⑤。

粤路货运同样是在 1907 年由黄沙通车至江村时开始营业的。其时通车线路短且有水运竞争，故而承运的货物稀少，手续也比较简单，“只用硬纸票作货票之用”。次年正月通车至郭塘新街，“始规定货运赁率编为头二三等”，把货运营业事宜进一步规范化。但货物运输仍然不景气。1916 年 6 月，粤路全段（广州至韶州）通车之后，由于通车里程加长，铁路运输运量大、运价低廉、准时快捷、风险少等优势得以彰显，所以货运量逐年增加。

---

① 《交通史路政编》（第 16 册），第 317 页。
② 《交通史路政编》（第 16 册），第 317 页。
③ 《交通史路政编》（第 16 册），第 319 页。
④ 《交通史路政编》（第 16 册），第 319 页。
⑤ 《交通史路政编》（第 16 册），第 320、321 页。

商办粤路昔日的繁华与今日的沧桑

粤路运营以货运为主、客运为辅：“本路货运为最大宗，约占车利收入百份之八十”[①]。因此，路局方面着重对货运规章也作了详细的核定。为了维护路局方面的权利，货运规章有如下规定：（1）凡寄货物应分别种类、等级，按照价目表收费，如有不便开拆，无从查验者，均以头等货论，倘有理由，揣度其中系属危险货物者，应照危险品收费；（2）凡同属一家之货，其中等次不一而又不便分拆各别算费者，应照其中最高等之货，按其共重之数算收车费。（3）起运之站发出货票收据，其中所列货物，种类、数量、等级、运费，或因时间迫速致有错误，或仅根据报单未及复查不能认定作准，无论该货在中途或卸运之站，本路有权随时另行查磅，除应照复得确数改正补缴车费外，并究明由路员错误或货主瞒匿分别惩罚；（4）全车货物万不能逾该车额定吨数，倘逾定额重量在三担以上者，若在起运之站查出，应由运货人出费卸下，逾重之货务符额定吨量另加罚款十元；（5）装运全车货物须照该车额定吨量装足，如装不足亦照原定吨数收费。（6）凡零担之货皆作整担计费，每整担之余，满十斤者皆另作一担计算（例如一百一十斤即作二担计）；（7）货物到站无论全车零担均得卸入公仓，暂行不收仓费，但以二十四点钟为限，如逾限未能提取，应收取寄存费，全车每十吨，每日收费二元零担，每担每

① 《交通史路政编》（第16册），第321页。

日收费一毫，如在仓外余地屯存者，照数减半收费，每日由夜半起计，不足一日亦作一日算；(8) 凡货物入仓后，至迟准留6个月。如逾6个月收货人不将各费清缴领回，货物不问如何失误均即拍卖充公；(9) 货物入仓后，倘遇天灾人祸、风雨水火一切意外损失，本路概不负责；(10) 凡交运重量或体积过大之件，须先期通知本路预备，临时交寄概不装运；(11) 凡装运长大物料，其过长于所装之车方敷装载者，该添挂之车须按照应纳车价加三分之一收费；(12) 有大帮常运货物如矿石等，得与本路订立合同长期装运，其运费另行特别订定之；(13) 客商所运货物必须包捆坚牢，或妥装箱笼筐笠之内。倘本路以为装载不牢或有碍车辆者得推卸之；(14) 运载货物按里计费，但畸零数零但不及一仙，应作一仙算，全车每车不及一毫应作一毫算；(15) 全车运载每车只准一人或一号出名赁车，倘有照章须责赔或议罚等事，即由出名之人或店号负偿罚责任，不得推诿。(16) 本路黄沙韶州两站设有地磅，各站均有大磅，寄货人准亲看，过磅不另收费。(17) 倘有其他事项为章程所未备载者，可随时商承车务处长办理①。

从以上货运条例我们可以看出，当时路局方面所注重的是强化对客户的管理、维护路局应得的利益、避免各种天灾人祸给路局带来的损失。而对于如何改善和提高铁路的运营利润，当时粤汉路局方面没有更多的注意，这主要是因为当时中国民业铁路尚缺乏可资借鉴的成功经验所使然，因此，粤路公司并没有设立为商民代运货物的服务项目。在这种情况之下，由民间自发组建的、承办货运事务的铁路运输行由此而产生。经营铁路运输行的商人很多就曾经经营过旧式水陆运输行业，由于铁路运输具有快捷和廉价的优点而转营铁路运输业务的。与当时经营旧式水陆运输行业的方式一样，铁路运输行的商人主要承担为客商代理承揽货物运输和报纳捐税等一切手续的业务，其收入主要源自在货物转运途中向客户收取佣金。铁路运输行的商人收取佣金的方式分为零担收和整车收两种类型。当时民营铁路运输正处于起步阶段，铁路运输行商人为了承揽客货、扩大经营、与水运等其他运输行业竞争，对客商暗中收取“回头佣”，想方设法让付货经手人从货主那里获取一定的报酬；对于路局管理人员，铁路运输行的商人也多方贿赂和结纳，以争取路局人员对其承包铁路运输工作的支持；在当时的环境之下，经营铁路运输业的商人同样避免不了与各种强势势力联合以谋取利润。正是因为经营铁路运输的商人组织带有浓厚的传统色彩，粤人也赋予其如此有特色的名字：运馆。

尽管受到民营铁路公司自身经营管理经验不足以及国内外政治局势的影

① 《交通史路政编》(第16册)，第317、318页。

响，但是铁路因其具有准时快捷、运量大、安全、价格低廉、受气候影响小等诸多水运无法比拟的优点，使得其运输市场尤其是货运市场很快打开，再加上公司广大员工顶住各种压力以竭力维持铁路运营，故而民国初年广韶段不到221公里的长度上，仍是货运旺畅①；1916年之后，年年都有盈利②；1922年，货运量达386 144吨；1923年达412 696吨，1923年达4 001 525吨③。

除了在客货运输业务上不断摸索经验之外，粤路公司也不断与政府合作以维护运转。

民初广东与全国局势一样，武人专政，兵荒马乱，战乱纷呈，省长频频换马④。在这种乱世大环境之中，若想改善民营铁路公司经营状况，除了必须做好工程技术和管理方面的工作之外，还必须处理好各种错综复杂的社会关系，其中处理官商关系则是重中之重。粤路公司为了改善与主政粤省的历届政府的关系，不惜与政府共享利润，甚至让政府免费征用铁路。

我们重点看看粤路公司提供给政府免费使用铁路的情形。尽管粤路公司拟定商办章程时曾有如此规定：“本公司铁路上所有铁木机器一切物料器具，无论购入转运，永免税厘杂捐；凡本公司铁路经由之处，所有一切事件，地方官应视同要公妥办，如有延缓贻误事，应照奏定重订铁路章程第十四条办理；护路弁勇遵照奏定铁路章程第二十二条禀请督宪委派，其口粮由公司分给，惟沿途工匠纷繁、易滋事端，倘营弁有不听指挥或保护不力者，随时由本公司禀请撤换，铁路告成，其护路巡丁即归本公司自雇；本公司全系商办，地方官只任保护不派督办，一切用人理财，官不干涉，即大小衙署亦不得荐人，以符商办宗旨。”⑤ 这些章程本来就为保护铁路公司固定资产、预防公司运转受政局波动影响而设。但是，在民初军阀混战的大环境中，这些章程形同虚设。军阀混战不但肆意破坏铁路路基、路轨、车辆和站房，而且直接干预铁路运营，将铁路视为聚宝盆。为了改善与当地政府和军方的关系，粤路公司已经设有特种票业务：“至特种票则有来回团体票，军人乘车半价票，军用半价票，免费票，四种免费票内，又分软纸硬纸二种，软纸一次用，硬纸

① 何怀民：《广韶段铁路运输行业》，见政协广州市委员会编《广州文史资料》（总第14辑），文史资料研究委员会1965年版，第62～64页。

② 曾鲲化：《中国铁路史》，燕京印书局1923年版，第876页。

③ 《交通史路政编》（第16册），第321页。

④ 政协广州市委员会编：《广州文史资料》（总第9辑），文史资料研究委员会1964年版，第1～7页。

⑤ 《交通史路政编》（第16册），第269页。

长期用。”[①] 但是，军方征用铁路大规模运兵一般只记账不付实款；一旦该军阀因战败而下野，其所欠铁路之账款也就不了了之。除此之外，政府和军方还租用专车运兵运粮，1921 年，政府和军方租用专车挂车 187 柱，但由于是政府和军方租用，故而仅收取半价，共计实银 156 004 元 7 毫 5 仙 5 文；随着局势紧张，政府和军方租用专车挂车数量逐年上升，1922 年，133 柱，1923 年，380 柱，1924 年，454 柱[②]；这些为军政服务的专车挂车尽管仅收取半价，但由于军政府财政拮据，这些费用很多并不能按时支付给路局。到 1926 年统计的时候，政府积欠路局的军人乘车和各机关开用专车的半价，记账费用就达一百多万元。但粤路公司提供给政府使用铁路的服务价值不能仅仅根据票面来衡量，因为铁路公司方面为了弥补政府和军队征用铁路以及战事对铁路的破坏所带来的损失，必须在客货运输上加征薪费以及缩减乃至拖欠员工薪水；员工因为付出了艰辛的劳动却没有得到应有的报酬而导致不满情绪与日俱增，公司为了抚慰员工情绪又不得不在客货运输上加征薪费。如此一来，各种高于原定车价的附加费使得运价就显得非常昂贵，这必然使得商人畏缩不前，改用水路或其他运输方式，无形中大大削减了粤路公司的利润。

政府和军方除了强行征用铁路和车辆之外，还视铁路公司为聚宝盆，在因国际形势变幻而导致经济吃紧的时候，政府还往往将经济危机转嫁到粤路公司等民营企业头上，一战期间，由于煤价飞涨，粤路从 1919 年 7 月起“将赁率增加至百份之三十，迨后因协拨军饷主管人为维持支出起见，再由民国十二年（1923 年）七月二十五日再增百份之三十，同年十二月又附加军费二成，又由民国十四年附加薪费二成”[③]。

粤路公司对各届政府都几乎采取了“有求必应”的应对措施。对于粤路公司的这些行为我们必须采取一分为二的看法。诚然，公司为此牺牲了巨额的经济利润，但是却换取了政府和军方这些强势力量对公司的“保护”，这在乱世之中是难以用价值来衡量的。更值得一提的是，1927 年之后，随着国内政治经济局势对国民政府越来越有利，政府“反哺”粤路公司的行为也相应地越来越多。1927 年，为了扭转公司路款支绌的局面，广东省建设厅经过与粤路公司管理者和股东代表磋商之后，向省政府请求将 6 个月内在粤路上征收的附加军费回拨给粤路公司，作为改善公司经营的费用；广东省政府曾对此表示同意，但未及实施，因为同样经费紧缺的财政部电令这些铁路附加军费已经专款专用，不能更名做别的用途。尽管如此，政府“反哺”粤路公司

① 《交通史路政编》（第 16 册），第 320 页。
② 《交通史路政编》（第 16 册），第 269 页。
③ 《交通史路政编》（第 16 册），第 319 页。

的举动毕竟已经开了先河。随着北伐战事的北移，国内形势对国民政府越来越有利，国民政府、广东省政府和广东省建设厅应粤路公司管理者和股东的请求，腾出手来整顿粤路经营上的困境。1928 年 5 月，该委员会呈请政府将该年已经征收的粤汉路附加军费全数拨出，用于整理和改善粤汉广三和广九铁路的经营，这笔经费合计五十多万元，其中五分之三拨给粤汉[①]。1928 年 7 月 18 日，广东省建设厅与省农工厅和粤路公司管理者与股东代表召开会议，讨论减少开支以及保证粤路员工薪金正常发放的方法，会上决定采用广东省政治分会颁发的铁路员工服务条例，由建设厅命令各路局切实实行，同时还下令节省经费裁汰冗员，限制补工[②]，这既节约了公司开支，又保证了薪金的按时发放，并为后来取消粤路公司加征的薪金创造了条件。

1928 年 9 月，粤汉路局为了吸引客商，增加铁路运营收入，向广东省建设厅呈请减少各项附加费：“铁路负担附加各项费款比他段重，客票附加征到十三成之多，货票征至十二成之多，若延长代征各项费用，整理路务，难有起色，请准将车路附加军费及加五专款两项，概予取消”。广东省建设厅对粤汉路局的呈请给予明确答复，并将此提议上呈省政府：“该局所称，尚属实情，又以广三路附加二成军费，事同一律。”不久，省政府开会讨论后，同意自 9 月 1 日起将政府和军方加征在粤路客货运输上的各种附加费一并取消；与此同时，路局方面也自行减收加征的客货车脚，粤路运输由此而攀升。

正是由于粤路公司既大力提高自身业务水平，又注意改善与政府和军方这些强势力量的关系，故而尽管其运营困境重重，但业绩仍然稳居民国时期民营铁路企业的前列。

（二）粤路公司的营运困境

民国初年粤路公司客货运输尽管取得了一定的业绩，但是最后还是陷入重重危机中难以自拔，最后不得不依赖政府力量予以调解。

首先，粤路公司股东尽管仿照西方成例而拟订了详尽的章程，但执行者并没有很好地将其贯彻，以致引发了公司内部的纷争。

民国元年，曾经在清末主持粤路事务的詹天佑被粤汉川铁路督办谭人凤聘为会办，仍兼任粤路总理[③]。这样，詹天佑身兼川汉、粤汉湘鄂段及粤段三条路线的总工程师，工作相当繁忙，加之粤路修筑情况远比川汉和粤汉湘鄂段成效显著，并已经开始运营，詹天佑决定更多地将精力倾注于川汉和粤汉

① 广东省建设厅：《五年来之广东建设·铁路》，广东省建设厅 1926 年编印出版，第 14、15 页。

② 广东省建设厅：《五年来之广东建设·铁路》，广东省建设厅 1926 年编印出版，第 15、16 页。

③ 《交通史路政编》（第 16 册），第 278 页。

湘鄂段的工作，粤路公司事务主要由协理李敬宽主持。1914 年，詹天佑以无力顾及粤路工作以及不愿空挂总理和总工程师之名、“得其俸禄而不谋其事”为由辞去粤路总理之职位[①]，虽经众股东极力挽留，但詹天佑去意坚决。由于公司章程规定“总办公出，副办代理”[②]，因此李敬宽在詹天佑辞去总理职务之后自动升任该职位。“公司总办副办坐办等员以两年为任期”，任期届满之后无论有无变动都必须重新选举。李敬宽并非选任的总理，只是詹天佑走后自动升任的，而当时总协理换届选举之期已经来到，照理应在该年由李敬宽主持总协理的选举[③]。与此同时，公司董事和查账人的换届选举也已经到来，根据公司章程第六十节规定：“董事任期限一年，查账人任期限一年，期满仍可续举。”章程第六十一节又规定：“董事任满续举时用抽签法预留前任董事四人。”这样一来，不但代理总理李敬宽，还包括许多在公司内部担任重要领导职务的大股东都很可能被替换。这种结果当然不是大股东们所愿看到的，因为当时粤路边修边经营，已经有所盈利，担任公司领导职务所享受的待遇是相当丰厚的。为了长期把持路事，代理总理李敬宽通过私下贿赂，以及和李道生、刘宗贤、余沃文等董事操纵公司事务，故意一再拖延公司总协理以及董事的换届选举。

李敬宽等人拖延选举违背了公司章程。尽管股东们对此多方质问，但由于李多方推诿，其背后有部分大股东的支持，加之股东内部派系分立，意见不一，所以李拖延选举的图谋一度得逞。但是，李敬宽等人的另一个图谋却在公司内部掀起轩然大波。李敬宽和几个担任公司董事的大股东为了进一步操纵公司事宜，绕开股东大会秘密商谈后，打算向上海汇丰银行借款1 200万元。其目的一则借助外力以巩固其在公司内部的地位，二则通过借款推动粤路的修筑和改善经营来为自己谋求更多利益。当时身兼粤路股东的粤省商人在上海经商者比比皆是，他们很快通过各种渠道获取了李敬宽等人把外资势力引入公司的消息，其结果当然是众怒难遏，李敬宽等人很快重蹈郑观应的覆辙，成为公司众股东们口诛笔伐的目标。1913 年 11 月召开的股东大会，经过了激烈的争论之后，大股东陈翰廷被众人公推为代表，上书交通部，痛斥李敬宽等人违反商办公司章程的做法，强烈要求重新选举公司领导人，并要求政府出面主持公司选举[④]。

---

① 高宗鲁、凌鸿勋：《詹天佑与中国铁路》，(台北)“中央研究院”近代史研究所 1977 版，第 206 页。

② 《交通史路政编》(第 16 册)，第 274 页。

③ 谢蔚：《试论粤汉铁路的商办》，北京大学未刊硕士学位论文，1999 年，第 21 页。

④ 《铁路协会年报》(第 2 卷)，第 16 期，1913 年 11 月，第 90 页。

在公司股东的强烈邀请之下，北京政府决定亲自与粤路股东协商公司领导选举事宜。早在1911年3月，交通总长朱启钤就曾拟文宣布由交通部监督公司总协理和董事的选举：“查从前公司每遇选举，辄起风潮，皆缘权责未明所致，本年三月，又届选举总协理和董事之期，本部特派监事郑洪年充选举监督，并俟拟定选举章程呈经核准。”该文由国务卿徐世昌签署、大总统袁世凯盖印后颁行，由此可见政府当局对商办粤路公司内部事宜的重视。为了保证粤路公司选举能够顺利进行，中央政府还致电广东地方行政公署，督促其着力维护粤路公司换届选举顺利进行：“案查从前粤路选举会场上往往有藉端扰乱，意图破坏情事，此项选举情形虽与往年不同，惟股东投票人数众多，倘稍有喧扰，恐股东裹足，妨碍殊多，务请执事届期督率军警到场强压，以资镇慑，至场内布置请与郑特派员洪年接洽办理。”[①]

与中央政府一样，广东地方当局同样为粤路公司内部纷争不息、管理混乱而倍感头疼，故而同样迫切地希望介入整顿粤路公司内部事务。因此，中央的指示很快得到了地方的赞同和执行。1914年5月15日，公司举行换届选举。广东省省长派出警察厅厅长亲自督率警兵到场强压，代表中央和地方来监督公司领导的换届选举。在中央和地方政府的戮力协助之下，这次公司选举得以比较顺利地进行：广东和港澳股东在选举之日拿着股票到广州会场，经过验证之后即参与投票选举[②]；而上海等外埠股东因为路途遥远，唯恐返粤途中股票有意外损失，所以援引庚戌年间的成法，持股票到公司设立在该埠的代表所挂号，“挂号毕则举代表到广东，前往公司领取选举券，参加选举”。总协理董事的产生办法是在投票、开票以后，把得票最多的20人电报交通部，由交通部在此20人中据实情确定总协理和董事的具体人选。此次选举时应提供一期二期之股票，一股为一选举权，其领票2 124 494多；仅提供一期之股票以四票为一选举权，计其领票412 023条[③]。这次选举的程序和结果基本得到了政府和股东们的认可，其结果是“欧赓祥为总理，黄嵩龄为协理，总工程司一职以副工程司容麒勘升任”[④]。

但是，粤汉铁路内部的纷争并没有因此而停息。粤路公司总理年薪过高，不但引起靡费过大，而且成为各大股东争夺的对象。当时商办各路如浙江铁路总理岁支三千六百元，江苏铁路总理岁支四千八百元，而粤路总理却岁支

① 《铁路协会年报》(第3卷)，第6期，1914年6月，第127、128页。

② 谢蔚：《试论粤汉铁路的商办》，北京大学未刊硕士学位论文，1999年，第22页。

③ 《铁路协会会报》(第3卷)，第5期(总第21期)，1914年5月，第96、97页。

④ 《交通史路政编》(第16册)，第278页。

二万四千元，协理亦有一万余元，还都另有公费[①]。前任总理郑观应就曾评论说，"粤路风潮之多，由于大利所在"[②]。

大利所趋之下，公司领导者的选举就难免丑闻迭出了，这也是政府不得不继续干预粤路公司内部事务的重要原因。如1918年粤路公司再次开会选举董事，有些股东出资购买选举票，而且还是明码标价的购买，"据说每万股出银七百元，须二十万股左右始有当选把握，这样需要贿银一万数千元方得一董事"[③]。大股东不惜巨资而贿选董事，当然并不是看重董事一职每月百元的年薪，而是操纵公司内部事务所获得的私利："该董事月俸不过一百元，一任两年，期共得俸银二千四百元，比对所亏甚巨，如无私弊，何肯出此重价！"[④]由于这次选举又是在政府委员的监督下进行的，以致有股东认为选举舞弊是与政府串通而进行的："（政府）何以有此显状而亦不闻查办，实属令人不解。"[⑤]政府的介入当然无法杜绝舞弊事件的发生，甚至某种程度上政府还是舞弊行为的幕后操作者，但如果没有政府的介入，粤路公司内部肯定会群龙无首，后果更加不堪设想。既欲摆脱政府对公司的羁绊，但又不得不借助政府力量来维持公司的正常运转，这不得不说是中国近代商办铁路公司的一个宿命。

其次，粤路公司本身也无法妥善解决对内的股金募集和分红、对外的债务偿还等经济问题，中国近代商办企业的苍白无力在此也得到了淋漓尽致的体现。

我们先来看看股东与管理人员为了股款和分红问题争执不休的情形。1906年，众股东"共集股八百八十一万七千五百六十五份，资金总额应为四千四百零八万七千八百二十五圆，原定每股分三期缴纳，第一年交第一期一圆，第二年交第二期一圆五角，第三年交第三期二圆五角"[⑥]。第一期和第二期股款均能按数收缴。第三期股款由于政局的变动，拖至民国初年才陆陆续续缴纳。1915年欧赓祥担任粤路总理之后，三期股款尚在缴纳之中。清末至民初，路事因战乱而罕有进展，而管理阶层的决策和运作又不能深孚众股东之所望。如财务方面，粤路开办之初，只设有收支所，"凡银钱出纳各帐，均

---

① 夏东元：《郑观应传》，华东师范大学出版社1981年版，第255页。

② 《郑观应致粤汉路董事会函》，1916年，上海图书馆馆藏资料。

③ 夏东元：《郑观应传》，华东师范大学出版社1981年版，第255页。

④ 郑观应：《致两粤广仁善堂徐树堂善长书》，《盛世危言后编》卷九，上海人民出版社1982年版，第92页。

⑤ 郑观应：《致两粤广仁善堂徐树堂善长书》，《盛世危言后编》卷九，上海人民出版社1982年版，第93页。

⑥ 《交通史路政编》（第16册），第322页。

由收支所账房登载，年终造列四柱报告，并无何项规章及款项保管办法，即历年年报格式，岁复不同”；直到1909年方才设立会计处，简单地议定了会计规程，但财务的混乱局面并没有改观，而且这种局面一直持续至民初。在这种情况之下，就难免不出现众多股东借口公司办理腐败，不愿续交三期股款的事情了[①]。

以欧赓祥为核心的领导集体与其前任一样，不能很好地平息股东们的激愤情绪，不得不求助于官方。在这种情况之下，交通部再次出面调停粤路公司内部纠纷。一方面，交通部着手整顿粤路公司内部股款收支事宜：1915年，任命贺启藩前往广东清理粤汉铁路股票事宜[②]；与此同时，交通部颁布铁路会计各项则例，并督促粤路公司于1916年对会计处工作进行改革，“分为综核、出纳、统计三课”，尽管会计工作漏洞仍然很大，除了综核、出纳、统计三课外，“其余各项章制仍无规定帐册，向未编造，以致财政状况，无从考核”[③]，但会计处的设立，使财务工作规范化，并安抚了股东们躁动的情绪。另一方面，交通部督促管理阶层和股东之间化解矛盾”：一边通告广东全省股东，力劝他们缴纳股款，以便路事有成[④]；一边命令公司总理欧赓祥等人排除各种干扰，主持好粤路公司各种日常工作并督促股东缴纳股款[⑤]。经过交通部的出面调停以及管理团体和股东之间矛盾的逐渐化解，三期股款才开始有了增加，“三期收入及陆续增收共一千零一十六万余圆”。但由于公司方面决策失当，收取纸币作股金，而在兵荒马乱的民初，纸币当然无法保值，致使公司蒙受巨大经济损失：“三期所收之股款金属纸币低折损失，平均扣计不下二百余万圆。”[⑥]

粤路公司管理者不但难以妥善地处理与股东之间的经济关系，而且在处理与外资势力的债务关系时也感到力不从心。

1905年清政府从美国合兴公司手中赎回粤汉铁路的时候，曾向港英政府商借英金一百一十万镑为赎路之款。粤汉铁路商办之后，所有赎路借款由三省分任偿还，其中粤路公司应还债务占全数的七分之三，共分十年偿还，每期应还本一十一万镑，利息以每百镑四镑半计算[⑦]。从1905年到1915年，粤

---

① 《铁路协会年报》(第4卷)，第6期(总第33期)，1915年6月，第86页。
② 《铁路协会年报》(第4卷)，第6期(总第33期)，1915年6月，第119页。
③ 《交通史路政编》(第16册)，第321页。
④ 《铁路协会年报》(第4卷)，第6期(总第33期)，1915年6月，第122页，第123、124页。
⑤ 《铁路协会年报》(第4卷)，第6期(总第33期)，1915年6月，第120页。
⑥ 《交通史路政编》(第16册)，第322页。
⑦ 《交通史路政编》(第16册)，第322页。

路公司应该将欠下的赎路债款如数偿还港英政府当局。1915 年 10 月，按照原订的协议，粤路公司应该偿还港英政府赎路债款第十期本和第廿期息。但粤路公司由于政局的变幻和内部的纷争不息导致运营举步维艰，根本无力筹措资金以偿还港英政府的债务，无奈之下只得再举外债。作为债权人的港英政府趁机要挟粤路公司：以粤汉、广九两路接轨为条件，并示意各外国银行取同一态度[①]。

商办粤路公司当然无法应对港英当局的要挟，不得已又向交通部请示办法，由交通部出面调停公司与外国势力的关系。在交通部的出面调停之下，粤路公司与香港交通银行商借外债毫洋 75 万元，八三折，实借入港银 61.9 万余元，债务关系由交通部承认成立。债权人香港交通银行提出了五项借款条件：（1）将来还款或以毫银或以港银，交行作主；（2）月息一分，算一年为期；（3）先期交息，每半年结算一次，以粤所占广三路股之余利作抵押品，不足仍由粤路补足；（4）不能依期清还，须将广三路粤股变卖，抵偿不足另追；（5）交行荐一人稽核广三路粤股数目，月支八十元。前四条已即履行，而最后一条至 1916 年方始派人执行[②]。

此项借款虽以一年为期，而运营业绩欠佳的粤路公司仍然不能如期清还，以致债息越积越高：到期（还款之期）转单，计已转单 14 次，每次转单，清息之外复须扣佣息，息率增加，佣亦增加，初借之时息为每月 1 分，复增至 1 分 2 佣，则由 1.225 毫算，增至 1.75 毫计，至 1921 年 4 月 15 日止，应欠港交行路本银 109 万余元。粤路公司曾付过息银 64 万余元，佣银 7.7 万余元，均以港银计算。不久，粤省政府财政部、粤军总部又先后提取该款 30 多万元，这对资金吃紧的粤路公司而言不啻是雪上加霜[③]。这些问题的最终解决，是不能不借助于政府的力量的。

另外，粤路公司与政府之间也有着错综复杂的债务问题，这些问题同样也是公司无法独力解决的。粤路公司与政府之间的债务主要来源于以下三项，第一项是合兴公司金圆小票债：1911 年 9 月 1 日，经邮传部承允，粤路公司赎还应摊合兴公司所发金圆小票，计合港洋 227.7 万余元；民国成立之后，这笔债款拨入交通部账计算，也即交通部充当了债权人的角色；粤路公司当然无法按时将债款偿还，到 1915 年 6 月底止，单单利息已经累加至 57.96 万元。第二项邮传部代还赎路款问题，1911 年 10 月 6 日，邮传部代粤路公司偿

① 《交通史路政编》（第 16 册），第 322 页。
② 《交通史路政编》（第 16 册），第 322 页。
③ 《交通史路政编》（第 16 册），第 322 页，第 323 页。

还港英政府的赎路款项第6期本及第12期息，共计港洋58.29万余元；民国成立之后，粤路公司所欠前清邮传部的债务应该还与交通部，但粤路公司无法按时偿还该债务，以致“此款计至民国四年六月底止，亦应纳利息一十四万四千馀圆”。第三项是粤路公司所欠鄂省的债务：三省分办粤汉铁路之后，鄂省将本属于自己的黄沙至高塘一段地产物料售让与粤路公司，共值港洋10.6万余元；1913年8月1日鄂路收归国有之日，这笔款项拨入交通部账计算；累积至1915年6月底止，仅仅利息一项，粤路公司已欠交通部港洋1.27万余元。以上三项债款本息合计，粤路公司共欠交通部港洋370.3万余元，“惟同时交通部应缴交粤路官股二三期，股银除去应扣股息，计伸合港洋一百一十万零八千余圆”。除去应扣除的本息之外，截至1915年6月止，粤路公司共欠交通部233.9万余元。1917年，同样财政吃紧的北洋政府交通部重新整理粤路债务，“令由四年七月一日至民国五年十二月止，应共计息港洋二十一万六千余圆，饬令核明具复，查此项利息系按息周六厘，每六个月为一期，每期将息作本计算”[①]，如此本息相加，合为本银之后又继续生息，运转欠佳的粤路公司当然无法偿还滚雪球一样的债务，借助于政府力量是在所难免的。

综上所述，由于中国近代民族资产阶级力量的薄弱以及现代企业制度在中国运转尚未成熟，商办粤路公司无法形成一个行之有效的运营体制，难以妥善处理好自身的各种纷争，以致领导人员的选举及运营都在政府的监督和扶持之下进行，并最终导致政府真正作为体制的一个部分来插手铁路公司内部事务。从它的运营上看，尽管商办粤路公司取得了一定的业绩，但在近代中国的政治环境之下，政府不可能仅仅充当商办公司的保护神而不向公司索取廉价甚至是无偿的服务。粤路公司在运营中所遇到的种种困难、粤路公司巨大的内债和外债，公司自身没有力量妥善地解决；尽管政府本身要对这些问题付相当的责任，但最终解决这些问题也必须依赖于政府的协助。所有这一切，都显示出了商办铁路事业在近代中国的政治经济和文化背景之下是难以善始善终的，它最后收归国有是势在必然。

二、粤路收归国有

粤路名为商办，但从来没有脱离过政府的扶持与干预，政府对粤路收归国有的工作一直在酝酿和进行之中。当政府具备了相应的经济实力和管理能力之时，粤路国有便水到渠成。

① 《交通史路政编》(第16册)，第322页，第323页。

（一）民初粤路收归国有的尝试

民初粤路经办体制尽管属于商办，但中央和地方政府将其收归国有的努力一直没有停止过。

民国成立之后，随着中央政府推行铁路国有政策，加之粤汉铁路湘鄂两段已经成功收归国有，外国银行团以及国内一些政要和相关人士也主张将粤路收归国有。此时的北洋政府也已经拟定了民办铁路收归国有、铁路干线不能再由商民力量承办的设想和计划[①]。1914 年，四国银团代表与北京政府进行的湖广铁路借款谈判进行得相当顺利，而当时北京政府铁路收归国有的工作也在如火如荼地进行。汇丰银行代表熙礼尔、德华银行代表柯达士、东方汇理银行代表圣必爱、花旗银行代表梅诺克于该年 1 月 22 日联名致函北洋政府交通总长周自齐，表示如果中国政府能将粤路收归国有，四国银行团愿意提供借款，并认为只有粤汉全线贯通，其商业价值才能更好地发挥[②]。周自齐也对此持相同意见，当即于次日回复四国银行团代表：“来信涉及收归粤汉国有事，愿予以考虑，并愿与四国银行团就此事进行磋商”[③]。但顾虑到当时政府的财力物力人力有限，加之粤路公司内部情况错综复杂，北京政府最终还是选择了对粤路公司工作进行指导而非直接收归国有。同月，铁路督办答复四国银行团的时候表示，“在湖南、湖北线延长问题上，他所给予的保证还要受到以前让与广东省铁路公司的特权的约束”，因此无法立即将粤路收归国有；不过为了双方在湘鄂段的合作能够顺利进行，“他答应把让与广东省铁路公司的实际线路的范围通知银行团各代表”[④]，并且“如果（粤路和川路）需要延长和分别修建以及如果需要借款的话，我们当首先与贵银行团进行磋商”[⑤]。四国银行团对中方的答复也表示理解，在其报告中如此写道：“关于广东线是否商办或四川铁路是否从贵州延长至成都的问题，由于目前很多问题尚待解决和其他别的原因，中国政府对此尚未做出决定。因此在修建这些铁路时，到底使用中国资金还是外国资金也尚未做出决策。看来，目前不能讨论这些问题。”[⑥]

与此同时，粤路公司内部很多股东也主张将粤路收归国有。1916 年 4 月，粤路公司召开股东大会，经过与会代表的激烈讨论，最终拟订了《请求粤路

---

① 宓汝成：《帝国主义与中国铁路（1847～1949）》，经济管理出版社 2007 年版，第 225 页。
② 《美国花旗银行在华史料》，第 138 页。
③ 《美国花旗银行在华史料》，第 139 页。
④ 《美国花旗银行在华史料》，第 293 页。
⑤ 《美国花旗银行在华史料》，第 290 页。
⑥ 《美国花旗银行在华史料》，第 289 页。

国有书》，系统地论述了商办粤路公司举步维艰的原因以及归属国有的强烈愿望，兹录原文如下：

窃维中国各行省铁路敷设，凡属干路悉已尽行收归国有，不解粤路何以至今未收？此中究竟是何理由，殊不可解。且粤汉铁路前曾代清政府赎回，美国合兴公司代筑，粤汉全路广东占七分三，应摊英金六十七万四百六十余镑，除合兴公司已赔路基材料外，所吃亏者甚巨。而当时资本匝月之间风发泉涌，视为要图，其利甚大。富商大贾固踊跃投资，即下至丐妇穷嫠，亦莫不倾囊认股。讵迄今倏经十稔，并无息派，以致股票之价日跌，二、三期之股分仍有未收，则该路之不餍人心，实无能曲讳。推原其故，弊有数端：

一、铁路购地，间因有坟墓村庄阻碍，反任意昂勒，不肯遽卖；而地方官又不肯相助为理，认真保护劝导，以期早奏路工。旷日持久，首缘于此。

二、铁路车站新添货捐局，税繁苛扰，窒碍诸多。是以商人逼不得已，改由别船装货出口，宁受迂折迟回之病，藉免需索之劳。似此情形，昭然可见。

三、军队往来多不给票价，近竟至有枪毙收票人，移追该犯，故纵隐匿，推诿不任查明酌予相当惩办。路权几归消灭，悍卒何难效尤。弊之惨酷，莫甚于此。

四、股东所举董事、总协理，不循向章当场开票、以多数取决，已全失商办要旨，与前案迥不相符。改由部长点定，无论官民隔阂颇难融洽，惟商权丧失，恐不足以昭大信。

五、查公司人浮于事，靡费太重，获利殊难，要不若援照各省干路均归国有之条，拟由省筑至韶州城之粤路归国有，应由政府给回商本，以免向隅，抑即行招商包办，以收实效而节虚糜。并可使现任总协理董事局诸君不至于碍各当道荐人情面不能裁汰。庶路权可复，商本或可保全[①]。

《请求粤路国有书》体现了粤路股东和领导者更加清醒地认识到造成公司运转维艰的种种主客观因素是近代历史大环境之下商办企业无法独力克服的。如战乱波及公司运营一项，使得粤路公司开办 10 年，用费 3 000 余万元，仅成路 400 余里，其中亏耗之银达 1 300 余万元[②]，“靡费之多，为全球铁路所未闻”[③]；国内外政局动荡导致粤路公司股票价格跌落一项，当初粤路公司发行股票每股 5 元，1915 年前后第 3 期股每股交足 5 元时，每股只能售 1 元左右

① 郑观应等：《请求粤路国有书》，1916 年 4 月 8 日，上海图书馆馆藏未刊资料。

② 夏东元：《郑观应传》，华东师范大学出版社 1981 年版，第 253 页。

③ 郑观应：《致广仁堂徐蕾长书》，《盛世危言后编》卷九，上海人民出版社 1982 年版，第 81 页。

了，股东当初倾注的股本只能保住两成，股东们对此焦急不已：“若长此因循，各自放弃，诚恐全路股本付之流水”[①]。对于借债修路，股东也能够更加理性地看待，认识到在近代中国国贫民困的情况之下，举凡大工程非借助外债不可，“闻美商仍欲借款代办，倘能定立有益无损之合同，则借款亦何尝不可”，倘能妥善地借用和利用外债，“又何必以无款为患耶”[②]？

正是因为政府和粤路公司股东双方都有将粤路收归国有的强烈愿望，所以民初粤路名为商办，实则并没有完全摆脱政府对它的干预。无论是把持中央的北洋政府还是主政广东的地方政府，无不在粤路公司高层安插人员，以致出现了“总协理及董事皆由部选定，一切办理之权久已操之部中”[③]。这点我们从下表中可以管窥之。

表 6－3 民国初年粤路公司领导表

职务	总理	协理	正局长	协理	总理	协理
姓名	欧赓祥	黄崇龄	欧赓祥	黄崇龄	温良彝	刘焕
到任年月	1914 年 5 月 23 日	同前	1918 年 4 月 21 日	同前	1918 年 5 月 14 日	同前
备注	股东选举，交通部委任	同前	军政府加委	同前	股东选举，交通部委任	同前

资料来源：《交通史路政编》，第 16 册，第 278 页。

但是，商办铁路收归国有必先做好政治和经济上的准备。而辛亥革命以来中国政局一直不平稳，中央政府一直不能有效地控制粤省军政，更毋庸提筹措巨额赎路款项以及做股东的安抚工作，这就使得粤路没能搭乘民初商办铁路收归国有的便车，北洋政府“粤路国有”工作只能是南柯一梦。

1917 年，资产阶级革命党人和西南军阀在“护法运动”的旗帜之下达成妥协，于该年 9 月在广州设立护法军政府，与把持中央政权的北洋军阀分庭抗礼。在这一政治环境之下，粤路收归国有工作在地方政权的主持下紧锣密鼓地开展起来。

粤路收归国有是护法军政府拟订的西南铁路计划中重要的环节。1919 年，军政府推出了建设西南八省的宏大铁路计划，该计划大有与北京政府的铁路计划分庭抗礼之意：“吾国铁路之计划，以北京为中心，故已建设或将建设各路，皆偏重东北部分；控西南各省……交通困难，达于极点。北京政府向不

① 郑观应代拟：《广东粤汉铁路股东同人公启》，1916 年，上海图书馆馆藏未刊资料。

② 郑观应：《郑观应致誉甫函》，1916 年，上海图书馆馆藏未刊资料。

③ 郑观应：《致梁君燕孙书》，《盛世危言后编》卷九，上海人民出版社 1982 年版，第 90 页。

注意；今军政府既设交通部，西南铁路不能不略具基础，本部乃提出西南铁路计划。”[①] 同年，广东军政府交通部召开西南八省铁路督办公署咨陈政务会议，表达了对铁路重要性的认识和以地方力量兴办铁路干线的决心：“兹拟设滇、黔、川、陕、粤、桂、湘、闽八省铁道督办公署，为铁道事务之统一机关，……概自护国护法，一再兴师，元气凋残已甚，军队林立，饷需告竭，民财搜括无余。故大局无论如何能决，而培养元气，与裁减军队，实为西南自身之惟一要图。铁道者，培养元气之根本办法也。盖铁道举，则西南应裁之兵概改为铁道工役或保护队，在政府已收裁兵之利，在人民不受裁兵之害，则地方隐患，易于无形消灭也。夫铁道与西南之关系既［深］且巨有如此者，自应速谋举筑，以观厥成，固无疑义。”值得注意的是，在这次会议上，军政府强调了以地方政府力量介入铁路建设，改革铁路公司弊政的重要性：“护法区域，共计滇、黔、川、陕、粤、桂、湘、闽八省之大。地方辽阔，若建设铁道事务，由八省各自为谋，事权纷歧，诸多滞碍。惟设一八省铁道督办公署于广州，凡八省区域以内应行建设之铁道，概由公署综核办理，计划统一，路线无相抵触，权责专属，推行自能尽利，此本部拟设八省铁道公署之理由也”。[②] 会议上决定任命岑春煊为西南铁路督办，理由除了岑素具威望之外，还因为其自晚清以来一直是铁路干线国有的倡议者和执行者：“查岑总裁春煊，清季历官督抚，威德素著；任邮尚时，百废俱兴，于路政尤多整理。嗣督两粤，广东粤汉铁路端赖维持。民国二年，督办川粤汉路，任事未久，改变纷乘，筹划诸端，惜未实行。以往事论，于铁路既多成绩；以现情论，于八省尤孚众望，若并任督办，综揽路权，则路界新猷，拭目可俟”。[③]

显然，当时军政府是想联合地方实力派的力量兴筑铁路干线，并动用政府力量干预在建或者已经建成的铁路的建设和管理。整顿粤路内部事务，既是兴建西南八省铁路宏伟计划的开端，也是发展广东地方经济的必由之途和当务之急。

曾以力主干线国有著称的前清重臣岑春煊担任西南铁路督办之后，为了解决铁路建设资金短缺问题，决定借款筑路。岑春煊久涉官场，是清末民初著名的政治投机者，把握政治机会为己谋利本是其所长，其担任粤路督办的一个很重要目的就是看到谋取借款筑路所带来的高额回扣，“然岑所以为此者，盖为攫钱计也”[④]。果不其然，岑春煊上任不久即在不对外界公开的情况

① 《关于粤省路政之谈话》，《民国日报》，1919年9月14日。
② 《西南八省之铁路计划》，《民国日报》，1920年1月6日。
③ 《西南八省之铁路计划》，《民国日报》，1920年1月6日。
④ 《八省铁路借款之传闻》，《民国日报》，1920年6月20日。

之下，“竟假借八省铁路名目，令粤汉铁路温氏（温良彝）偕同某氏向港商商借二百万元，以八省铁路为抵押”[①]。岑的这种行为当然不为众股东所赞成，消息传出之后，社会舆论大哗，一时之间“人言啧啧，报纸喧传”[②]。岑本人受此打击，心灰意冷，遂辞去西南铁路督办之职。

岑辞职之后，军政府到处与资本家商借铁路建设资本，如陈炯明就在上海与商人磋商铁路建设资金问题，其条件是由两粤财税作保证。但国内资本家本来就对官办铁路不感兴趣，加之在当时政局混乱之下，作为地方政权的军政府，其本身还债能力确实也是个问题，因此军政府所募集的铁路建设资金寥寥无几。这点正如时人所评论的，各地资本家表面上对军政府的提议热烈欢迎，但是事实上“难保资本家不中途变卦也”。

尽管军政府借助国内政界和商界力量将粤路收归国有的计划受挫，但是，随着太平洋会议的召开以及新四国银行团对华铁路借款的出台，再次为广东当局将粤路收归国有、借款加速粤路的修筑以及改善其经营管理提供了良好的国际政治环境。前文我们曾提及借款修筑粤汉铁路湘鄂段以及其他铁路干线的计划遭到了国人的强烈排拒而不得不作罢，但外资集团在风气开化的广东显然得到了更理性的对待。

1920 年 4 月，新四国银行团代表致中国交通部要求汉粤川铁路续借款的回信中高度评价了建造湖广铁路的重要性：“如果这一计划能够实现，它不仅能够通过一条完整的铁路把汉口和广州联结起来，而且它还将使四川的贸易通过直接的铁路与汉口联结起来。”四国银行团向北京政府所提出的汉粤川铁路续借款条件之六是：“为了达到这一目标，必须提供如下的一亿二千万元的资金，粤汉路：完成到湖南广东边境的铁路 30 000 000 元，完成广东境内的铁路 10 000 000 元。”条件之七是：“在实际支出中，我们估计还要发行2 000 万元的公债以赎回广东省铁路公司的股票。为了能使广东省境内铁路成为这一条铁路的组成部分和使该路能在广东、湖南两省同时开工，中国政府有必要赎回广东的铁路。”[③] 在此回信中，四国银行团已经明确地敦促中国政府将汉粤川铁路尤其是正在商办的粤路收归国有，然后借款筑路，以图贯通全线，早日发挥经济效益。

与此同时，资产阶级革命党人也呼吁国人理智地对待铁路外债。因与把持军政府的军阀政见不和而寓居上海从事国家建设理论研究的孙中山，在中

① 《八省铁路借款之传闻》，《民国日报》，1920 年 6 月 20 日。

② 《八省铁路借款之传闻》，《民国日报》，1920 年 6 月 20 日。

③ 《美国花旗银行在华史料》，第 285、286、287 页。

华革命党（1919年10月起改组为中国国民党）的理论刊物《建设》上连续发表其著作《实业计划》。孙的铁路计划总体目标是使中国成为具有十万英里铁路的现代强国，在最短的时期内，摆脱列强对中国铁路的控制，并与之竞争，扭转中国铁路的落后现状，建设覆盖全国的铁路网，并参加到世界交通的大体系中去。在《实业计划》中，孙中山强调修竣如此庞大的铁路网络，非理性借用外债不可：“若用本国资本筑路，则一年筹一千万，亦需六十年，始达六十万万之数，而已筋疲力尽。一切流动资本，悉归于铁路建筑之上，金融机关必然停止。则铁路告成之日，即为国家灭亡之时。”[①] 当然，吸收铁路外债不是没有条件的：“铁路由外人承修，四十年后仍归中国，另附条件，不及四十年，亦得依股票时价，随时收归所有。”[②]

1920年8月至11月，孙中山利用滇、桂、粤军阀之间的矛盾重新回归广东政坛，并于次年5月就任中华民国非常大总统。随后，资产阶级革命党人为了将粤路收归国有以更好地实现其政治抱负，密切寻找机会与外资集团接触。1921年2月中旬，新银行团代表史蒂芬应邀到广州和香港等地考察粤汉铁路。在粤期间，史蒂芬拜会了孙中山和伍廷芳等广东政坛名流，商谈借款速修中国铁路事宜，对于借款速成粤汉铁路湘鄂段以及将粤段收归国有达成了共识：“（史蒂芬）对于该路极为注意，曾对人云，将来银行团投资，当以此路为著手。”[③] 史蒂芬还指出粤汉铁路建成后“可减轻中国南北隔阂，不啻减少内乱”[④]。

而当时粤路公司内部由于管理混乱而导致路事困顿，负债累累，公司领导者和股东对借用外资来加快粤路的兴修以及改善内部管理的愿望更加迫切。当时粤路公司负责人对孙中山借款速成干线的倡议十分赞成，并针对史蒂芬为借款兴修中国铁路干线而来粤考察之事“特拟一意见书，呈孙总统及交通部、陈省长暨各股东核夺”。在该意见书中，公司负责人诉说了粤路公司内部股款支绌，以致“该路收回商办，迄今十有四年，计路线共长八百华里有奇，现筑成者仅四百零八里”。而造成这种后果的原因有三条：其一“误于查账，经年坐耗百余万之巨资，于是大、小股东各自结党，借口维持，风潮迭起，从此人心涣散。收二期股时，其勉为交股者，已觉疑信参半，不免谗谤交加，阅两三年而收不满额。追收三期股，更属强弩之末矣”；其二，误于对政局判断失误，不收银两而收取纸币作为股金，不料随后政局混乱，纸币价值日贬，

① 《孙中山全集》（第2卷），第498页。

② 《孙中山全集》（第2卷），第534页。

③ 《新银行团代表在广州之演说》，《晨报》，1921年2月18日。

④ 《申报》，1921年2月20日。

“时局变迁，水灾兵燹，历年劫剥，四面摧残，着手无从，生机立竭”；其三，“误于议决拼股，至是而已交股者有怨悔之心，未交股者有暌离之势，而路事益不可问矣”。当时粤路公司内部管理混乱、人心涣散，很多股东认为商办粤路前途已然渺茫，希望政府及时施出援手、借款整顿粤路运营并将其收归国有：“此而不立施拯救，日陷阽危，岂徒破产云哉。”①

粤省社会舆论对于军政府与新四国银行团商谈借款整顿粤路之举也甚是支持。这一方面是广东军政府已经参与了粤路公司内部事务管理并取得了一定的成效，其信誉在一定程度上确立起来；另一方面则不得不归功于孙中山及其思想在粤省各界所享有的极大影响力。因此，与其他地方民间对政府与四国银行团的借款洽谈普遍采取抵制态度相反，广东商民尤其是粤路股东并不反对军政府与四国银行团商谈借款事宜，相反还主动要求政府借款速成粤路，并将之延长至九龙，以争取更好的经济效益：“为今之计，必速借款二千万，至少亦需一千五百万，以全路为抵押品，将千余万接筑韶关以上至坪石之路。从前总工程司詹君天佑，曾预估需一千四百万元，照预算法加多三百万，即一千七百万元，四年便可告成。近因工料昂贵，非二千余万不可，而谓一千五百万亦可勉强从事者，因工程款项陆续分年开支，逐年有车利挹注也。且该借款应拨二百万开设铁路银行，即以铁路为基本金，大堪信用，而财币可借此流通，数年间车达汉阳，南北交通，货物来源绵绵弗绝，数省精华，荟萃于此，宁有亏累之虞耶？不特商业因而繁盛，而军事亦便于转输，其关系岂浅鲜哉！更有进者，粤汉与广九接轨，频年议办，势难拒驳。兹闻关余之款，议将数千万拨作治河经费，似宜将此款先浚深黄埔河道，俾可停泊大船，欲成商埠，南北物产，麇集其间，而粤路即为直接中外通商之要点，自可挽回香港已失之权利，一举而数善备焉。股商幸福，岂有涯涘；而吾粤实业能振兴与否，实视粤路发展为权舆。故筹款展兴粤路直至坪石以竟全功，实为要图，乃万难稍缓之举。”②

尽管广东当局和民众渴望借用外资用于铁路管理和营运，但是，当时却不具备这一客观条件。这些阻力一方面是来自于当时主政中央的北洋军阀政府。北洋政府为了削弱各地方实力，自然严厉禁止地方政府放手民业铁路公司举借外债，这点我们可以从 1923 年 3 月北洋政府致各省区长官的相关文件中窥见之：“查商路借用外债，流弊滋多，办理稍一不慎，即易发生纠葛；于路政及地方主权，均有莫大关系。前经本部提议限制各商路借债办法，及关

① 《借款完成粤路之意见》，《民国日报》，1921 年 4 月 25 日。

② 《借款完成粤路之意见》，《民国日报》，1921 年 4 月 25 日。

于借用外债事宜。其议借之先，应先将借款用途预算详列条目，报部核准，方能向外人议借。其所订合同条件，并须经部核准。……同时，复由外交部先后通照驻京各国公使：凡各省商办铁路、各处矿商，借用外债，非经中央政府允准，不能有效。其出借之洋商，亦必先行禀请本国公使，询明确系政府已经核准，方可借给各省。……相应咨行贵省长、都统查照，希即转令各商路公司一体遵照，务当恪守迭次通令，不得招募外股，擅借外债。倘有私行募借，或竟发生纠葛，本部概不承认。一经查实，并予该公司以相当之处分。”[①] 该文件对与北洋政府分庭抗礼的广东护法军政府而言震慑作用当然并不是很大，但北洋政府毕竟是当时得到列强承认的中国合法政府，列强为避免不必要的外交纠纷，自然不敢公然绕开北洋政府而与广东当局商谈借用外债整顿粤路公司之事。另一方面，护法军政府内部矛盾重重、自顾不暇，顾虑到资金投放安全的外资集团自然不敢轻易应允铁路借款之事。孙中山就任中华民国非常大总统之后，新政府面临着北面北洋政府、西面桂系军阀陆荣廷的军事压力，更棘手的是内部陈炯明的掣肘，处境本身就相当艰难。1922年6月，陈炯明在广州发动叛乱，此举更令粤省政局混乱不堪。四国银行团代表史蒂芬就曾认为在当时的政治环境之下，不宜急于借款给中国任何一条铁路干线，以免蒙受意外损失：“盖第一次借款成立，其条件将成一极重要之先例，予逆料此种条件之成立，尚须时日也。故最初进行时，无论对借款之用途，或对于借款之条件，苟有重大之失误，则银行团之计划则受损害。”[②]

（二）国民政府的“粤路国有”工作

在共产国际和中国共产党的帮助之下，孙中山下了联俄、联共和改组国民党的决心，并于1923年1月26日发表《孙文与越飞宣言》，实现了晚年思想的大飞跃。在“三大政策”的旗帜引领之下，国共合作共同领导的国民革命运动蓬勃开展起来。国民党为顺应联俄、联共局面而重新阐述的三民主义中的“民生主义”有如此主张：“铁路、矿山、森林、水利及其他大规模之工商业，应属于全民者，由国家经营管理。”[③] 此后，无论是开府广州的陆海军大元帅府、国民政府还是“分共”后的南京国民政府都秉承新“民生主义”精神，戮力进行粤路收归国有的工作。

1923年3月21日，孙中山由上海返回广州，开设陆海军大元帅府，筹议南北一统大计。作为北伐大计中的重要环节，“粤路国有”自然而然地提上了

① 《交通史路政编》（第6册），第400页。

② 《美国银行团代表史蒂芬之宣言》，《银行周报》（第4卷），第49号，1920年12月28日。

③ 《民国日报》，1923年1月1日。

日程。这里我们不妨先从经济角度进行阐述。当时广东已是中国的经济重心之一，国内外贸易方面，驻穗的国际垄断组织分公司数目不下23家[①]，本土百货行业亦达到605家之多[②]，广州内港常年停泊的轮船达200—300艘，约占全国轮船总数的三分之一[③]；在机器制造业方面，外资企业、民营企业和侨资企业林立的广东更是在华南独树一帜，“全省缫丝业均用机器，多至百数家，妇女之佣是营生者，十数万人”[④]；其他产业如农业和矿业等也得到了长足的发展。随着广东经济的发展，贯穿粤省南北、连接通邑大埠和省内腹地的粤路已然成为不可或缺的经济大动脉。惜乎此时的商办粤路公司内部正处于管理混乱，内部纷争难以自拔的重重困境之中，以致粤路应有的经济价值不能很好地发挥。为了借助广东富庶的财力来实现政治抱负，大元帅府不可能任由粤路瘫痪而不予理睬，戮力改善其经营并收归政府所有亦提上日程。

1923年4月，大元帅府“以粤路管理腐败、车辆破坏、枕轨失修、负债累累，且粤路为中国重要干线，是时适值革命军兴师北伐，军运所关，尤不能长此任令废弛，乃于是年四月派陈兴汉管理路务，粤路至是遂由商办之局变为官督商办”[⑤]。同时，大元帅府向社会公布整顿粤路公司的最终目的是将其收归国有，暂时采取“官督商办”只是整个计划中的一部分[⑥]。当时苏俄政府在国民经济各大领域采取国家资本主义政策，使其迅速医治了战争创伤，并取得了飞速的发展，成就为世人所瞩目。大元帅府既然提出了“联俄、联共、扶助民工”三大政策并接受苏联政治军事援助，其实际经济措施中亦借鉴了苏俄的经验。1924年1月31日，中国国民党第一次全国代表大会决议在对内政策中着重强调了交通建设进一步国有化的规定：“企业之有独占的性质者，及为私人之力所不能办者，如铁道、航路等，当由国家经营管理之。”[⑦]

1925年6月15日，大元帅府改组为国民政府。随着国民革命运动的蓬勃发展，国民政府决定更进一步改善广东交通的建设和运营。为了加快粤汉铁路的国有化进程，1925年7月3日，国民政府专门设立广东省建设厅，总揽广东全省的铁路建设并改善粤路的管理和运营，为北伐做进一步的准备。鉴

---

① 程浩：《广州港史（近代部分）》，海洋出版社1985年版，第134页。

② 毛立坤：《香港与内地的贸易关系（1869—1904）》，《安徽史学》2005年第3期。

③ 上海海关总税务司署统计科：《通商各关华洋贸易总册》（下卷），上海通商海关造册处税务司1912年编译发行，第123页。

④ 桂坫：《南海县志》卷二一，1910年石印版。

⑤ 《交通史路政编》（第16册），第236页。

⑥ 凌鸿勋：《中国铁路志》，（台北）文海出版社1954年版，第224、225页。

⑦ 秦孝仪主编：《抗日战争前国家建设史料：交通建设》（《革命文献》第78辑），（台北）“中央”文物供应社1979年版，第1页。

于1923年试行的“官督商办”体制已经远远不能满足政府对铁路工作的指导和监督，省建设厅决定更进一步强化对粤路公司的监控，而这一工作的入手点就是改革公司领导体制。建设厅认为粤路公司自1907年成立以来采用的总协理制度没有一套严密的规则，加之没有政府的良性指导以及公司内部派系林立，经常导致内部风潮迭起，长此以往必不能应付当前路款支绌的困境。因此，公司现行的总协理制必须改组为委员制，委员由省政府委任，以便政府进一步支配公司内部事务。此时粤路尽管未完全“国有”，但已然是“国营”了。兹将大元帅府和国民政府对粤路公司领导者的任命情形罗列如下表。

表6-4 1923年4月至1925年粤路公司领导人情况表

职务	管理	协理	总理	协理	复任管理	代管理	管理	复任总理
姓名	陈兴汉	张少棠	许崇灏	张少棠	陈兴汉	王棠	林直勉	许崇灏
到任年月	1923年4月18日	同前	1923年		1924年8月25日	1924年11月26日	1924年12月31日	1925年6月28日
备注	大元帅委任	同前	政府委任	仍旧继续协理		由陈兴汉管理呈请委任	政府委任	政府委任

资料来源：《交通史路政编》，第16册，第278页。

北伐开始之后，国民政府的工作重心转移到战事中去，加之暂时无法筹措收购粤路公司股份的巨款，“粤路国有”的工作暂时搁浅。但国民政府对粤路公司的整顿已经卓有成效，公司的运营已经基本上在政府的督导下进行，这为日后粤路完全收归国有奠定了坚实的基础。1927年，蒋介石和汪精卫先后对共产党人和革命左派人士举起屠刀，轰轰烈烈的大革命没能最后完成反帝反封建的任务而失败了。尽管如此，作为国共合作理论结晶之一的新“民生主义”仍然被南京国民政府所沿用，此后的粤路工作正是在此理论的指导下进行的。

1928年后，随着国民党内部派系斗争暂时缓和，“统一大业”进展顺利，国民政府得以腾出手来进行铁路建设工作。为了突出铁道建设在国家政治经济发展中的举足轻重地位，南京国民政府在1928年10月20日设立了铁道部，专门负责铁道建设和运营。首任铁道部长孙科一直以实现父亲孙中山先生贯通南北、加强全国政治经济文化联系的铁路计划为己任，从他担任铁道部长开始就着手全盘筹划全国的铁路①。1929年1月25日，孙科在国务会议

① 南京国民政府铁道部：《铁道公报》（总一），1928年12月，第25页。

的提案上强调了铁路在国民经济中的重要性：“现在统一告成，全国视线集中于革命，所以建设之要求，亟当以国家需要为本位。审查旧线，计划新线，权衡轻重，决定计划，确筹的款，限期依次兴筑。奋起直追，实现物质建设之使命。委员自受任铁道部职以来，深憬于铁路关系国命之重，与夫选择路线之难，竭智尽能、夙夜规划，一以国家需要为本位，不敢稍存私见，不敢妄加武断。”[①] 在这个提案中，孙科特别提到了由中央政府统筹全国铁路干线建设的重要性。1929 年 3 月 19 日，国民党中央执行委员会常务会议拟定了《训政时期经济建设实施纲要方针》的提案，除了强调铁路在发展国民经济中发挥的重要作用之外，还强调在日后的铁路建设和运营中，要实行干线“国筑”、“国有”、“国营”的政策，指出：“吾人更审度经济现状，统筹全局，……一切实业之母之铁道交通，非集中最后之雄资，无以开其先中之先，要中之要；拟先中央建设经费之半，兴筑铁路。”[②]

国民政府铁道部将粤汉铁路全线贯通置于极其重要的位置，孙科特地成立了粤汉铁路促进委员会以推动粤汉铁路的修建和收归国有的工作[③]。1929 年召开的国民党第三届中央执行委员会第二次全体会议通过了如下决议：努力发展铁道事业，并提前完成粤汉、陇海、新陇绥各线，由铁道部负责办理。粤汉限 1932 年底竣工，陇海限 1934 年底竣工，新陇绥限 1937 年底竣工[④]。若想贯通粤汉全线，必先将“粤路国有”工作彻底完成。此正如孙科在 1929 年初主持拟定的《粤汉铁路建设委员会完成粤汉铁路全程的工程计划书》中所提到的：欲使粤汉铁路全线贯通，必须集中力量完成工程最为艰巨的株洲至韶关路段，而完成这一路段，除了争取庚子赔款、退款之外，还必须从鄂湘粤已成线尤其是粤路线的运营利润中拨取款项援助株韶段的最后完工。因此，国民政府能否成功有效的控制粤路实为粤汉铁路能否尽快全线贯通的关键步骤[⑤]。

而粤省方面，政府和股东在中央正式主持路事工作之前已经着手“粤路国有”的行动了。粤路公司经过了国民政府一段时间的整顿和经营后效益明显好转；粤路公司股东们经过对铁路干线“商办”和“官办”两种体制优劣的理论反思和现实比照，普遍认识到像粤汉铁路这样的大工程不可能完全依

---

① 《铁道部成立周年纪念特刊》，《铁道公报》（总十二），1929 年 11 月，第 43、44、45 页。

② 《民国日报》，1929 年 3 月 19 日。

③ 南京国民政府铁道部：《铁道公报》（总一），1928 年 12 月，第 175、176、191 页。

④ 秦孝仪主编：《抗日战争前国家建设史料：交通建设》（《革命文献》第 78 辑），（台北）“中央”文物供应社 1979 年版，第 3 页。

⑤ 南京国民政府铁道部：《铁道公报》（总二），1929 年 1 月，第 127、191、192 页。

赖商资商力以保证其良性运转，故而上书要求政府接管粤路之事屡见不鲜。1928年2月，广东省建设厅拟定粤路公司整理委员会的章程八条，并在省务会上议决通过；省务会议还决定以6个月为期限完成对粤路公司的整理。为此，省建设厅选择有专门知识和富于经验者4人、公司的董事局推选1人作为股东代表，经建设厅荐举后由省政府委任，组成整理委员会，并于1928年3月29日正式成立。该委员会五位委员分任经理、车务、会计、工程、审计各职，奉行政府的命令对公司内部各部门进行改革，清理粤汉铁路的积弊。

详尽的计划、充分的准备以及地方政府和公司大部分股东的响应、配合使“粤路国有”的具体工作进展得相当顺利。1929年3月，孙科致电国民党广州政治分会主席陈铭枢，提出将粤省广韶、广三和广九三段铁路进行统一会计；与此同时，孙科又致电广东省建设厅厅长马俊超，要求粤路公司在运营和处理内部问题上接受铁道部的监督，公司的一切工作进展随时向部里汇报：“本路尊奉中央政治会议议决，国府明令粤省三路，由部院统一管理，系为统筹全局，以便整理路务，中央与地方政府本期息息相通，兹就无悖管理统一原则范围内，酌定办法。”[①]

当时尚有少数股东唯恐粤路收归国有后其经济利益得不到保证，故而重新要求粤路商办，对此，孙科态度鲜明地予以拒绝。1929年4月，粤路公司董事江群英等人不满孙科将粤路完全由国家控制的决议，并为此而呈请中国国民党中央执委会秘书处，要求取消粤汉铁路建设委员会的计划，将粤路重新完全商办。孙科知悉江群英等人的意图之后，当即以“碍难照准”答复公司董事，并明确表示铁道部将粤汉铁路收归国有的工作正在稳步推进，不会因存在反对意见而妨碍进程：“关于完成粤汉铁路事宜，本部已经统筹整个办法，方在次第进行中。”[②]

为了减少粤路国有工作的障碍，国民政府和铁道部对粤路经营情况进行了彻底的调查。1929年6月19日，孙科命令广九路会计处处长哈之士、粤汉路会计处处长张庆莹和广三路会计处处长李懋勋调查其所管辖路段财务状况及会计事务是否符合铁道部制定的铁路会计则例，并将调查后的详细情况呈报铁道部[③]。同年10月25日，孙科任命余骐、李拔和何宽容为粤汉铁路资产负债清算委员会的工程师，对粤汉铁路尤其是粤路公司的资产进行彻底清查[④]。

---

① 南京国民政府铁道部：《铁道公报》（总四），1929年3月，第131、132页。

② 南京国民政府铁道部：《铁道公报》（总六），1929年5月，第95页。

③ 南京国民政府铁道部：《铁道公报》（总八），1929年7月，第20页。

④ 南京国民政府铁道部：《铁道公报》（总十二），1929年11月，第58页。

在对粤路公司经营情况进行调查的同时，铁道部着手进行路局合并工作，以节省经费，统筹全路工作。1929 年 7 月，孙科向广州粤汉路局局长和广三路局局长发布两个星期之内将两局合并的命令，广三路局改名为粤汉铁路广三段，原有的局股等名义全部废除，原有事务归粤汉路局监管。此外，孙科颁发裁撤广三路局归粤汉路兼办的文件一份，要求广东省建设厅督率粤汉铁路公司管理局局长陈延炘遵照铁道部制定的办法切实实行[①]。在铁道部和国民党中央的再三督促之下，粤汉、广三两路局在很短的时间内完成了合并。1930 年 2 月 17 日，国民政府和铁道部命令建立粤汉铁路广韶段管理局，专门负责管辖粤汉铁路南段（广州—韶关段和广州—三水支线）的工作[②]。

国民政府铁道部发行的收回广东粤汉铁路公债券

对于粤路公司的商股，国民政府采取发行公债的方式收回。1929 年 10 月，孙科向国民政府提交拟发行粤汉铁路公债以收回广东省商办粤汉铁路商股的议案[③]。在该议案得到了国民党中央同意之后，孙科即于 11 月 9 日电令粤汉铁路管理局局长陈延炘在三日内：“将该粤汉铁路商股沿革确数以及登记股票数目暨一切情形，详细查明”，“具报以便查核”[④]。陈延炘将粤汉铁路商股数目具体上报之后，铁道部当即于 11 月 18 日颁布《铁道部收回广东粤汉铁路公债条例》，该条例规定铁道部自次年（1930 年）1 月 1 日开始发行收回

① 南京国民政府铁道部：《铁道公报》（总十），第 140、141 页，1929 年 9 月。

② 南京国民政府立法院编译处：《中华民国法规汇编：财政》（第 1 册第 2 编），中华书局 1934 年版，第 1010、1011、1012 页。

③ 南京国民政府铁道部：《铁道公报》（总十），1929 年 9 月，第 183 页。

④ 南京国民政府铁道部：《铁道公报》（总十三），1929 年 11 月，第 1 页。

广东粤汉铁路的公债，债票面额分为百元、四十元、四元三种，采取无记名形式。为了保证粤路商股顺利收归国有，国民政府专门发行国币以作为收换广东粤汉铁路民有股票之用（官股不在其列），这些国币总额最高为二千万元[①]。对于商股与国币的兑换，国民政府和铁道部做出了如下规定：票价为毫洋5元的每股商股换公债票国币4元，公债利息为2厘，每年分6月和12月两次付利息；自公债发行的第六年起开始偿还商股本金，每年还本的方式以抽签决定，直到完全还清股本为止[②]。11月27日，铁道部颁布更详细的《商办广东粤汉铁路路股抵换公债章程》规定：只有经粤汉铁路资产负债清算委员会登记的公司股票，才可以换取同等的公债；抵换期间自1930年1月起以6个月为限；抵换的股款算法是，广东省毫银一元二角五为大洋一元，路股每股面额毫银五元折合公债的面额为大洋四元[③]。1929年12月下旬，国民政府和铁道部专门设立收回广东粤汉铁路商股办事处，由该办事处具体负责实施收回商股的策划、登记及公债股票的具体保管兑换等事务[④]。1930年初，收回广东粤汉铁路商股办事处开始着手进行路股和公债的兑换工作。

在很短的时间内，国民政府完成了从行政管理到股份结构上的对粤路公司的完全控制，粤路公司顺利地完成了由商办到完全国有化的转变。至此，粤汉铁路收归国有工作已经完毕。

回顾粤汉铁路从筹建到“国有化”的全过程，我们必须承认鄂、湘、粤三省绅商民众争取铁路干线商办是近代工商业发展以及社会风气日益开化的必然结果。口岸开放之后，随着资本主义工商业的发展和资产阶级力量的逐渐增强，他们非常需要通过投资铁路干线工程来进一步提高自身的经济和政治地位。而各级政府为了巩固其统治，当然不愿将事关国家命脉的铁路干线工程的兴筑权和经营权交与商办。因此，粤汉铁路争取商办的过程中必然存在着民间力量与政府力量的激烈冲突，这种冲突在统治已经日渐衰朽的晚清表现得尤为突出。绅商民众争取铁路干线商办的运动对没落的封建政权的统治权威进行了挑战，在国民中进行了一次普及民主爱国观念的教育，并与当时同样轰轰烈烈的立宪运动及革命运动遥相呼应，一扫数千年来沉闷的政治

---

① 曾鲲化：《中国铁路史》，燕京印书局1923年版，第876页。

② 南京国民政府立法院编译处：《中华民国法规汇编：财政》（第5册第7编），中华书局1934年版，第616、617、618、619页；另见铁道部编印《铁道公报》，总十七，1929年11月版，第6、7页。

③ 南京国民政府立法院编译处：《中华民国法规汇编：财政》（第7册第10编），中华书局1934年版，第595页。

④ 南京国民政府立法院编译处：《中华民国法规汇编：财政》（第1册第2编），中华书局1934年版，第961、962页。

空气。保路运动在这方面的丰功伟绩已经为众多历史学家所肯定，在此不复累赘。

但是，我们从对粤汉铁路商办尤其是粤路商办本身的分析中可以明显地看出，所谓纯粹的铁路干线商办在近代中国的历史大背景之下是不可能存在的。商办企业不可能骤然割舍中国封建社会延续几千年的“官本位”思想和做法，尤其铁路干线是事关国计民生的大动脉，更加不可能脱离政府的控制。出面招股的人员尽管可以称之为“绅士”、“商人”或者“绅商”，但考诸他们的背景，无不可以看到他们与官场有着千丝万缕的联系；公司人事任免上，无处不见官员林立之身影；公司运作之中，政府官员的监督和管制也几乎无处不体现；甚至晚清时期粤路所发生的“反郑（观应）风潮”，表面上是反对官方干涉路政的斗争，而实际上也隐含着不同派系官僚以铁路公司为角逐场之意。另一方面，我们也可以看到由于近代中国资产阶级力量尚且薄弱，股份制的商办铁路公司等大型企业尚不完善，缺乏独立的自我发展能力。比如粤路商办的过程中就发生了总理专权、公司职员贪污中饱私囊和内部分争不息等现象，这些现象是商办公司无法从体制内部解决的，以至不得不求助于政府出面进行干涉。总而言之，作为一个后发现代化国家，近代中国没有为资本主义和资产阶级的发展提供良好的空间环境，诸多新型事业和实业的发展不可能脱离政府的指导和扶持。

另外，以下几个方面也说明了铁路的国有业已成为历史的必然。

其一，商办铁路热潮的兴衰与时代背景密切相连。晚清时期内忧外患接踵而至，特别是帝国主义列强的瓜分局面业已形成，并千方百计觊觎中国的重要经济命脉——铁路干线，这必然激起绅商民众强烈的爱国热情。以庆亲王为首的外务部大臣在与英国公使朱尔典谈及此事的时候就曾坦言：“现在百姓多半醒悟，时势不同，如何能概用压力？……若操之过速，设或激成变故，亦岂各国之益？”[1] 而清政府对外步步妥协，对内则惯用高压政策，正所谓“宁赠友邦、勿与家奴”，这些行为更使得威信下跌的清政府成为爱国民众的反抗目标。《民报》曾对此发表评论：修铁路、开矿，“民间要求自办，政府则有驳无准，即千百中而允其一，亦未开办而定制限，既开办而多方留难，深恐民间得其利益。若外人一要求，则写条约、盖御印，直顷刻间事耳，一切厉害，皆不甚顾。”[2] 新政的推行不但使得负担日益加重的广大百姓怨恨不已，而且中央官僚之间、中央与地方之间、满汉官僚之间的争斗日益激烈，

---

① 《中国近代铁路史资料（1863—1911）》（第二册），第848页。

② 《民报》（第18期），第103、104页。

在保路风潮之中我们已经可以看到各部、各级、各族官僚们早已不能做到步调一致了。在这种环境之下，路事风潮骤然而起并奇迹般地成为革故鼎新的历史工具就不足为奇了。民国成立之后，以上的各种社会矛盾趋于缓和或是隐蔽，本已在清末暴露出来的商办的各种弊端如资金不足、技术不够、管理不善等等得到了人们更多的重视。越来越多的人认识到无论是从避免商办铁路公司徒耗靡费而路事无成，还是从速修干线、统一全国铁路营运的角度，都必须要求铁路由商办归于国有。

其二，我们从民国粤汉铁路收归国有时政府所做出的让步以及所遭遇的阻力越来越少这一点也可以看出干线国有其实已经是大势所趋。粤汉铁路鄂段在晚清时期尽管已经成立了商办铁路公司，但官方的潜势比较大，筹集的商股较少，因此当民初鄂路收归国有的时候政府仅按原价发还现银便顺利地完成了接收工作。民国时期湘路收归国有的时候，政府与绅商代表所协商的焦点问题已经不是国有抑或商办，而是如何归还商民股本了，政府所拟出的分 12 年付本还息方案在几经交涉之后也得到了湖南铁路公司接受。粤省绅商经济实力最强，但是对于经营铁路干线同样显得力不从心。自 1916 年起，该路的商办股东开始拒缴三期股款，其实已透露出该路商办式微的信息。嗣后，粤路尽管在商办的名义下惨淡经营十余年，但期间一直没有脱离政府的保护和扶持。到 1928 年，国民政府国有化命令强制推行，而且政府采取的措施只是发行公债，承诺六年后抽签还本，年息 2 厘，但期间居然很少看到“商民”们过激的反对声音。

综上所述，我们可以认定粤汉铁路干线商办是一种应时而生的现象，商办铁路建设的尝试在声援辛亥革命运动中留下了自己的历史足迹；但当历史环境消逝而且股份公司内部矛盾不断显露的时候，商办铁路自然而然地应时“谢幕”。

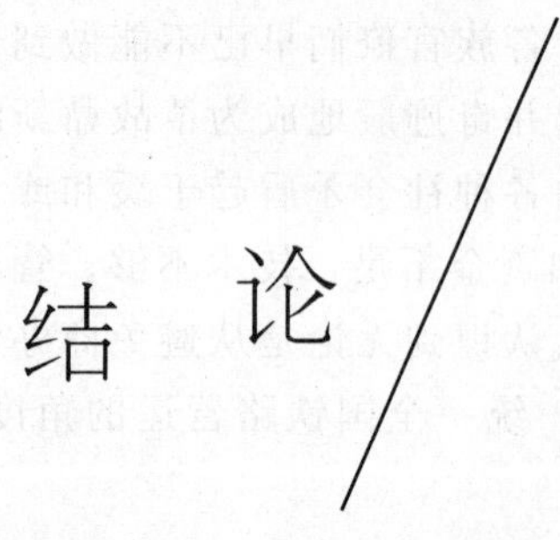

结论

粤汉铁路修建的全过程可谓是中国产业近代化的一个缩影。从筹议到建成通车，整整四十多个春秋，期间经历了借债速修、赎回自筑、官商争办、官商分办、工程搁置和庚款筑路等诸多变故，这些变故与纷争更多地集中于清末民初粤汉路的筹设与“国有化”过程之中。

在过去很长一段时间内，我们更多地认为反动的封建王朝和军阀政府与民争利的政策延缓了干线兴筑。随着学术界的思想解放、国外新理论的引入和新材料的发掘，我们能得以更客观、更全面地审视这段特殊的历史，以往由于“左”的意识形态指导所得出的偏颇观点得到了修正。但是也出现了一些矫枉过正的观点：其一，有些学者以新理论为依据，对史学前辈的观点进行颠覆性的评价，认为近代民间盲目的民族情绪和反政府情绪应对干线建设的延缓负主要责任，换言之，并非“大清负天下”而是“天下负大清”。但是，如果我们继续沿着各种设定的理论框框进行深发掘，还会找到更多厚此薄彼的依据。所以，盲目地追从国外引进的新理论新观点指导学术研究，没有“究天人之际，通古今之变，成一家之言”的坚定立场与抱负，我们很容易在学术跟风和立场与视角摇摆之中模糊了历史真相、迷失了史学真谛。其二，有时候我们过于迷信史料，以为忠实于史料、摆脱各种理论框框的约束就能够很好地探究历史真相。但是如果我们不对现有史料进行评判性的审视，也很容易得出偏颇的结论。因为无论我们再怎么努力广泛发掘新史料，绝大多数史料还是统治者及其御用文人或者当时体制下的既得利益者所留下的，过分迷信史料的结果必然是被史料引导至一个偏颇的立场和视角之上。史料当然是死的，但留下史料的却是曾经活生生的、在尔虞我诈斗争之中游刃有余的人。统治者既已玩弄时人于股掌之中，我辈学人又复为其所遗之文牍所愚弄，岂不悲哉？

因此，时至今日我们理应跳出非彼即此的理论框框，带着批判性的眼光审视新旧材料和前人的研究成果，以期能更全面、更客观地审视清末民初粤汉铁路筹筑这段历史。有鉴于此，本书通过对史料的综合审视，得出了我们在研究中应该注意的几个问题。

第一，铁路作为大型公共工程能否顺利兴筑及其价值的实现都与历史的环境息息相关。

国势的荣衰是考察历史环境的重要视角，从该视角出发我们能够更好地探讨出粤汉铁路的修建旷日持久的根本原因。经过对史实的综合分析之后，我们认识到这一点：近代铁路干线的兴筑本为“维护利权、振兴国本”，即整合和发展国家政治、经济、国防和科技等方面力量。但作为大型基础工程，铁路干线的兴筑也是对国家政治、经济、外交和科技文化等方面实力的考验。因此，造成粤汉铁路工程旷日持久的根本原因是近代中国国势衰微和综合国力的低下，前人着墨过多的官商之争、中外之争和朝野之争并不应看做是根本原因，或者说只是国势衰微所导致的结果。

兴修铁路干线是现代国家科技实力、经济实力和社会凝聚力的具体体现，曾以文明古国著称于世的中国在封建社会末期综合国力远远落后于西方列强。溯自明朝末年，中国科技界尽管涌现出徐光启、宋应星、李时珍等站在时代前列并享有里程碑式地位的科学家，当时的工匠对于引自西洋的“红夷大炮”和“佛朗机”等先进技术也能迅速掌握并加以改进，但是中国科技发展后劲不足的问题已然可见；延至清朝，长期的闭关锁国和夜郎自大使得国家的科技实力不但远远落后于欧美，甚至比前朝亦属不及，最明显的一个例子就是鸦片战争时期的清军已经退回到了刀枪弓马、“骑射乃满洲本色”的水平。中国就是在这种科技基础上走上了产业近代化的路程，其先天不足在铁路干线的建设中暴露无遗。铁道干线建设小至一颗螺丝钉、一条钢轨，大至线路勘测、车辆调度，无不是一个国家科技发展水平的浓缩，而当时偌大中国只有屈指可数的近代工业企业，更为关键的是这些数量稀少的近代工业企业的大部分核心技术尚且不为中国人所掌握，无法提供干线建设所需要的基本材料自是在必然之中。另外，近代中国尽管涌现出詹天佑等为国人称颂的工程巨人，但总体而言，当时能够娴熟地运用科学技术以及新型组织管理方式来主持或服务大型干线建设的工程人员着实寥若晨星。

在财力方面，近代中国更是无法独力承担铁路干线建设。作为西方产业近代化产物的铁路干线建设，其启动经费动辄数百万计，而建立在小农经济基础上的清朝国库收入即便在所谓“乾隆盛世”时的最好年份也不过8000余万两白银，不敷其用自是必然。近代中国仍然是自然经济的汪洋大海，新式产业不过是点缀于其上的零星孤岛而已，关税自主权的丧失以及接踵而至的对外赔款更使拮据的国家财政捉襟见肘，国家机器虚库运行、举借外债或者通过权力寻租活动来维持运转已是司空见惯，更毋庸提独力承担铁路干线建设了。而专制政治体制以及小农经济的基础注定近代中国只能是国贫民弱，不可能真正出现藏富于民的现象，本书所述及的鄂湘粤三省绅商民众慷慨解囊以资助干线建设的历史现象，其爱国热情令人折服，然所筹之资与所需之资相比又岂非杯水车薪？

因此，在近代中国的历史大环境之下，粤汉铁路断断续续地修建了四十余年并不值得视为奇谈怪闻，如果能够顺利而且迅速地竣工反而是不正常的。粤汉铁路兴筑之路如此坎坷，而其他干线的兴筑乃至整个中国近代产业的兴办又何尝不如是呢。根据宓汝成先生对1895年至1927年中国铁路建设经费总量和投入内资外资的比重所进行的比较，内资所筑之路占15.1%，而外资所筑之路竟占84.9%，即使所谓的内资其实已经渗入了分量不小的外资，中国近代国力之苍白由此可见。国家之大不幸方才导致了粤汉铁路之小不幸，理当如是观之。

第二，从对史实的缕析过程中，我们还必须认识到铁路利权的有效维护和实现与国内法治大环境息息相关。

诚如前文所述一样，社会力量所代表的只是局部地区、部分阶层和民众的权利而非全国和全民的权利，而且也确实由于实力所限，商办铁路公司无法承担起铁路兴筑和运营的重担。但社会力量并非天生作为国家利权对立者的身份出现的，造成商办铁路公司运转维艰、难以实现维护国家利权功能的重要因素是近代中国社会制度约束的乏力。如果近代中国拥有相对完善的法治环境，商办铁路公司理论上是能在维护主权、巩固和振兴国本中发挥更大作用的。中国数千年来的政治、经济和文化环境造就了人治、官治重于法治的传统。“家天下”、“官本位”等术语都是对这一传统的高度概述。而公司制度是植根于西方政治经济文化土壤之上的，其根本目的是确保公司所有权与经营权分离，使得公司运营尽可能地减少政治上、社会上乃至股东内部的不必要干扰，在提高运营效率的同时也使政府、社会和公司皆受其益。但在近代中国“人治”、“官本位”根深蒂固的政治文化土壤里，公司制度是难以得到尊重的。尽管传统社会里商人地位实际上并不居于四民之末，但从未摆脱过作为政治附庸品的地位。商人若要成功地减轻产业经营的政治和社会成本，主要途径是参与各级政府主导的权力寻租活动，即商借官威、官取商资、各得其所。权力寻租活动当然使商业利润大打折扣，但倘若商家失却官威之助，其经营必然由于缺乏保障而一落千丈，真可谓“其兴也勃焉，其亡也忽焉”，这点我们可以从声名显赫的晋商、徽商、两淮盐商、广东行商以及胡光墉、盛宣怀、郑观应、唐廷枢、张謇等著名商人的兴衰成败的经历上可以管窥之。

西学、西政东渐之后公司制度也随之引进中国，并且如同宪政在政治领域一样，公司制度在商界也曾经受到人们顶礼膜拜。商办粤路公司的广大股东曾经满怀期望地认为只要能遵照股东代表拟定、官方应允的公司条款运转，粤路公司就可以避免无休止的权力寻租活动，摆脱股东、商民的纠纷而顺利运转。然而这种想法未免天真。官方根本不认真对待公司制度，所谓商办铁路公司在官员眼中不过是官僚机构的翻版；官本位思想相当浓厚的公司股东同样也视公司条款如儿戏，依仗背后的官方势力在公司内部党同伐异；失却官威之助，公司甚至无法妥善处理运营中不断出现的商民纠纷。这使人不由想起当时的中国政坛，披着新鲜外衣的各种政治既得利益集团以古老而血腥的手段在“宪政”、“共和”的幌子下钩心斗角、以腐反腐、以暴易暴，两者之遭遇何其相似。比对当时外国人在华兴办的铁路公司，由于享有治外法权的特殊关系，不必进行频繁的权力寻租活动，也可以摆脱多种势力对公司运营的束缚，即便是中国官方，与外资铁路公司打交道之时也罕有拖账赖账之事，公司自然而然可以集中力量来办理经营之事，故而往往以盈利而善终，甚至中国商人也明里暗里地附股于外资铁路公司。如日本的南满铁路，1906年收入为75万余元，到1908年收入就增加到143万余元；德国的胶济铁路，1905年的收入是191万余元，1910年增至373万余元。外资铁路公司犯我主权，当然于国无补，但如果国人能像遵守治外法权一样遵守为保护国内民业公司而设立的法律，商办铁路公司必能正常运转，藏富于民、振兴国本的功能也当能很好地实现。

孙中山先生在中国民主革命奋斗中一次次受挫失败之后，总结出在人治传统过于深重的中国实行法治民主政治必须经历“军政、训政和宪政”的循序渐进过程。同样道理，商办铁路公司若想在中国成功运转，亦必先由政府戮力扶助，然后半独立经营，最后再遵循相关法令和制度而自负盈亏、自主运转，其阵痛的过程自然令人不堪忍受，但从长远观之却是民族产业茁壮成长以及真正藏富于民的必由之路。

第三，作为一种大型公共工程，铁路在建设、管理和营运过程中，政府、社会力量和列强之间的关系错综复杂，并且也都有其过失之处，但作用都不可或缺。

政府作为主权的代表者和公权的代言人，对于国家权利的维护和实现有着不可代替的责任。但是，政府的作用往往存在着悖论，在政府官僚进行权力寻租的过程中，政府对国家利权又起着侵蚀的作用。社会力量作为政府行使治权的监督者，在政府侵蚀国家利权昭著的特定历史条件下，有可能成为维护利权的主体。但是，社会力量尤其是书中重点提到的绅商阶层追求实利的动机在某种程度上也潜藏着损害国家利权的暗流。西方列强试图利用对铁路的投资夺取中国铁路的大量利权，其中掠夺铁路的治权更无异于营造“国中之国”，这种对中国主权践踏的罪行实在是罄竹难书。但是我们又不得不承认，在近代中国经济发展水平的限制下，铁路的建设必须利用外债，合理地让渡部分铁路利权也势所使然。有鉴于此，孙中山就曾提出“保主权而舍路权”的主张。

正是政府、社会和列强这三种不可或缺而又难以协调的力量在近代中国铁路建设、管理和营运领域里进行着反复的博弈，构成了步履维艰的中国近代铁路建设事业的历史的实际内容。作为治史者，我们应从粤汉铁路艰难的筹建历程中得到若干的教益。

其一，我们必须正视这样一个事实，那就是落后大国如中国者兴办大型公共工程，必得由公认的国家利权代言者即中央政府统筹全局。大型公共工程国有和国营有着致命的缺点，如政企不分、官场习气严重、运营成本过高、生产效率低下等等，工程运转亏损则增加了政府财政的负担，而这些负担又往往由政府转嫁到人民身上，引发或者加剧了社会矛盾。这点已为学者们详尽论述，在实际运行过程中也显露无遗。即便如此，我们还是必须承认：无论理论还是实践都证明确保政府对铁路干线的治权是维护国家利权的必然途径。铁路干线在当时全世界范围内都是一项事关国家经济利益和国防安全的事业，也是涉及巨额投资和尖端科技的高风险新兴产业，其在落后国家的兴筑和经营即便是倾国之力亦难以胜任，更毋庸提由代表地方利益或集体利益的民资力量独立承担。正因为如此，“铁路国有化”在当时成为一种世界性的发展趋势，非但德国、比利时、荷兰等欧洲强国采用国有方式，即便是后起之秀如日本和俄罗斯等国也采取干线国有。如日本在19世纪70年代就开始了铁路私有化的高潮，但在20世纪初，私有铁路公司资金和技术薄弱、投机倾向大和抗风险能力低等缺点很快暴露出来，对国家政治经济的大局也产生了巨大的负面影响。为了统一管理全国铁路以达到政治、军事、经济上统筹的目的，日本政府发放公债，将私营铁路干线以及朝鲜半岛的京釜铁路收归国有，该措施在确立垄断资本主义的金融和市场基础并进而使日本跻身世界强国的行动中居功甚伟。如果把眼光集中到粤汉铁路的兴筑和运营之上，我们也看到政府统筹路工之功效是不可或缺的。首先，干线国有能更有效地筹集巨额建设资金，组织优秀管理人员和引入先进技术。其次，官方主持干线建设能更有利于为经济发展提供良好的基础设施，更好地从全社会的角度来充分合理地利用资源和规模化来发展地方经济。再次，政府主持干线建设和运营，能够使干线的政治和国防功能更好地发挥出来，这点在当时是至关重要的。

其二，如果我们纵观粤汉铁路修建的始末而不是局限于作为学术焦点的、延续多年的路事风潮，我们也应该明了社会力量其实也是政府干线国有政策的支持者，至少与政府之间并不是矛盾不可调和的双方。在清政府与美国合兴公司进行路权交涉过程中，广大绅商民众始终是清政府的有力支持者，因为当时人们还是普遍承认政府是全国和全民权利的代言者。稍后，清政府内轻外重的政治经济格局积重难返，民怨已然四起（在统计手段并不先进的当时仍然留下了1910年全国民变万起的记录），政权生命力近乎衰竭。为了苟延残喘，清政府在政治上集权中央、集权满洲权贵，在经济上将铁路等经济命脉收归国有，此举自然而然地让人们联想到其维护的并非国家权利而是既得利益者的利益，在利益和感情都受到严重伤害的绅商民众乃至非旗籍官僚都将矛头对向了清政府，清政府很快走向了孤立和崩溃。然而经过辛亥前后的短暂反思以及名流大力的呼吁之后，人们很快认识到政府主持干线兴筑的必要性：民初政府许诺给商民的赎路款项逊于清政府，而且也和清政府一样限于口惠而非实惠，甚至最后还不了了之，但是湘鄂两省人民还是相当平静地接受了政府铁路干线国有的行动；粤路公司的组建和运营自始至终没有、实际上也不能摆脱政府的干预，国民政府定鼎南京前后，着手将运转维艰的粤路公司运营权收归国有，期间所受到的民间阻力已是微乎其微，社会各界还给予了精神和物质上的大力支持。

其三，妥善地处理好国际关系是干线兴筑和运营中维护国家权利必不可少的环节。国家权利在国际政治范畴中指的是一个民族国家的权利，与之相对应的概念是国家同盟权利和国际权利。要有效地维护好国家权利，必须处理好国际关系，具体到铁路干线问题上，则体现为外债的取舍、运用和对国际惯例的遵守。

兴筑粤汉铁路的四十年过程体现了近代国人对外债的态度渐趋理智。众所周知，铁路外债在近代中国实业借款中占据首位，而路债在给中国带来直接经济利益的同时还造成了异常深重的主权和民族利益损害，这正是近代国人之所以对外债持矛盾态度之原因所在。

在西方列强眼中，铁路这种“历史上最具革命性的工具”是觊觎别国利权、征服殖民地半殖民地的最好工具。近代尤其是甲午战争之后，帝国主义列强利用中国财政捉襟见肘的困境，竞相争夺对华铁路借款权，企图以铁路线路显示和巩固其在华的势力范围。一般而言，取得了铁路干线的借款权便可控制干线经营权、分取余利权、购料权、继续提供贷款和建筑支路的优先权，故而在粤汉铁路筹建的过程中，外国资本集团基本是“请亦来、不请亦来”，甚至还为争夺对华借款的优先权纷争不已。即便是中国外债信用已经一再受损之时，主动对华借款者仍然络绎不断。列强当然知悉近代中国历届政府自身难保，所借外债往往因为经手政府的垮台而化为呆账、烂账，但只要借款条件部分兑现，债权国所得到的政治经济暴利又岂能以斗升量。

铁路外债本为觊觎中国利权而来，近代国人自然不可能心悦诚服地接受来者不善的铁路外债，对之进行排拒是必然走过的历史阶段，我们应当对之予以理解。由于远离了历史现场而体验不到因近代国家主权受损引发的沉重忧患感，近年来有些学者指责“盲目”的排拒外债运动阻碍了外资及时注入铁路干线建设。其实对铁路外债持犹豫态度的又何止是被一些学者认为“盲目”的商民，即便是被公认深谋远虑、高瞻远瞩者又何尝不如此呢？张之洞在临终前坚持将粤汉铁路借款协议压住不签，民国初年曾呼吁大举借款筑路的孙中山在开府广州之时却对新四国银行团的湖广借款提议持谨慎态度，其原因是多方面的，但其中之一就是顾虑到举借铁路外债丧权过多。

然而，食虽噎而不能废也。联想当时的中国政局，列强染指中国内政之用心昭然可见，反动的封建和军阀政权寻求列强做靠山之举自然为万夫所唾，但即便是真正致力于民族独立和进步的各政治团体，同样也无可奈何地从国外力量中寻求支持。国家大局尚且如此，铁路干线的兴筑又何尝能逃离外资支持的命运？所幸的是，随着时间的推移国人对路债有了更深入、更理智的认识，并逐步制定了有计划、有选择、有约束地使用铁路外债的方略。国人对铁路外债态度渐趋理智这点我们可以从史实分析中得以印证：辛丑之后，陷入四面楚歌的清政府把“借债筑路”作为当时集权中央尤其是集权满洲权贵的辅助手段，这种为维护“一家一姓及五百万家奴”江山而不惜出让利权的行径自然招致国人唾弃，但经过辛亥年间的短暂反思之后，国人们还是普遍接受了“借款筑路”之策的合理方面，亦即欲成干线必先举借巨债、借债筑路所获之权利大于所失之权利；民国缔造之初，孙中山举借巨款筹建国内铁路网的提议得到了包括曾经参与保路运动的绅商民众在内的各界人士的理解；其后军阀势力把持的北洋政府也曾以推动铁路等实业建设为名举借外债，期间虽亦招致国内绅商民众的激烈反对，但民众争议的焦点并非举借外债的必要性而是外债的真正用途；到了1930年前后，国民政府在形式上统一中国之后立即开展整理和改善外债信用的工作，以期获取急需的建设资金，庚子赔款以外债的形式返还并投放于粤汉铁路等干线建设正是这一时期的“杰作”，在此过程中几乎没有听到国统区知识界和商界的反对声音。铁路外债的举借和使用逐渐条理化、规范化，这点我们同样可以从史实之中得以印证：张之洞和盛宣怀等人主持的粤汉铁路涉外借款事宜，在无法避免丧失利权的情况下，基本上都能本着“两害并行取其轻”的原则选择债权国，而且从条文上看，后一个条约比前一个在利息、折扣和抵押等方面都明显减轻；民初与四国银行团沿订的汉粤川铁路借款合同基本继承了辛亥年湖广铁路借款合同的精神，日后中英筑路庚款的谈判，中方对英方财权、人事权等诸方面亦制定条款加以限制。

另外，作为国际舞台上的一员，主权国家在举借外债以振兴国本的同时，亦应当遵守国际惯例和履行义务。债权国所怀的不良用心、施加给债务国的苛刻条件以及所造成的负面影响已久为学术界所高度关注。但是，近代中国政府尤其是民初政府一方面饥不择食般举借外债，一方面又不能很好地遵守国际惯例和履行义务，由此造成了严重的负面后果以及恶劣的国际影响，这点也很值得我们反省。如北洋政府将干线收归国有之后立即举借巨额路债，而债权国为了保证款项投放安全也制定了严格、明确的款项使用规定，并加以苛刻的抵押条件，但北洋政府对苛刻的借款条约视若不见，将路款挪用于内战之中，使得干线工程一再耽搁，国家外债信用也由此跌入了低谷，以致继任的国民政府不得不花大力气整理外债信用；再如，在日后1930年代商谈庚款退款使用事宜的时候，英方特地要求设立“管理中英庚款董事会”和“中英庚款购料委员会”来管理、支配英“退”庚款，中英双方共拟的条款尽管相当苛刻，但正是严格执行了这些条款才保证了庚款退款用于实处，而另一笔同样拟用于铁路建设的款项——关款，却由于缺乏严厉条款制约很快被挪于他用。

总之，以史为鉴，可以知得失。今天，我国的铁路建设进入了飞速发展阶段，铁路运输在国民经济运输中也发挥着越来越大的作用，有中国特色的铁路管理机制和体制的建设已经逐步完善。回想先人为筹建铁路而历经的坎坷，我们深刻地感受到：先有国家之幸，方有铁路之幸。近代国人于铁路建设中所得出的经验教训，更是值得我们认真铭记和吸取的。

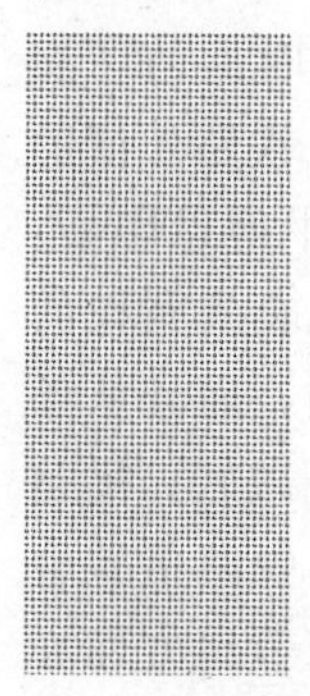

参考文献

一、档案、原件、官书、史料集

1. 宓汝成编：《中国近代铁路史资料（1863—1911）》，中华书局1963年版。

2. 宓汝成编：《中华民国铁路史资料（1912—1949）》，社会科学文献出版社2002年版。

3.《李鸿章全集》，海南出版社1997年版。

4. 李鸿章撰，吴汝纶编录：《李文忠公全书》，商务印书馆1921年影印版。

5. 赵尔巽等撰：《清史稿》，中华书局1977年整理出版。

6. 中国史学会编：《中国近代史资料丛刊：洋务运动》，上海人民出版社1961年版。

7. 中国史学会主编：《中国近代史资料丛刊·辛亥革命（四）》，上海人民出版社1957年版。

8.（台）“中央研究院”近代史研究所：《海防档》，（台北）艺文印书馆1957年版。

9. 民国交通部铁道部交通史编纂委员会：《交通史路政编》，1935年版。

10. 罗尔纲：《绿营兵志》，中华书局1984年版。

11. 刘锦藻：《清朝续文献通考》，商务印书馆1955年版。

12.《大清光绪新法令》，商务印书馆1909年版。

13. 苑书义等编：《张之洞全集》，河北人民出版社1998年版。

14. 王树枏主编：《张文襄公全集》，北平文华斋1920年刊，（台北）文海出版社1963年影印版。

15. 梁启超：《饮冰室文集》，上海广智书局1910年版。

16. 王彦威纂，王亮编，王敬立校：《清季外交史料》，1933—1935年北平初刊，（台北）文海出版社 1963 年影印版。

17. 王铁崖：《中外旧约章汇编》，三联书店 1957—1962 年版。

18. 罗香林：《梁诚的出使美国》，文海出版社 1968 年版。

19. 张振勋：《张弼士侍郎奏陈振兴商务条例》，（上海）三联书店 1957 年版。

20. 盛宣怀：《愚斋存稿》，1931 年刊，（台北）文海出版社 1975 年影印版。

21. 于宝轩辑：《皇朝蓄艾文编》，上海官书局光绪二十九年（1903）版。

22. 世续等：《清德宗实录》，中华书局 1987 年影印版。

23. 清邮传部图书通译局：《轨政纪要初编》，光绪三十三年（1907）刊，（台北）文海出版社 1963 年版。

24. 郑观应：《罗浮待鹤山人诗草》，上海人民出版社 1982 年版。

25. 邓景滨：《郑观应诗选》，澳门中华诗词学会，1995 年版。

26. 黄月波等编：《中外条约汇编》，商务印书馆 1935 年版。

27. 汪诒年整理：《汪穰卿遗著》，1920 版。

28. 《清实录·宣统政纪》，中华书局 1986 年影印版。

29. （清）王彦威辑：《清宣统朝外交史料》，民国二十二年（1933）北平排印本。

30. 湖南文献委员会：《湖南文献汇编》，湖南文献委员会 1948 年印行。

31. 《满清野史·铁路国有案》，成都昌福公司 1920 年版。

32. 尚秉和编纂：《辛壬春秋》，辛壬历史编辑社 1924 年版。

33. 政协湖北省暨武汉市委员会编：《武昌起义档案资料选编》，湖北人民出版社 1981 年版。

34. 叶恭绰：《遐庵汇稿》，遐庵年稿汇稿编印会 1930 年版。

35. 岑学吕：《三水梁燕孙先生年谱》，文星书局 1962 年版。

36. 广东省建设厅：《五年来之广东建设·铁路》，广东省建设厅 1926 年编印出版。

37. 中国人民银行金融研究所编：《美国花旗银行在华史料》，中国金融出版社 1990 年版。

38. 粤汉铁路南段管理局编印：《粤汉铁路南段管理局报告书》，1934 年版。

39. 经元善：《居易初集》，清光绪二十七年（1901 年）澳门铅印本。

40. 上海海关总税务司署统计科：《通商各关华洋贸易总册》，上海通商海关造册处税务司，1912 年编译发行。

41. 秦孝仪主编：《抗战前国家建设史料》，（台北）“中央”文物供应社

1979 年版。

42. 章有义:《中国近代农业史资料·第二辑(1912—1927)》,生活·读书·新知三联书店 1957 年版。

43. 南京国民政府立法院编译处:《中华民国法规汇编:财政》,中华书局 1934 年版。

44. 桂坫:《南海县志》,1910 年石印本。

45. 孙宝瑄:《望山庐日记》下册,上海古籍出版社 1983 年版。

46. 财政科学研究所,中国第二历史档案馆编:《民国外债档案史料》,档案出版社 1991 年版。

47. 中国第二历史档案馆编:《中华民国史档案资料汇编》,江苏古籍出版社 1979 年版。

48. 李书源整理:《筹办夷务始末·同治朝》,中华书局 2008 年版。

49. 李文治:《中国近代农业史资料·第一辑》,生活·读书·新知三联书店 1957 年版。

50. 《刘坤一遗集·奏疏》,中华书局 1959 年版。

51. 《铁道年鉴》,第 1 卷,上海汉文正楷印书局 1933 年版。

52. 孙毓棠主编:《中国近代工业史资料·第一辑(1840～1895)》,科学出版社 1957 年版。

53. 汪敬虞:《中国近代工业史资料·第二辑(1895—1914)》,科学出版社 1957 年版。

54. 《中华民国开国五十年文献》,第 1 编第 16 册,(台北)正中书局 1964 年版。

55. 《陈陈杨三家代表派回粤路股银始末记》“跋”,1908 年 5 月,中国国家图书馆馆藏资料原件。

56. 《李裕昆致郑观应函》,光绪三十三年四月初二日(1907 年 5 月),上海图书馆馆藏资料原件。

57. 《郑观应致誉甫函》,1916 年(民国五年),上海图书馆馆藏资料原件。

58. 《郑观应致粤汉路董事会函》,1916 年,上海图书馆馆藏资料原件。

59. 郑观应代拟:《请求粤路国有书》,1916 年 4 月 8 日,上海图书馆馆藏资料原件。

60. 郑观应代拟:《广东粤汉铁路股东同人公启》,1916 年,上海图书馆馆藏资料原件。

61. 张心澂总纂:《交通史总务编》,交通铁道两部交通史编纂委员会 1936

年版。

62. 关赓麟：《汉粤川铁路进行计划意见书》，北洋政府汉粤川铁路办事处1921石印本。

63.《交通部呈文类编·路政》，中华民国交通部参事厅1918年编印。

64. 中华民国财政整理会：《交通债款说明书》，中华民国财政整理会1927年编印。

65. 杨裕芬等编：《粤汉铁路株韶段通车纪念刊》，粤汉铁路株韶段工程局1936年编印。

66. 詹文琮等编：《川汉铁路过去及将来》，湘鄂路局工务处1935年编印出版。

67. 美国国务院编：《美国外交文件》（1909年），中国社会科学出版社1998年编译出版。

68. 许同莘：《张文襄公年谱》，商务印书馆1947年版。

69. 沈云龙主编：《近代中国史料丛刊》（初编、续编、三编），（台北）文海出版社1975年版。

70. 中国科学院历史研究所第三所整理：《锡良遗稿·奏稿》，第2册，中华书局1959年版。

71. 故宫博物院明清档案部编：《清末筹备立宪档案史料》上册，中华书局1979年版。

72. 朱传誉主编：《张季直传记资料》，（台北）天一出版社1985年版。

73. 陈惟彦：《宦游偶记·记宣统末年之清理财政》，民国八年（1917）线装本。

74. 刘大鹏：《退想斋日记》，山西人民出版社1980年版。

75. 陈旭麓、顾廷龙、汪熙主编：《盛宣怀档案资料选辑》，上海人民出版社2001年版。

76. 湖南省志编辑委员会：《湖南省志》（第1卷），湖南人民出版社1959年版。

77. 政协全国委员会文史资料研究委员会编：《文史资料选辑》第9辑、第53辑，中国文史出版社1965年版。

78. 政协广州市委员会编：《广州文史资料》，总第十四辑，广东人民出版社1965年版。

79. 张楠、王忍之主编：《辛亥革命前十年时论选集》，生活、读书、新知三联书店出版1960年版。

二、著述

1.《马克思恩格斯全集》，人民出版社 1955 年版。

2.《毛泽东选集》（合订本），人民出版社 1966 年版。

3.《孙中山全集》，中华书局 1982 年版。

4.《孙中山选集》，人民出版社 1981 年版。

5. 胡汉民编：《总理全集》（第 2 集），上海民智书局 1930 年版。

6. 顾炎武：《日知录集释》，上海古籍出版社 2006 年版。

7. 邹容：《革命军》，上海大同书局 1903 年版。

8. 王韬：《弢园文新编》，生活·读书·新知三联书店 1998 年版。

9. 何启，胡礼垣：《新政真诠》，辽宁人民出版社 1994 年版。

10. 郑观应：《盛世危言》（五卷本），1894 年版。

11. 郑观应：《盛世危言》（增订新编 14 卷本），1895 年版。

12. 郑观应：《盛世危言后编》，上海人民出版社 1982 年版。

13. 夏东元编：《郑观应集》，上海人民出版社 1982 年版。

14. 范文澜：《范文澜历史论文选集》，中国社会科学出版社 1979 年版。

15. 吴玉章：《辛亥革命》，人民出版社 1961 年版。

16. 李剑农：《最近三十年中国政治史》，太平洋书店 1933 年版。

17. 钱穆：《国史新论》，三联书店 2001 年版。

18. 宓汝成：《帝国主义与中国铁路（1847—1949）》，经济管理出版社 2007 年版。

19. 严中平：《中国近代经济史（1840—1894）》，人民出版社 2001 年版。

20. 汪敬虞：《中国近代经济史（1895—1927）》，人民出版社 2000 年版。

21. 许涤新，吴承明：《中国资本主义发展史》，人民出版社 2003 年版。

22. 汪敬虞：《唐廷枢研究》，中国社会科学出版社 1983 年版。

23. 费正清：《美国与中国》，世界知识出版社 2006 年版。

24. 蒋廷黻：《中国近代史》，上海世纪出版集团 2006 年版。

25. 胡绳：《从鸦片战争到五四运动》，上海人民出版社 1982 年版。

26. [美] 佛雷德里克·V. 裴尔德：《美国参加中国银行团的经过》（吕浦译），商务印书馆 1965 年版。

27. 曾鲲化：《中国铁路现势通论》，化华铁路学社 1908 版。

28. 曾鲲化：《中国铁路史》，（台北）文海出版社 1978 年版。

29. 高平叔编：《蔡元培全集》，中华书局 1984 年 9 月版。

30. 曾业英：《蔡松坡集》，上海人民出版社 1984 年版。

31. [美] 威罗贝:《外人在华特权和利益》(王绍坊译),三联书店1957年版。

32. 王晓华,李占才:《艰难延伸的民国铁路》,河南人民出版社1993年版。

33. 金士宣、徐文述:《中国铁路发展史》,中国铁道出版社1986年版。

34. 胡思敬:《国闻备乘》,上海书店出版社1997年版。

35. [美] 李约翰:《清帝逊位与列强》(孙瑞芹、陈泽宽译),中华书局1982年版。

36. 黄昌年:《粤汉铁路保路始末记》,湖南文史馆1999年版。

37. 谢彬:《中国铁道史》,中华书局1929年版。

38. [美] 雷麦:《外人在华投资》(蒋学楧等译),商务印书馆1953年版。

39. 许毅等著:《清代外债史论》,中国财政经济出版社1996年版。

40. 马敏:《过渡形态:中国早期资产阶级构成之谜》,中国社会科学出版社1994年版。

41. [英] 肯德:《中国铁路发展史》(李抱宏等译),三联书店1958年版。

42. 李占才主编:《中国铁路史(1876—1949)》,汕头大学出版社1994年版。

43. 朱从兵:《李鸿章与中国铁路——中国近代铁路建设事业的艰难起步》,群言出版社2006年版。

44. 夏良才主编:《近代中国对外关系》,四川人民出版社1985年版。

45. 杨勇刚:《中国近代铁路史》,上海书店出版社1997年版。

46. 高宗鲁、凌鸿勋:《詹天佑与中国铁路》,(台北)"中央研究院"近代史研究所1977年版。

47. 程浩:《广州港史(近代部分)》,海洋出版社1985年版。

48. 凌鸿勋:《中国铁路志》,(台北)文海出版社1954年版。

49. 刘统畏:《铁路修建史料》,中国铁道出版社1991年版。

50. 日本防卫厅防卫研究所战史室编:《中国事变陆军作战史》(田琪之译),中华书局1979年版。

51. 刘秉鳞:《近代中国外债史稿》,三联书店1962年版。

52. [美] 查尔斯·威维尔:《1906—1913美国与中国财政和外交研究》,社会科学文献出版社1990年版。

53. 王致中:《中国铁路外债研究(1887—1911)》,经济科学出版社2003年版。

54. 马陵合:《清末民初铁路外债观研究》,复旦大学出版社2004年版。

55. 李占才，张劲：《超载——抗战与交通》，广西师范大学出版社 1996 年版。

56. 胡绳玉：《中国铁路的故事》，中国铁道出版社 1999 年版。

57. 郝瀛：《中国铁路建设概论》，中国铁道出版社 1998 年版。

58. 高韬：《中国铁路史画（1876—1995）》，中国铁道出版社 1996 年版。

59. 朱英：《晚清经济政策与改革措施》，华中师范大学出版社 1996 年版。

60. 汪戎：《晚清工业产权制度的变迁》，云南人民出版社 2004 年版。

61. 夏东元：《盛宣怀传》，南开大学出版社 1998 年版。

62. 经盛鸿：《詹天佑传》，南京大学出版社 2001 年版。

63. 钟叔河：《走向世界——近代知识分子考察西方的历史》，中华书局 1985 年版。

64. ［美］柯文：《在传统与现代性之间——王韬与晚清改革》（雷颐、罗检秋译），江苏人民出版社 1994 年版。

65. 汪熙：《求索集》，上海人民出版社 1999 年版。

66. ［美］郝延平：《十九世纪的中国买办：东西间桥梁》，上海社会科学院出版社 1988 年版。

67. ［美］陈锦江：《清末现代企业与官商关系》，中国社会科学出版社 1997 年版。

68. 许大龄：《清朝的捐纳制度》，（台北）文海出版社 1977 年版。

69. 李家骥回忆、杨庆旺执笔：《领袖身边十三年：毛泽东卫士李家骥访谈录》，中央文献出版社 2007 年版。

70. 夏东元：《郑观应传》，华东师范大学出版社 1981 年版。

71. 孔令仁主编：《中国近代化与洋务运动》，山东大学出版社 1991 年版。

72. 经盛鸿：《铁路巨匠：詹天佑》，南京大学出版社 2000 年版。

73. 金梁：《光宣小记》，上海书店出版社 1998 年版。

74. 武汉师范学院历史系主编：《辛亥革命论文集》，湖北人民出版社 1981 年版。

75. 胡成：《困窘的年代——近代中国的政治变革和道德重建》，三联书店 1997 年版。

76. ［美］周锡良：《改良与革命——辛亥革命在两湖》（杨慎之译），中华书局 1982 年版。

77. 朱英：《中国早期资产阶级概论》，河南大学出版社 1993 年版。

78. 史林：《曾国藩官海密谈录：与心腹幕僚赵烈文的九十九次倾心交谈》，中国华侨出版社 2002 年版。

79. 刘北汜：《实说慈禧》，紫禁城出版社2004年版。

三、近代报刊

1.《申报》，1872年—1934年。

2.《东方杂志》，第9—20卷。

3.《商务官报》，（光绪三十二年—宣统二年），台北“故宫博物院”，1982年影印版。

4.《政艺通报》，1902—1908年，上海政艺通报社版。

5.《少年报》，1906年。

6.《广州总商会报》，1906年。

7.《北京日报》，1911年。

8.《国风报》，1910—1911年。

9.《中国报》，1911年。

10.《政府公报》，1913—1922年。

11.《民国日报》，1916年1月至1937年2月。

12.《民立报》，1911年。

13.《北华捷报》，1915—1926年。

14.《晨报》，1915—1925年。

15.《银行周报》，1917—1925年。

16.《铁道公报》，1933—1937年。

17.《民报》，1905—1908年。

18.《铁路协会年报》，1914年。

19. 台北版《革命文献》，第53、78辑，台湾“中央文物供应社”，1971年版。

20.《近代史资料》，（中国社会科学院近代史研究所近代史资料编辑组编），第71号（1989年）。

21.《民呼日报》，1909年6月至7月。

22.《湘路新志》，第1年第12期。

23.《顺天时报》，1910年。

四、论文

1. 尹铁：《略论张之洞的铁路外债观》，《浙江教育学院学报》2005年第5期。

2. 颜廷亮、赵淑妍：《黄世仲和1906年的“反郑风潮”》，《兰州教育学院学报》2002 年第 3 期。

3. 金士宣：《二十世纪初各省商办铁路及其结局》，《北京交通大学学报》1977 年第 2 期。

4. 霍修勇：《湘籍志士与两湖革命运动》，《湖南师范大学社会科学学报》2001 年第 6 期。

5. 谢蔚：《试论粤汉铁路的商办》，北京大学未刊硕士学位论文，北京大学图书馆藏资料。

6. 毛立坤：《香港与内地的贸易关系（1869—1904）》，《安徽史学》2005 年第 3 期。

7. 宓汝成：《国际银团和善后借款》，《中国经济史研究》1996 年第 4 期。

8. 仇华飞：《美国与国际银行团》，《南京大学学报》（哲学·人文科学·社会科学版）2000 年第 2 期。

9. 仇华飞：《南京政府与整理中美债务》，《中国经济史研究》2000 年第 2 期。

10. 陈先枢：《长沙交通史纲》，《求索》2000 年第 6 期。

11. 朱卫斌：《西奥多·罗斯福与中美粤汉租让交涉》，《中山大学学报》1999 年第 1 期。

12. 朱从兵：《张之洞与粤汉铁路的收回》，苑书义主编《张之洞与中国近代化》，第 357 页，中华书局 1999 年版。

13. 朱从兵：《粤汉铁路赎回后张之洞的自建主张与实践》，《广西师范大学学报》1999 年第 3 期。

14. 文恒益、黄丽华：《张之洞与收回粤汉路权的斗争》，《江苏教育学院学报》2002 年第 3 期。

15. 何智能：《张之洞与粤汉铁路建设资金的募集》，《湖南商学院学报》2003 年第 1 期。

16. 吴剑杰：《张之洞与近代中国铁路》，《武汉大学学报》1999 年第 3 期。

17. 朱从兵：《孙中山对近代世界铁路的认知述论》，《学术论坛》2003 年第 5 期。

18. 朱从兵：《“尤当先以沟通极不交通之干路为重要”——孙中山铁路规划思想初探》，《学术论坛》2005 年第 1 期。

19. 王致中：《论晚清铁路外债国家政策的确立》，《上海铁道大学学报》2000 年第 7 期。

20. 孔永松、蔡佳伍：《晚清铁路外债述评》，《中国社会经济史研究》1998 年第 1 期。

21. 芮坤改：《论晚清的铁路建设与资金筹措》，《历史研究》1995 年第 4 期。

22. 张九洲：《论甲午战后清政府的铁路借款》，《史学月刊》1998 年第 5 期。

23. 马陵合：《潜流：清季对铁路外债的重新估价》，《江汉论坛》2003 年第 11 期。

24. 马陵合：《经济民族主义的悖论——关于近代中国对铁路外债认识历程的思考》，《天津社会科学》2003 年第 3 期。

25. 文恒益：《张之洞与湖广铁路借款》，《江西师范大学学报》1998 年第 4 期。

26. 骆向韶：《清政府的铁路政策》，《湘潭师范学院学报》2002 年第 6 期。

27. 马陵合：《论清末铁路干线国有政策的两个促动因素》，《社会科学研究》1996 年第 1 期。

28. 刘芳：《浅谈清末关于铁路的国有民有之争》，《徐州教育学院学报》2004 年第 1 期。

29. 宓汝成：《中国近代铁路发展史的民间创业活动》，《中国经济史研究》1994 年第 1 期。

30. 纪丕霞：《简评清末商办铁路》，《莱阳学院学报》2001 年第 1 期。

31. 胡正民、李占才：《强人筑路，以线设局——近代中国铁路发展特色》，《苏州铁道师范学院学报》1995 年第 2 期。

32. 邱松庆：《南京国民政府初建时期的铁路建设述评》，《中国社会经济史研究》2003 年第 4 期。

33. 徐卫国：《1927—1937 年中外资本的活动与中国铁路的规划与实施》，《中国经济史研究》2002 年第 4 期。

34. 陈廷湘：《1911 年清政府处理铁路国有事件的失误与失败》，《四川大学学报·哲学社会科学版》2007 年第 1 期。

35. 章玉钧：《关于保路运动若干问题的辩证》，《社会科学研究》2001 年第 6 期。

36. 祝曙光：《近代中日两国铁路发展比较研究》，《贵州师范大学学报》2000 年第 1 期。

37. 蔡晓燕：《湖广铁路债券案的历史由来》，《社会科学研究》2001 年第 4 期。

五、外文资料

1. George Bronson Rea. *The Inwardness of the New Consortium*. The

Far Eastern Review, January, 1920.

2. F. V. Field. *American Participation in the China Consortiums*. 1931.

3. Keohane Robert O. *After Hegemony*. Princeton: Princeton University Press, 1984.

4. Finnemore Matha. *National Interests In International Society*. Cornell University Press, 1996.

5. *Paper Relating to the Foreign Relation of the Unite States* , 1918.

后 记

经过了几番修改，拙作《近代粤汉铁路艰难的筹建与“国有化”》终于可以交付出版了。在靠椅长吁之后，回想写作的过程，心中不由感慨万千。

数年前，我巧遇一位剧本作家，相见如故的我们交流起各自创作的艰辛。作家感慨道：“当今剧本构思空间越来越小，英雄、枭雄抑或是凡夫俗子，曲折离奇、平淡朴实抑或是荒诞不经的情节，人们都写得差不多了。”闻友之言，我亦不胜唏嘘，当今史学研究工作之艰难又何异于此呢？近代中国百余年的历史，研究者数以万计，一些重大历史事件，研究者比事件当年参与者多出不知凡几，创新空间之小可想而知。

曾几何时，为了在拥挤的史学之路上寻求蹊径，我也曾醉心于用西方新颖的学术观点来指引研究工作，并庆幸生于今世，得以摆脱前人之暗昧。然而，学术感悟伴随着岁月的流逝而逐渐积累，一度疲于学术跟风的我静下心来思索中国近代历史发展脉络以及日后自己的治学路子：一百年来，中国史学界缺乏真正适合自己的学术指导理论，基本成了各种舶来理论的试验田；而舶来理论或可领风骚一时，甚至一度被认为掌握了学术真谛，然而“潮打空城寂寞回”，它们最终都无法逃脱淡出学术舞台的命运，并且被更新颖的理论所修正乃至颠覆。诚如《兰亭序》文中所云：“后之视今，亦犹今之视昔。”循环往复，难有完期。

当我在迷茫中彷徨的时候，偶尔重新翻阅《史记》、《资治通鉴》，掩卷之后不胜感慨：大浪淘沙，留下的是金子，真正有分量的著作总是经得起时间考验的。透过字里行间，我们可以看到史学两司马严谨治学，究天人之际、通古今之变、以成一家之言的执著追求。今天的我们，如果能够少一分浮躁，不以盲目跟风、标新立异为治学之目的，潜下心来广集史料以缕析之，博引众论以旁证之，那么我们的著作即使不能惊世骇俗，但是终能避免有些应时作品一般随波逐流、粗制滥造。

云路鹏程终非易事，治学思路确立之后，接下来的资料收集与写作过程更考验着我们的意志与耐力。为了广泛地收集史料以奠定创作基础，我奔走于苏州大学图书馆、中国国家图书馆、北京大学图书馆、北京交通大学图书馆、中国第二历史档案馆和华中师范大学图书馆。其后，我一边在浩瀚的史料中进行细致的整理，去伪存真、提炼梳理，一边进行文章的构思、写作和修改。每当夜深人静之际，在书房里背手踱步的我不禁轻吟岳武穆的词句："昨夜寒蛩不住鸣。惊回千里梦，已三更。起来独自绕阶行。人悄悄，帘外月胧明。白首为功名。旧山松竹老，阻归程。欲将心事付瑶琴。知音少，弦断有谁听?""文章千古事，得失寸心知"，古今书山学海寻踪问径之人，未必都达到"蓦然回首，那人却在灯火阑珊处"的治学高境，但必定经历了"知音少，弦断有谁听"的苦苦探索阶段。

所幸的是，探索中的苦楚终被学界同仁们知己般的关爱所融化。我的博士生导师朱从兵教授对本书研究视角、整体构思、每一章节写作与修改都付出了大量的心血。湖南师范大学的曾桂林博士、井冈山干部学院的孙伟博士、东华理工大学的金兵博士、百色职业技术学院的方莲英博士不但为本书写作提供了资料上的帮助，还就书中的具体问题与作者进行了探讨，拓宽了研究视野。苏州大学社会学院的同门学弟王远磊、胡进、田松、赵伟、孙凯、黄华平和学妹高忠芳、樊艳美、马蕾也精心为本书做了大量的资料收集与文稿裁剪工作。

笔者工作单位广西经济管理干部学院努力贯彻"科研强校"方针，良好的科研氛围和奖励政策有力地保证了著作的顺利完成。合肥工业大学出版社同仁们以推动学术研究发展为己任，一丝不苟地做好本书出版前的编辑与校对工作。在此，笔者一并表示深深的敬意与谢意。

去岁书稿初成之时，笔者曾求教于著名学者崔之清教授，崔先生独具慧眼指出诸多创新未果反成败笔之处，笑谓不异于画蛇添足。我会意道："画蛇添足者，本意为画龙，不意反成四脚蛇。"崔先生亦笑道："欲化蛇为龙，非精心增删取舍、添彩加墨不可。"时隔一年，此言犹如隔日，拙作虽数易其稿，终未能化蛇为龙。书中最大的瑕斑莫过于对史料的生搬硬套，作者既囫囵吞枣于先，又复令读者味如嚼蜡、煞费心机于后，在此表示深深的歉意。

"路漫漫其修远兮，吾将上下而求索"，我辈学人当以此求实探索精神共勉。

作者
2010 年 11 月于南宁

图书在版编目(CIP)数据

粤汉铁路艰难的筹建与“国有化”/庞广仪著．—合肥：合肥工业大学出版社，2011.8

(中国铁路史研究丛书)

ISBN 978-7-5650-0493-3

Ⅰ.①粤…　Ⅱ.①庞…　Ⅲ.①铁路运输—交通运输史—研究—中国—近代　Ⅳ.①F532.9

中国版本图书馆 CIP 数据核字(2011)第 105130 号

粤汉铁路艰难的筹建与“国有化”

庞广仪　著　　　责任编辑　章　建

出　版	合肥工业大学出版社	**版　次**	2011 年 8 月第 1 版
地　址	合肥市屯溪路 193 号	**印　次**	2011 年 8 月第 1 次印刷
邮　编	230009	**开　本**	710 毫米×1010 毫米　1/16
电　话	总编室:0551-2903038	**印　张**	16.25
	发行部:0551-2903198	**字　数**	290 千字
网　址	www.hfutpress.com.cn	**印　刷**	安徽江淮印务有限责任公司
E-mail	hfutpress@163.com	**发　行**	全国新华书店

ISBN 978-7-5650-0493-3　　　定价：38.00 元